完全保存版 イラストだからわかりやすく簡単！

なんでも自分で修理する本

片桐雅量

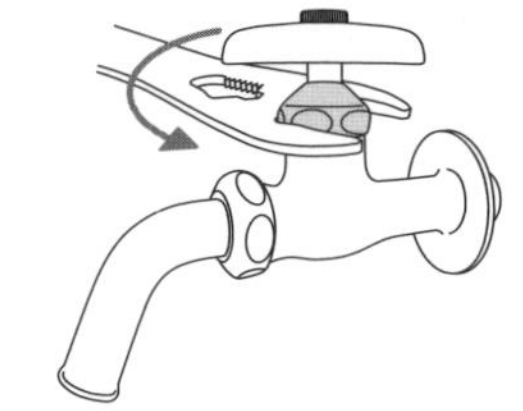

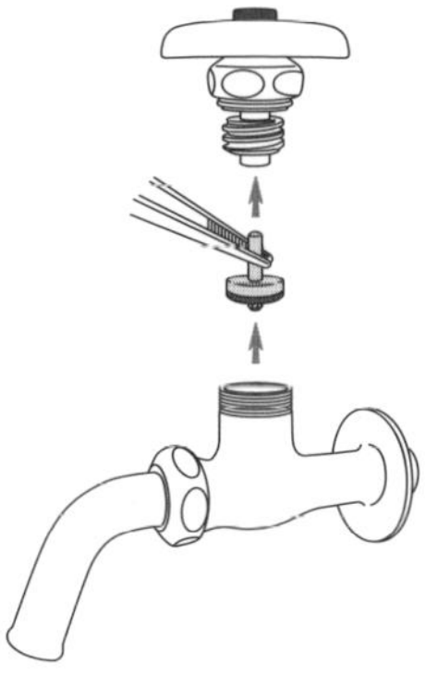

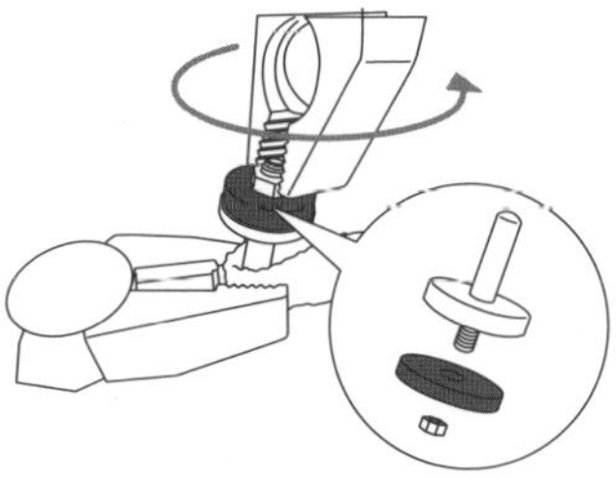

宝島社

はじめに

もし洋服のボタンが取れたら、どうしますか？
躊躇なく針と糸を出してきてサッサと縫い付けることでしょう。
誰もボタンが取れただけで、仕立屋さんなど専門家のところに駆け込んだりはしないはず。
なぜなら、ボタンは糸で服地に縫い付けられる構造になっていることを常識として知っているからです。
針を使えば糸を服地に通せることも生活知識として知っています。
また自分には針と糸を使える技量があることも知っているし、
糸と針がどこで売られているのかも知っています。
こういう条件が整っていたからこそ、ボタンと切れた糸を見ただけで、
修繕方法が自然に頭の中に浮かんでくるのです。
家の中では、ボタン付けよりも難しい（と思い込んでいる）修繕の必要な故障シーンにしばしば出くわします。
そして、ボタンなら躊躇なく修理できる人でも、そんな時は尻込みして業者を呼び、
すべて任せてしまうのが一般的です。
ところが、そんなシーンの多くは、ボタンと糸のように原因が分かっていて
その修理に何が必要なのかさえ知っていれば、あなたの手でも簡単に直すことができるのです。
修理をするためには、まず原因を探らなければなりません。
そのモノの仕組みや構造を知っていると、素早く原因を探ることができます。

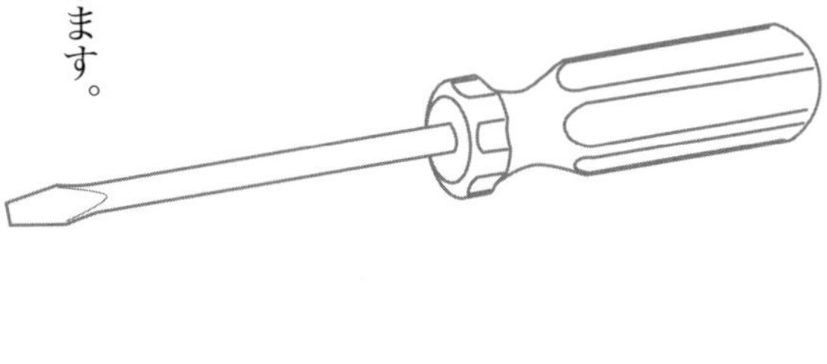

原因が分かったら、今度はどんな方法で修理ができるのかを知ることです。
そのための材料を手に入れる場所も身近になければ困ります。
かつては、この材料が素人には手に入りにくかったのですが、
近年、ホームセンターが各地にできたおかげで、この問題は解消しました。
以前は、業者でなければ手に入れられなかった材料や工具が簡単に手に入るようになったのです。
となると、残るは、仕組みや材料などの知識のみ。
それが分かれば、業者に頼むと数万円の出費がかさむようなケースでも、
数百円から数千円の部品代だけで済むようになります。
もったいないと思いながら、修理すれば使える物をみすみすゴミにしてしまう必要もありません。
修理による節約で、買い替えのための出費もなくなるのです。
本書は、そんな地球にも家計にも優しいライフスタイルを送っていただくための生活知識の教科書として、
家庭で起こるさまざまな故障の中から、素人でも対処できるケースをピックアップし、
その原因や、修理に必要な仕組みや構造を紹介しています。

材料や工具はどれも、ホームセンターに行けば手に入るものばかりですし、
作業の内容も素人でもできるようなものを取り上げています。
ここに収めた修理方法は、ねじ回しやペンチが使えれば誰でも気軽に実践できます。
家族みんなが協力して作業すれば、モノを大切にする心を子供たちに芽生えさせることもできるでしょう。

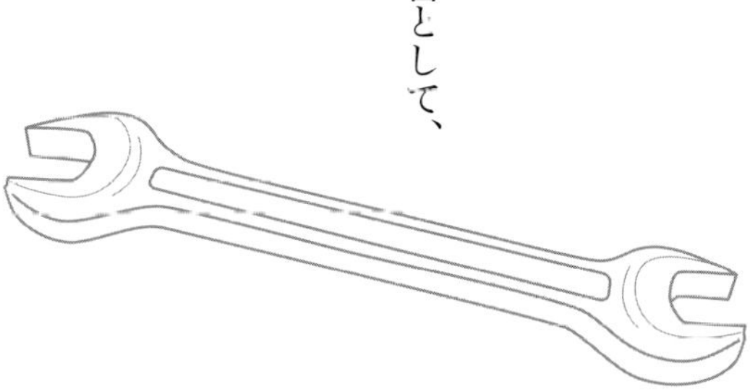

Contents

Part 1 あなたにもできる「水まわり」の修理

水道の水漏れチェックポイントは3カ所……8
快適で節約にもなる一石二鳥の混合栓の交換……16
シングル混合栓の水漏れ修理……22
サーモスタット式混合水栓の修理……24
水の出が悪い時はフィルターをチェック……26
洗面台の排水漏れ……28
キッチンの排水漏れはホースの修理……30
トイレの水が出ない！……32
トイレの水が止まらない！……38

Part 2 自分でできる「住まい」の修繕

張り替えせずに壁紙を補修する……46
柱のキズや穴を隠す……50
フローリング床のキズ隠し……52
カーペットの傷みを目立たなくする……54

防犯性能の高い鍵に交換する …… 58
障子を張り替える …… 66
ふすまを張り替える …… 70
網戸を直す …… 74

Part 3 使い慣れた「身のまわり」を補修する

割れたプラスチックを補修する …… 80
折れたプラスチックを補修する …… 81
キャスター付き家具に作り変える …… 84
愛着のある傘を修理する …… 86
腕時計の電池を交換する …… 90

Part 4 快適な「自転車」のメンテナンス

ブレーキの調整 …… 92
500円でできるパンク修理 …… 94
新車の滑らかさを取り戻す …… 96

〈緊急！ 感染症対策自分で防ぐ新型コロナウイルス不活化術〉
新型コロナウイルスを知る …… 99
アルコール（エタノール、イソプロパノール）消毒 …… 100
次亜塩素酸ナトリウム消毒 …… 102
紫外線殺菌 …… 105

巻末特典
そろえておきたい基本工具と正しい使い方
単純で手軽だが実は奥が深いドライバー …… 108
ボルト・ナットを扱うための基礎知識 …… 113
しっかりとつかむためのツール …… 118
〈あれば嬉しい！ DIYに役立つ電動ツール〉
電気ドリル（電動ドリル） …… 121
ドライバドリル（ドリルドライバ） …… 122
インパクトドライバ …… 123
振動ドリル（コンクリートドリル） …… 124
ジグソー …… 126
丸ノコ（電動丸ノコ） …… 127

★修理をする上での注意★
❶修理をしようとする製品が本書に書かれている図や説明等と違う場合は、必ず専門業者に問い合わせてください。
❷修理作業中にケガをしないように、充分注意をしながら行なってください。
❸修理中は小さなお子さんを近づけないよう配慮してください。
❹修理に失敗したり、製品を破損したり、修理中ケガをしても、編集部及び版元では一切責任を負いません。自己責任で行なってください。

Part 1

あなたにもできる「水まわり」の修理

- ●水道の水漏れチェックポイントは３カ所
- ●コマパッキング交換法
- ●三角パッキング交換法
- ●混合栓の交換
- ●水の出が悪い時はここをチェック
- ●キッチンの排水漏れはホースの破れ
- ●パイプのトラップ・各種パッキンの修理
- ●トイレの水が出ない！
- ●トイレの水が止まらない！

水まわりのトラブルは
意外と簡単に解決できることが多いです。
水漏れは放っておくと面倒なことになりますので、
なるべく早く修理するようにしましょう！

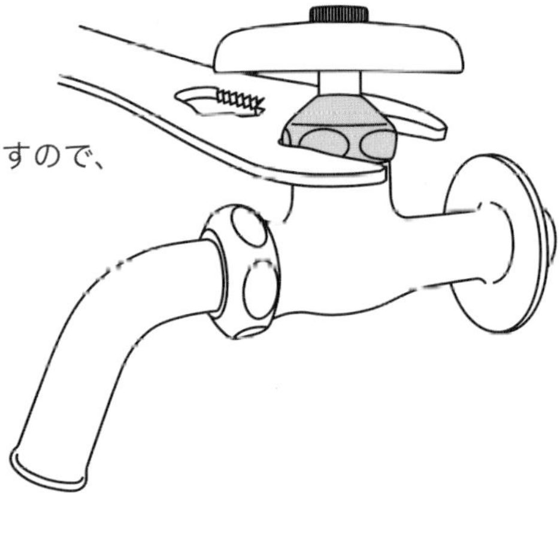

水道の水漏れチェックポイントは3カ所

漏れる場所は限られている

水道の蛇口（専門用語では水栓と言います）は、パッキング（ゴム製）が使われています。柔らかいパッキングは、いつかは必ず劣化するので、水漏れを起こさない水栓はありません。丈夫な金属部分の不良が原因となる水漏れは、日常生活に使う水道では、まずありえません。水栓で水漏れがあれば、その原因はパッキングだと思って、まず間違いありません。パッキングは消耗品ですから、簡単に交換できるように作られています。

水栓にはいろいろな形式がありますが、混合水栓（お湯と水を自動で混ぜて、適温水を吐水口から出す水栓）を除けば、どの水栓も基本的な構造は下図の単水栓と同じです。吐水口やハンドルの形を変えてバリエーションを増やしているにすぎません。単水栓の仕組みさえ知っていれば、多くの水漏れトラブルに応用できます。

単水栓の構造と仕組み

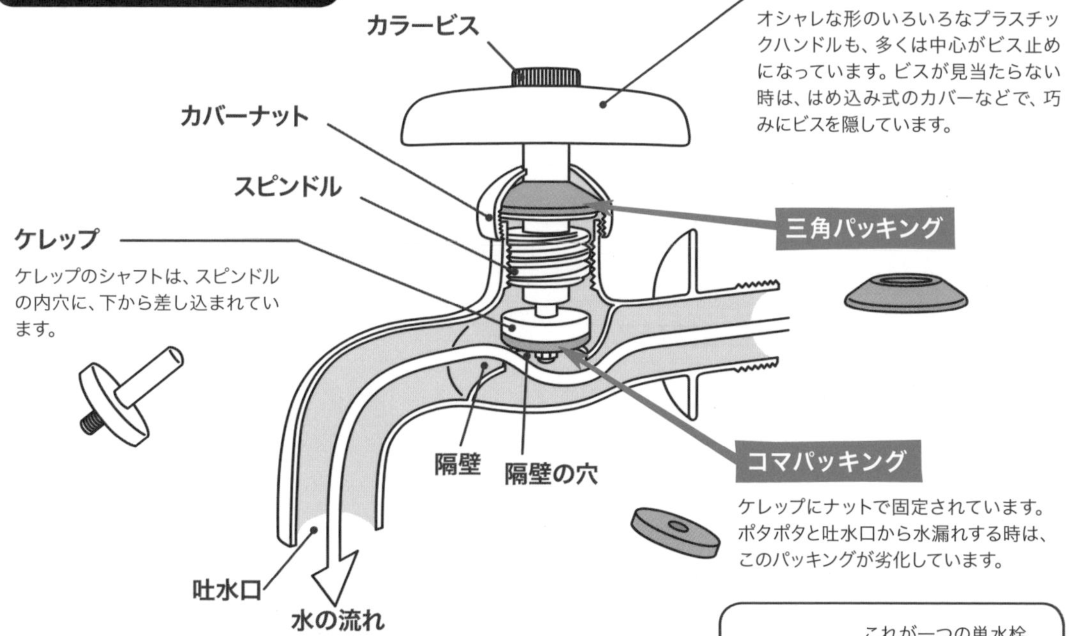

ハンドル
オシャレな形のいろいろなプラスチックハンドルも、多くは中心がビス止めになっています。ビスが見当たらない時は、はめ込み式のカバーなどで、巧みにビスを隠しています。
カラービス
カバーナット
スピンドル
三角パッキング
ケレップ
ケレップのシャフトは、スピンドルの内穴に、下から差し込まれています。
隔壁
隔壁の穴
コマパッキング
ケレップにナットで固定されています。ポタポタと吐水口から水漏れする時は、このパッキングが劣化しています。
吐水口
水の流れ

水栓内部には穴の開いた隔壁があり、コマパッキングが上下することで、その穴を開けたり塞いだりして水の流れを調整しています。スピンドルはビスでハンドルと一体化されていて、ハンドルを回すとスピンドルも回転し、水栓内に彫られたネジ山に沿って上下します。スピンドルによってケレップが下へ押さえ付けられると、コマパッキングも水栓内の隔壁の穴に押さえ付けられて、水栓は閉まります。通常、ケレップはスピンドルに差し込まれているだけで固定されていません。ですからスピンドルを上げても、それだけでケレップは上がってきません。下からの水圧があるおかげでケレップが持ち上げられ、隔壁の穴が開いて水が吐水口へ流れていくのです。ところが冬季に水抜きをする寒冷地の水栓は、水圧がかかっていなくてもケレップを上げておかなければならないので、そのような地方では、ケレップがスピンドルに吊り下げられた構造になっています。

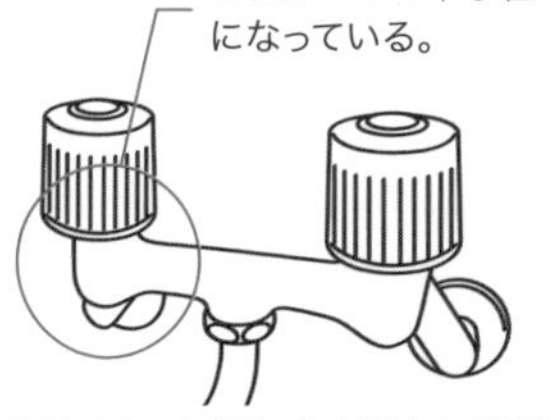

これが一つの単水栓になっている。

混合栓でも、お湯と水を別々に開閉するツーハンドル水栓は、単水栓が2つ並んでいるだけで、一つ一つは上図と同じ構造になっています。

水道修理の豆知識❶

作業を始める前に必ずしなければならないこと

水道の修理は、水を止めてから始めないと、作業中に水が噴き出して手が付けられないことになってしまいます。そのためにあるのが止水栓です。家全体の水を根元から止めるための止水栓は、屋外に設けられており、水道メーターの近くにあります。

マンションなどの集合住宅なら、玄関脇のメーターボックス内に止水栓があります。場所が分からなければ、建物の所有者や管理者に聞けば教えてくれます。

一戸建てなら、まず地中や壁などに埋め込まれたメーターボックスを開けてみてください。水道メーターと並んでバルブ（通常ハンドルが付いています）があれば、それが止水栓です。メーターの横に止水栓がなければ、その近くの地面に、直径10センチほどの丸い鉄製のフタで塞がれた穴を探しましょう。その穴の底に止水栓があります。どうしても場所が分からない時は、一戸建ての場合は、水道局に問い合わせましょう。

止水栓にハンドルが付いていなければ、止水栓キー（600〜700円ほど）が必要になります。万が一、凍結で家の中の水道管が破裂したりした時のためにも、止水栓キーが必要な家では、備えておくことを勧めます。

トイレや洗面台、流し台などは、目立たない場所に、個々の器具に対応した止水栓が設けられていることもあります。その場合は、機器ごとに水を止めることができるので、屋外の止水栓で家中の水道を止めなくてもすみます。

どのタイプの止水栓も、閉める時は右に、開ける時は左に回してください。

一戸建ての止水栓はココ!

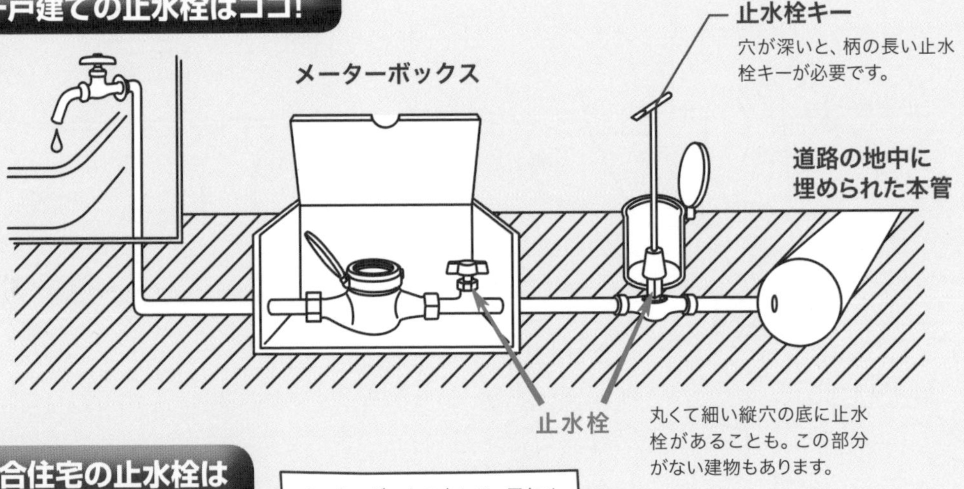
メーターボックス
止水栓キー
穴が深いと、柄の長い止水栓キーが必要です。
道路の地中に埋められた本管
止水栓
丸くて細い縦穴の底に止水栓があることも。この部分がない建物もあります。

集合住宅の止水栓はメーターボックスの中

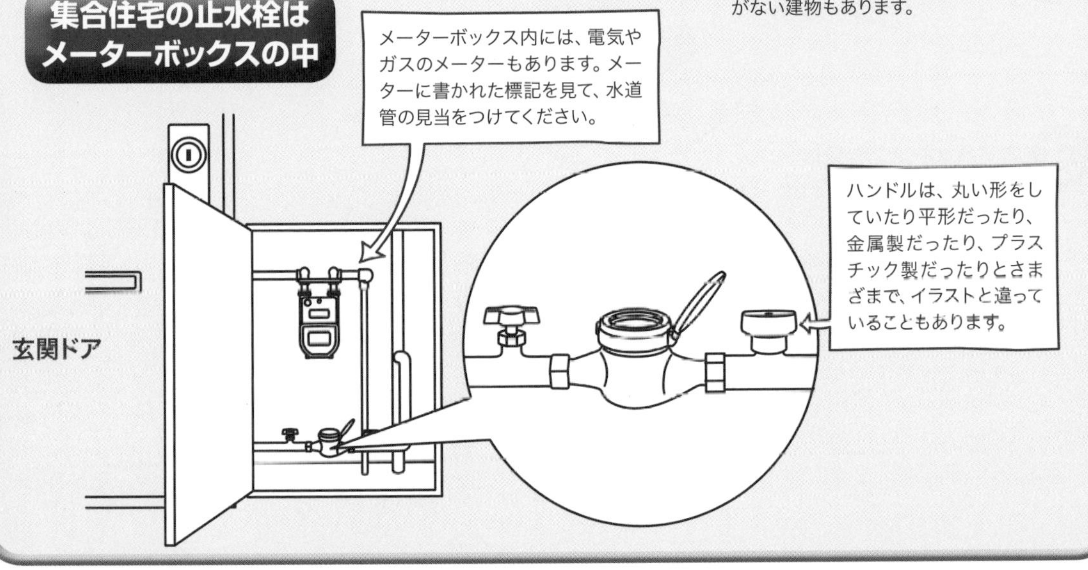
メーターボックス内には、電気やガスのメーターもあります。メーターに書かれた標記を見て、水道管の見当をつけてください。
ハンドルは、丸い形をしていたり平形だったり、金属製だったり、プラスチック製だったりとさまざまで、イラストと違っていることもあります。
玄関ドア

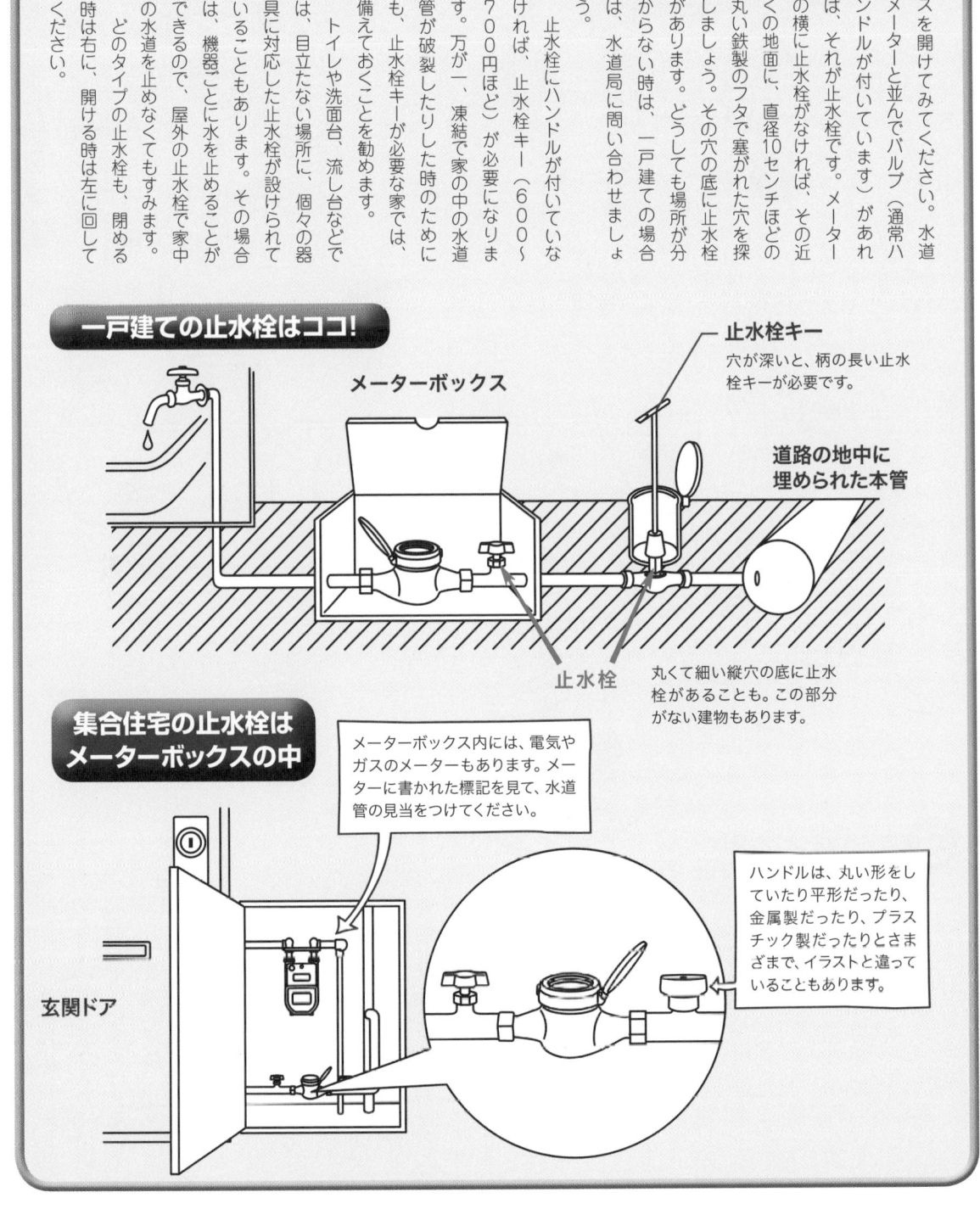

コマパッキングの交換

水道の吐水口から ポタポタと水漏れする時

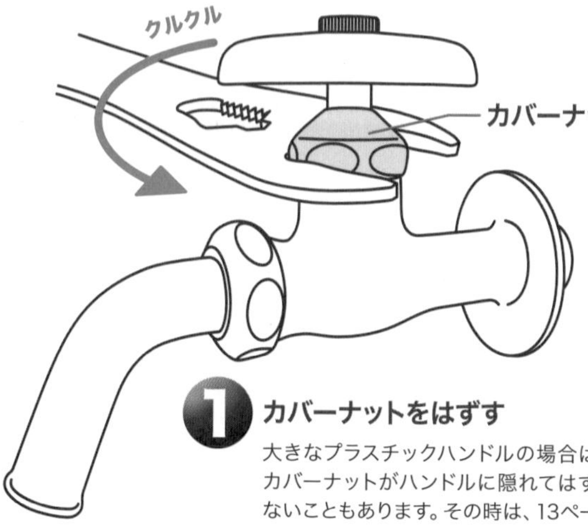

左回りに緩めます。
クルクル
カバーナット

❶ カバーナットをはずす

大きなプラスチックハンドルの場合は、カバーナットがハンドルに隠れてはずせないこともあります。その時は、13ページのようにハンドルをはずすと、カバーナットもはずせるようになります。

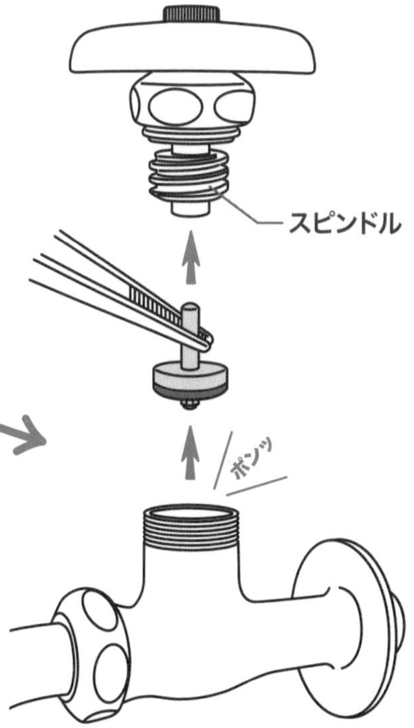

スピンドル
ポンッ

❷ ケレップを取り出す

ハンドルをどんどん左に回していくと、スピンドルごと水栓から抜けます。水栓の中にケレップが残るのでピンセットや工具セットに付いているミニやっとこなどで取り出します(寒冷地の吊りコマ式水栓は、スピンドルにぶら下がってケレップも出てきます)。

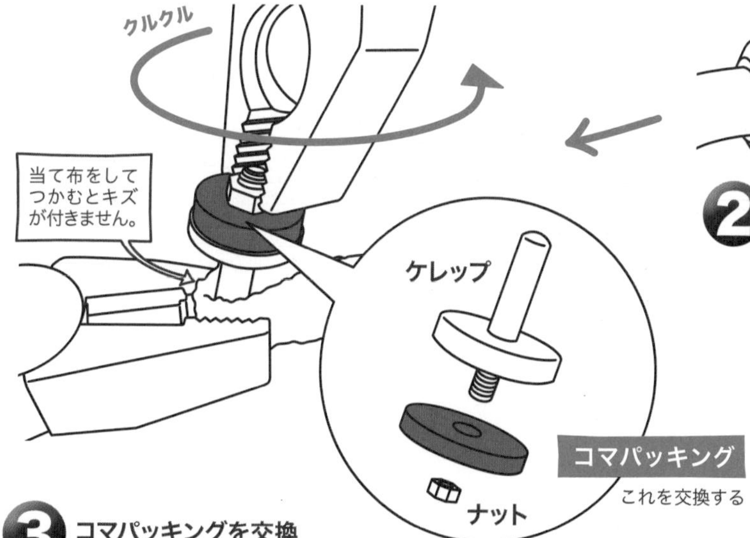

クルクル
当て布をしてつかむとキズが付きません。
ケレップ
コマパッキング
これを交換する
ナット

❸ コマパッキングを交換

ペンチなどでナットをはずして、ゴムのコマパッキング(1個あたり数十円)を交換します。一部には、スピンドルにネジで専用のコマパッキングを直接付けるケレップレスタイプ水栓もあります。その時は専用のパッキングを買い求めてください。

蛇口のハンドルを思いっきりきつく閉めてもポタポタ漏れてくる。そんな時は、コマパッキングの摩耗が考えられます。これは、次のページのコラムで紹介している万能スパナで、カバーナットをはずすだけで交換できます。

ホームセンターの売り場では、いろいろなタイプ、サイズのコマパッキングが売られています。買う時はサイズ(15ページを参照)に注意し、また熱湯が通る水栓を修理する時は、必ず耐熱性のパッキングを用意しましょう。

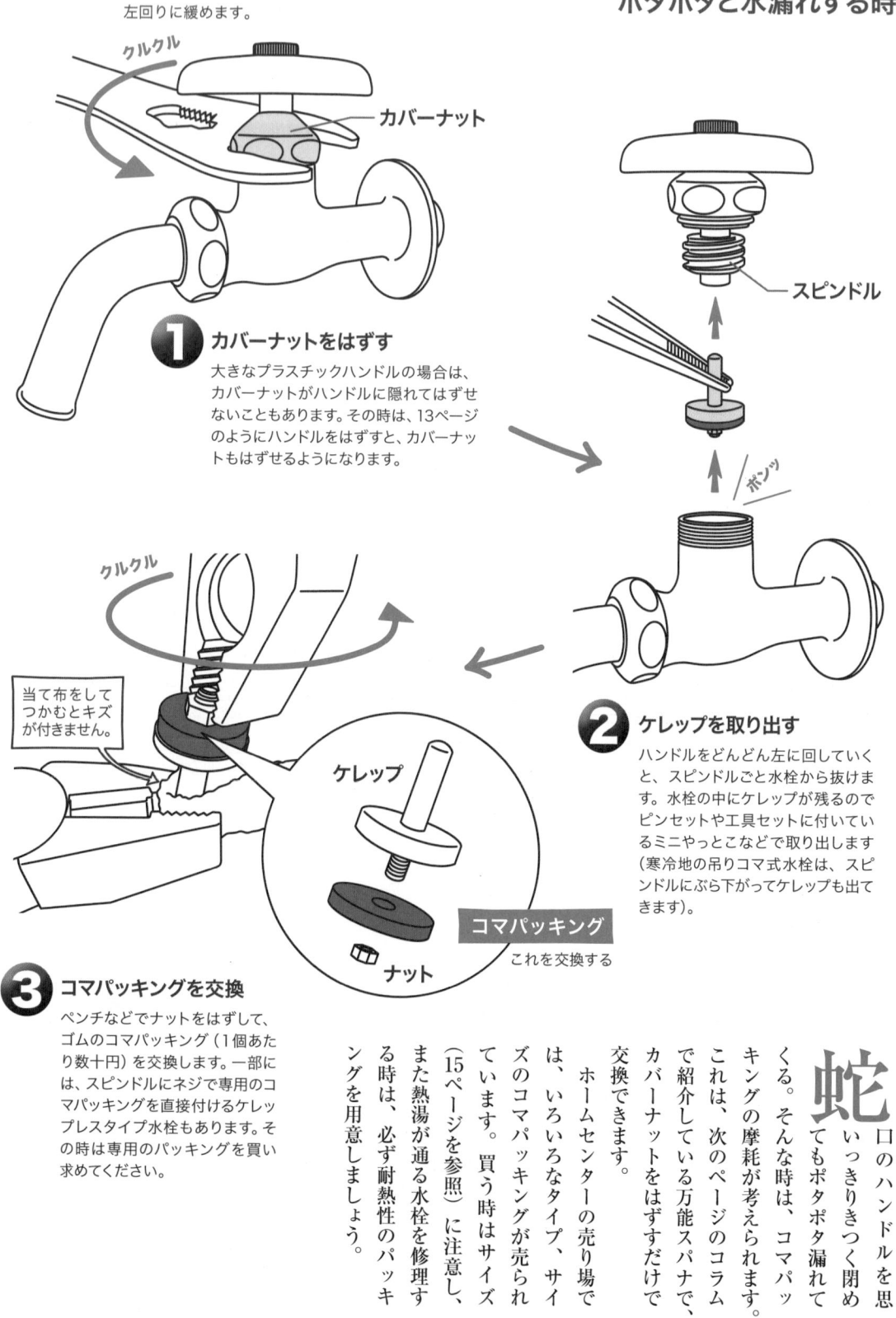

こんなケレップ（コマ）もあります

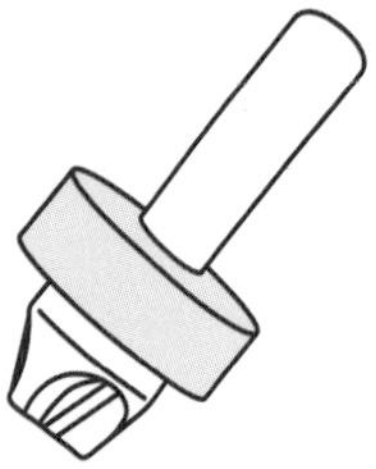

節水コマ

ハンドルが半開きの時は、底の突起が水の流れを抑え、節水効果があります（水不足に悩む自治体などでは、無料で配付しているところもあります）。ハンドルを全開にすると通常通りの水量が蛇口から出ます。

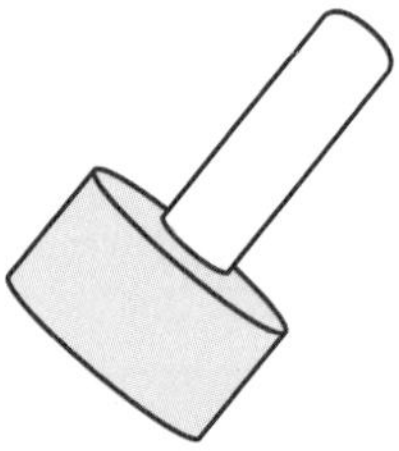

使い捨てケレップ

ケレップとパッキングが一体になったもので、ケレップごと交換します。捨てる時もケレップごと廃棄します。ゴムを交換するためにナットをはずす手間は必要ありません（1個100円前後）。

水道修理の豆知識❷

水道修理に使う工具❶

一つあるだけでいろんな所に使える工具

水道修理は、パッキング1個を換える程度なら、1000円弱で買える簡易工具セットでも充分です。しかし、しっかりした工具があれば申し分ありません。水道レンチや水栓修繕セットなどの名称で、水道メーカー数社から発売されており、ホームセンターで購入できます。

水道に使われる主なサイズのナットやビス、止水栓などを回せるだけでなく、小さなやっとこが入っているセットもあり、家庭でできる水道修理は、これ一つでほぼカバーできます。また交換用のパッキング類が同梱されている場合もあります。ただしこれらの工具は簡易工具なので、あまり厚みがないため力が入れにくかったりして、慣れないと使いにくいこともあります。

水道修理用万能スパナの例

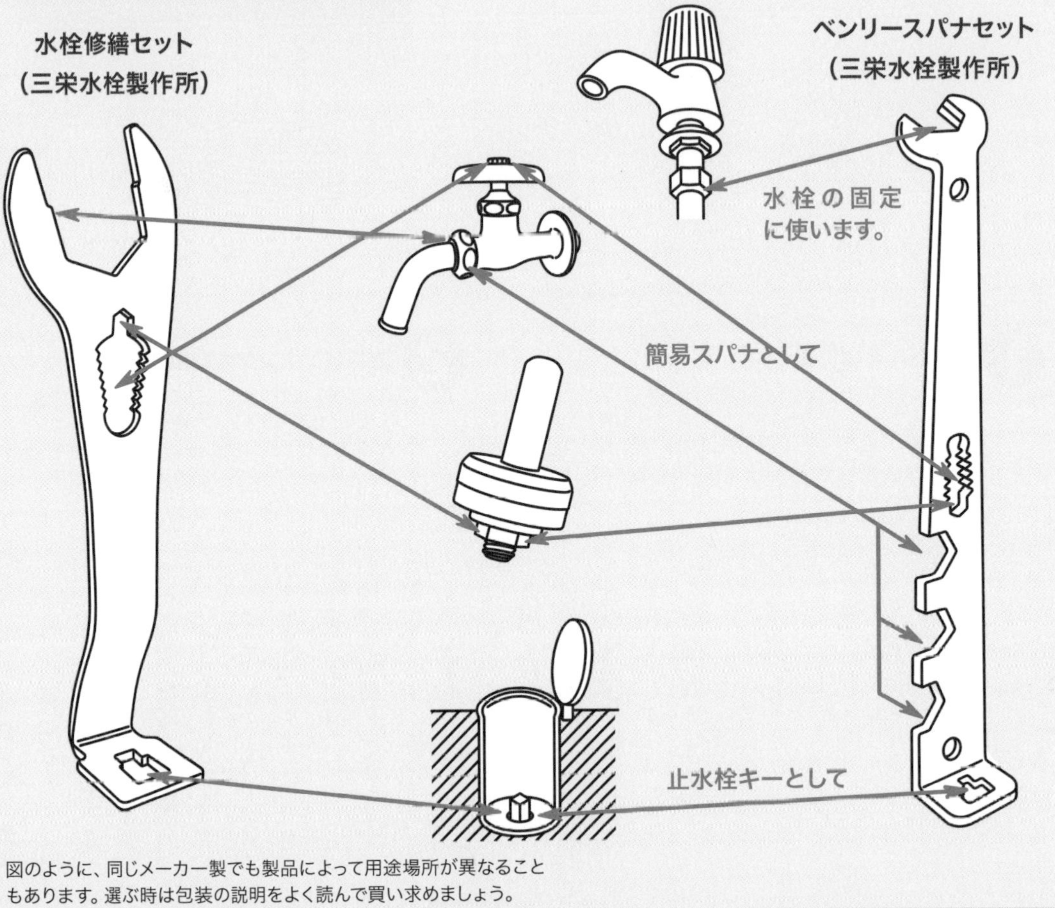
水栓修繕セット
（三栄水栓製作所）
ベンリースパナセット
（三栄水栓製作所）
水栓の固定に使います。
簡易スパナとして
止水栓キーとして

図のように、同じメーカー製でも製品によって用途場所が異なることもあります。選ぶ時は包装の説明をよく読んで買い求めましょう。

三角パッキングの交換

ハンドルの下から ジワジワと水漏れする時

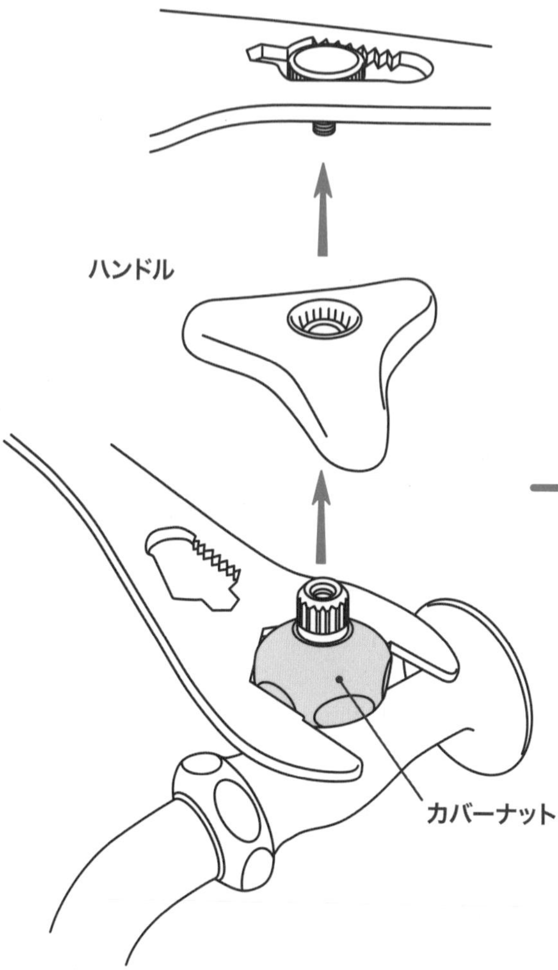

1 ハンドルをはずす

水栓スパナやウォーターポンププライヤー（13ページ参照）などでカラービスをはずし、ハンドルを抜きます。ハンドルがサビついてはずしにくい時は、左右にコジったり、ハンドルを下からハンマーで軽く叩けばはずれます。

2 三角パッキングを交換する

スピンドルを取り出し、三角パッキングを交換します。カバーナットの内側に三角パッキングが密着していたら、先の細いドライバーやキリなどを使って三角パッキングを取り出します。

三角パッキングが摩耗すると、ハンドルの下（カバーナットとスピンドルのすき間）から水漏れを起こします。

三角パッキングは、パッキング受け（パッキング直下の金属製リング）とセットで売られているので、パッキング受けも同時に交換します。同時にコマパッキングも一緒に交換しても良いでしょう。

元に戻す際、カバーナットを固く締め過ぎるとハンドルが重くなります。ハンドルが重い時は、丁度よい重さになるまで少しずつカバーナットを緩めて調整します。

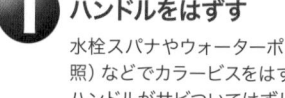

プラスチックハンドルも同様にはずせます

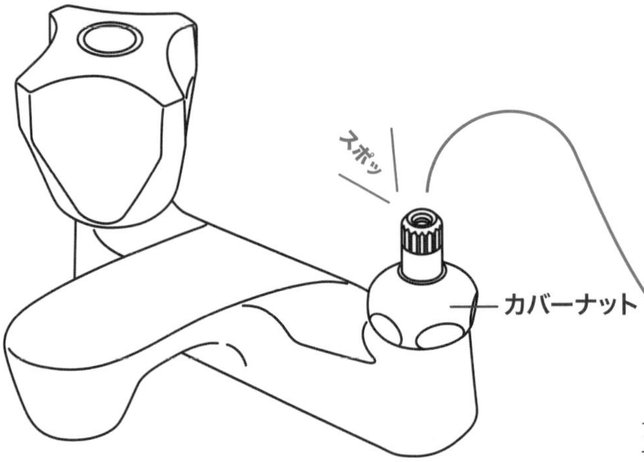

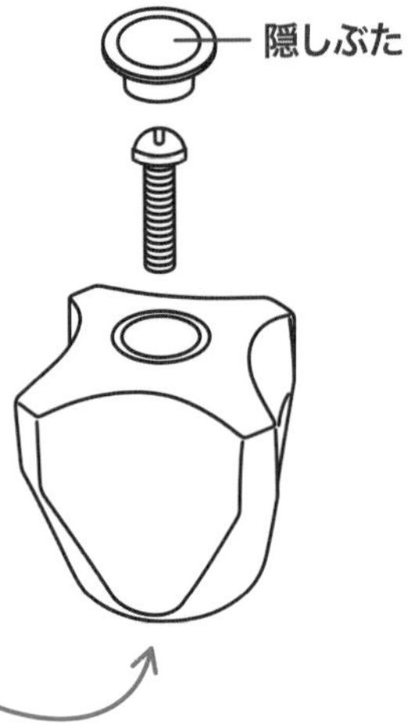

お湯と水を個々のハンドルで調整する混合水栓は、単水栓と同じ修理ができます。大きなプラスチックハンドルは、その下にカバーナットが隠れています。

プラスチックハンドルも普通はビスで止められています。中央付近に隠しぶたがはめ込まれていることが多いので、それらしい部品があれば、キズを付けないように注意しながら先の細いドライバーなどを差し込み、こじってはずします。

水道修理の豆知識❸

水道修理に使う工具❷

持ってて損はない工具たち

サビで固着した固いナットは、力を入れないとはずれませんが、11ページで紹介した簡易工具は厚みがないので、思うように力が入らないことがあります。そんな時本格的な工具を使えば、扱いやすくて力も入り作業効率が上がります。

近頃は値段も安くなり、家庭向けのDIY工具であれば、1000円前後でしっかりした物が買えるようになりました。

ウォーターポンププライヤー

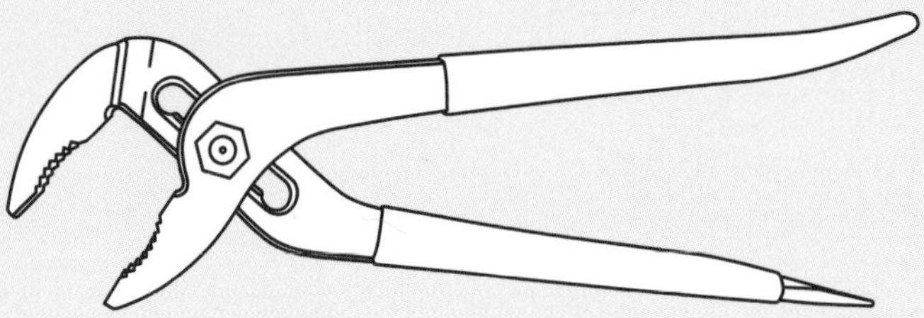

つかむ開口部を移動させて口の開きを大きくできるので、水道以外でも活躍する場面が多い工具です。口がギザギザなので、メッキされた水栓を直接つかむ時は、キズが付かないよう当て布をはさんで使います。なお口の内側が樹脂になっていて当て布が不必要なものもあります。あまり強い力はかけられませんが、メッキ水栓でもそのままつかめるので便利です。

モンキーレンチ

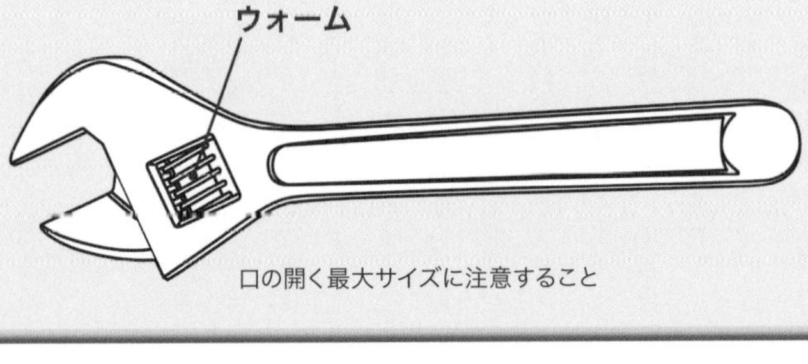

口の開く最大サイズに注意すること

ギザギザがないので、ナットを傷付けずに回すことができます。ウォームで口の開くサイズを調整できますが、三角パッキングのカバーナットを回すためには、口が25mm以上開く大きな物が必要です。

水道の水漏れチェックポイントその3

パイプパッキングの交換

自在水栓のパイプ継ぎ目から水漏れする時

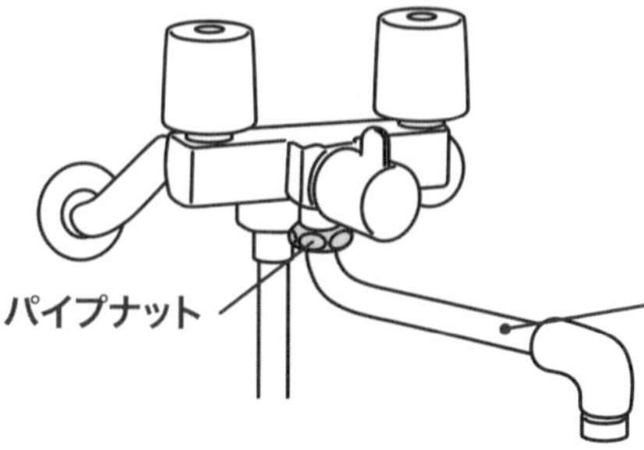
パイプナット
自在水栓

単水栓でなくても、同様のパイプナットが使われていたら、同じ要領で修理できます。

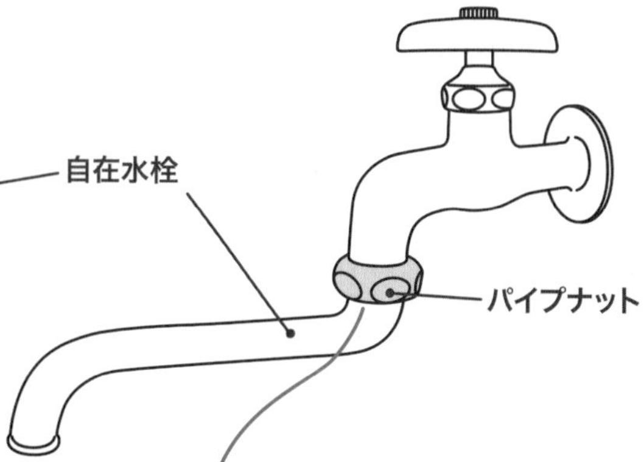
自在水栓
パイプナット

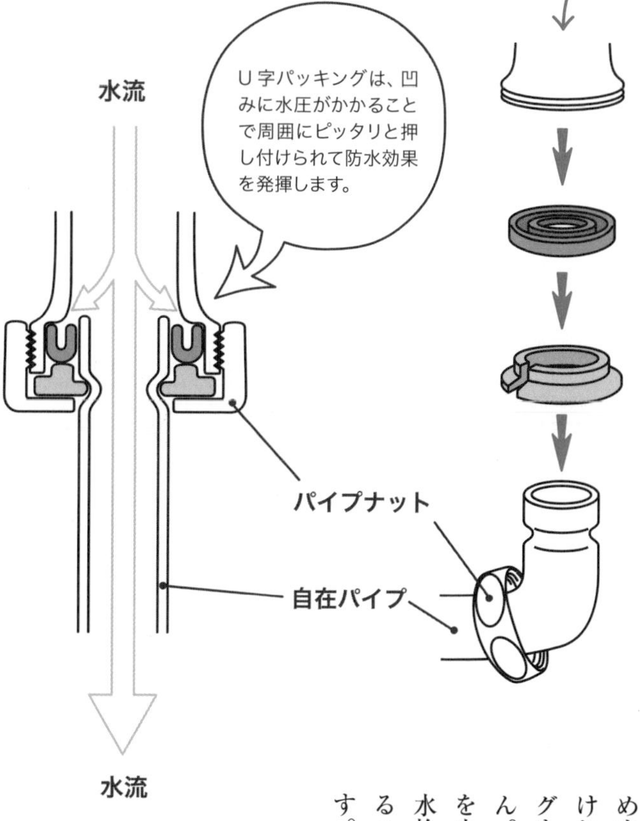
水流
U字パッキングは、凹みに水圧がかかることで周囲にピッタリと押し付けられて防水効果を発揮します。
パイプナット
自在パイプ
水流

U字パッキング

凹側を水の上流（水栓の方向）に向けて、水栓内に入れます。

パイプリング

リングの形状は、メーカーによって異なりますが、同梱されているU字パッキングとセットで交換すれば、どのメーカーのパイプにも使えます。
サイズは、17ミリや19ミリといったパイプ径ごとにパッキングが用意されていることもあります。分からなければ、はずした自在パイプをお店に持って行って、合わせてみればサイズを間違うことなく購入できます。

自在水栓は、吐水口を自由な方向に振れて便利ですが、頻繁にこすられるためパッキングが傷みやすくなります。また吐水口を動かすうちに、ナットが緩むこともあります。手や水栓スパナなどでナットが簡単に回るようなら、緩みが原因ですから、締め直します。それでも直らなければ、中のパイプパッキングを交換しなければなりません。この交換作業は、止水栓を止める必要はありません。水栓を締めておくだけでできるので、気軽に交換できます。

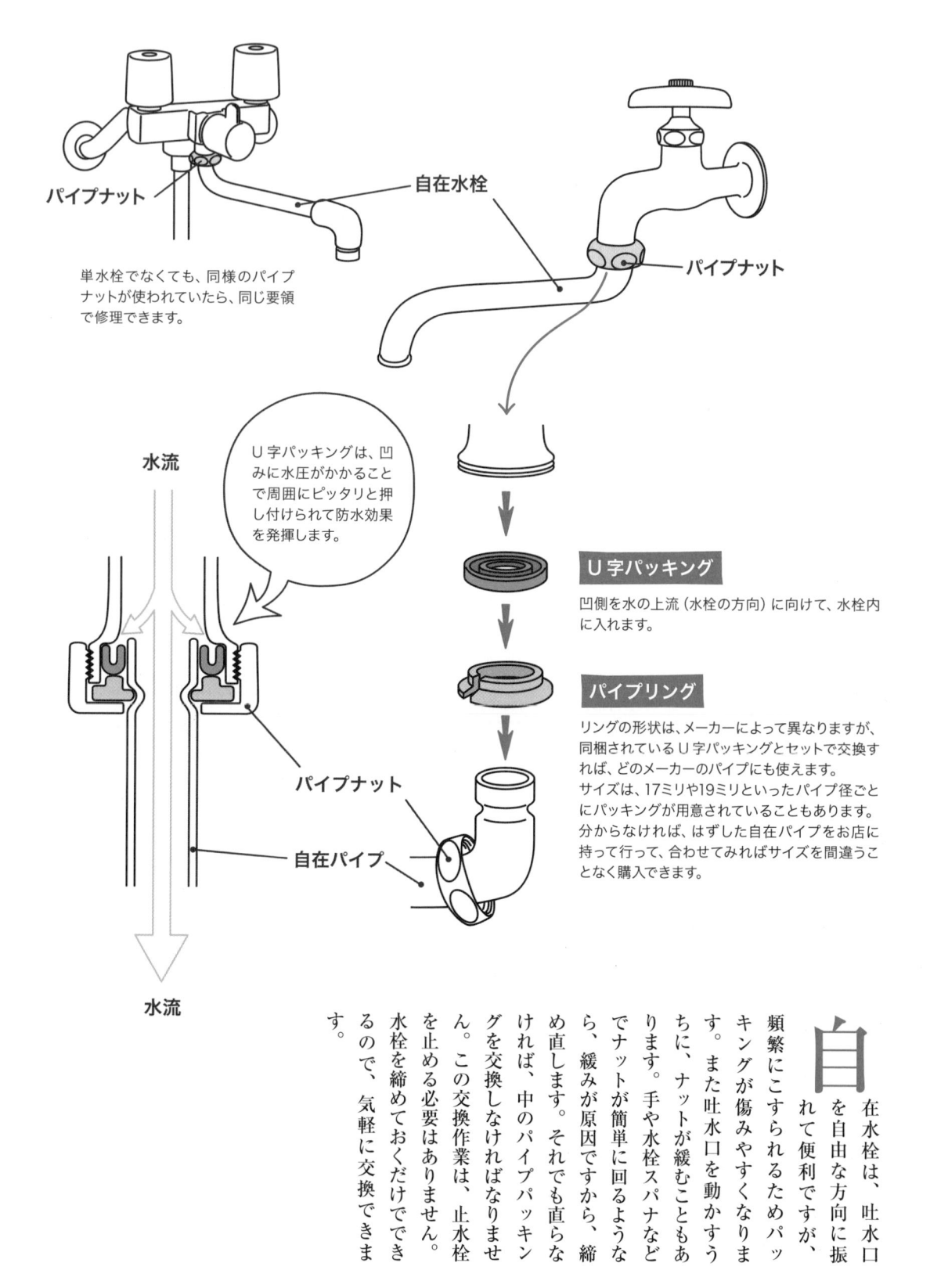

水道修理の豆知識❹

水道修理に不可欠な数字

売り場で迷わないために!

13に注目

ホームセンターなどの売り場へ行くと、パッキングやハンドルなどの部品に「13」や「20」、「25」といった数字が添えられていることに気付くでしょう。これがサイズを表しています。

この番号は、単水栓の取付けネジの外径サイズの数字で、包装などに「呼13用パッキング」とか、単に「20用」といった書き方になっています。これらの数字は、「呼び13」とか「呼び20」と呼ばれ、共通規格になっているので、同じ番号であれば、メーカーを問わず互換部品として使用することができます。家庭の水道修理の場合は、ほとんどが「13」になっています。

13ミリじゃないのに13？

単水栓のサイズ番号は、ある部分の太さ（ミリ）が語源なのですが、例えば「呼13単水栓」のどこを測っても13ミリの場所はありません。実は「呼13単水栓」にピッタリと合う塩ビパイプの内径が13ミリだったのです。つまり、配管に使われるパイプの内径が、これらの番号の名付けの由来になっていたわけです。そして、一般家庭の水道は、ほとんどが13ミリのパイプで配管施工されているので、一般家庭では「呼13水栓」が、もっぱら使われている、ということになります。水道修理のために部品を買い求める際は「13」にさえ着目すればよい、と言ったのはそのためです。

ちなみに「20」や「25」は、大量に水を使う工場や事業所で、井戸用ポンプや洗浄器への配管などに使われているもので「13」と比較すると、二回りぐらい大きいと感じるサイズです。

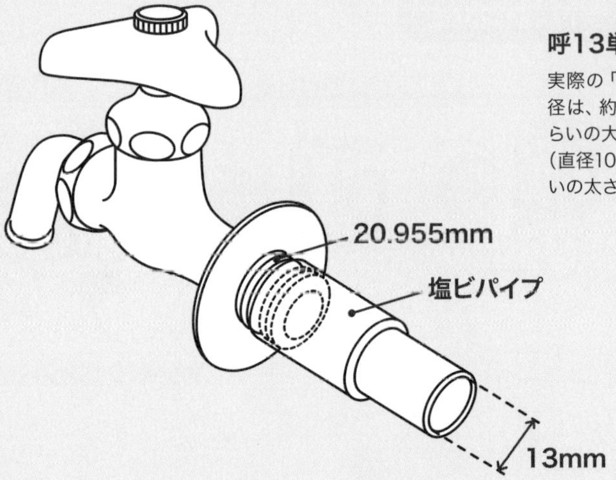
20.955mm
塩ビパイプ
13mm

呼13単水栓

実際の「呼13単水栓」の取付けネジ外径は、約20ミリあり、50円玉と同じくらいの大きさです。13ミリとは、1円玉（直径10ミリ）を一回り大きくしたくらいの太さしかありません。

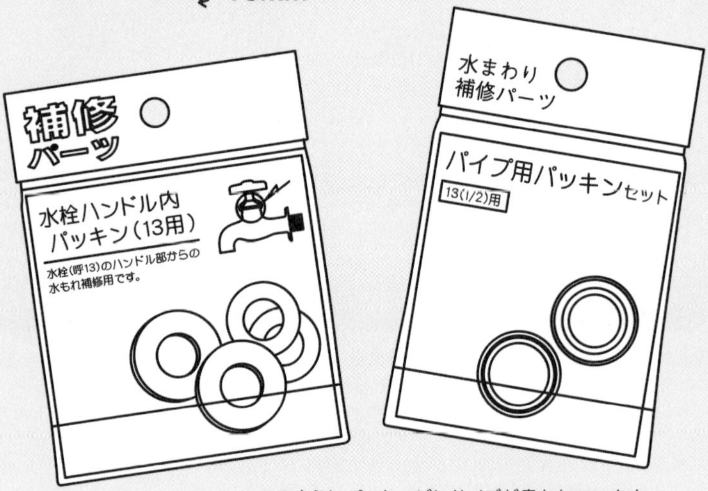
補修パーツ
水栓ハンドル内パッキン（13用）
水栓(呼13)のハンドル部からの水もれ補修用です。
水まわり補修パーツ
パイプ用パッキンセット
13(1/2)用

このようにパッケージにサイズが書かれています。

快適で節約にもなる一石二鳥の混合栓の交換

簡単な作業で便利さをゲット

ツーハンドル式の混合水栓は、お湯と水の量を何度も調節するのがおっくうで、一度出したらついつい流しっぱなしで使うことが多いようです。

しかし、シングルレバー式やサーモタイプの水栓ならば、ワンタッチで適温のお湯を出せる上、片手がふさがっていても操作できるので、こまめに蛇口を閉めるクセが付けられます。

あなたの家の混合水栓がツーハンドル式の壁付きタイプ（洗面台などから垂直に立ち上がる台付きタイプは、別の工事手順なので除きます）だったら、迷わず水栓を交換することをお勧めします。

業者に交換を依頼すると、何万円もの工事費がかかるのが、ホームセンターに行けば1～2万円ほどで買えます。最近では素人でも不安なく取付けができるように、取付けビデオが付いている親切な製品もあるので、ここは一つ、DIYでの混合水栓の交換にチャレンジしてみましょう。

作業自体は単純な工程ばかりなので、不安がる必要はありません。それにホームセンターで買った水栓ならば、故障した時のために取扱説明書の中に部品番号や交換方法が書かれているので、壊れても自分で修理できます。修理部品は、買ったお店で買えます。

ツーハンドル壁付混合水栓

一つの吐水口に、お湯と水のハンドルが並んで付いているタイプです。そのつど、お湯と水の量を調節しなければなりませんが、故障は少なく、修理も単水栓と同様の手順で、安価に、そして簡単にできます。

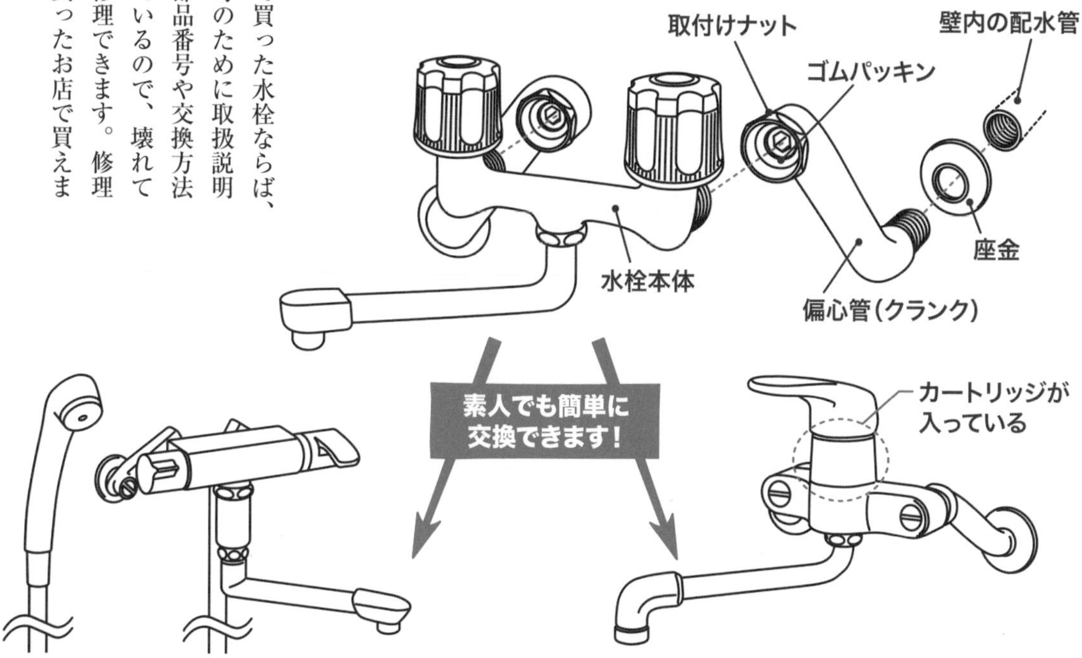

取付けナット
壁内の配水管
ゴムパッキン
座金
水栓本体
偏心管（クランク）
素人でも簡単に交換できます！
カートリッジが入っている

サーモスタット混合水栓

急に水圧が変わっても自動的にお湯と水の混合比率を変えて、温度を常に一定に保ってくれるので、シャワーなどに使われます。ホームセンターでは15000円ぐらいから売られています。中は複雑なので、ゴミや水アカなどが詰まると正常に動かなくなります。一般に素人では修理が難しいとされていますが、機種によってはホームセンターで修理部品が手に入ります。

シングルレバー混合水栓

片手で操作できるレバーで水量や温度が調整でき、キッチンなどによく使われます。安い物では、7000円前後から売られています。水量調節部（レバーの直下）は、ユニット化されていて一般にカートリッジと呼びます。このタイプは、壊れたらカートリッジを抜き出し、そっくり交換します。

シングルレバー混合水栓への交換 まず古い水栓を取ります

※サーモスタット混合水栓も同じ手順で交換できます。

注意：図は偏心管にナットが付いている場合を示していますが、ナットが水栓側に付いている場合もあります。その時は、ナットを左に回すとはずれます。

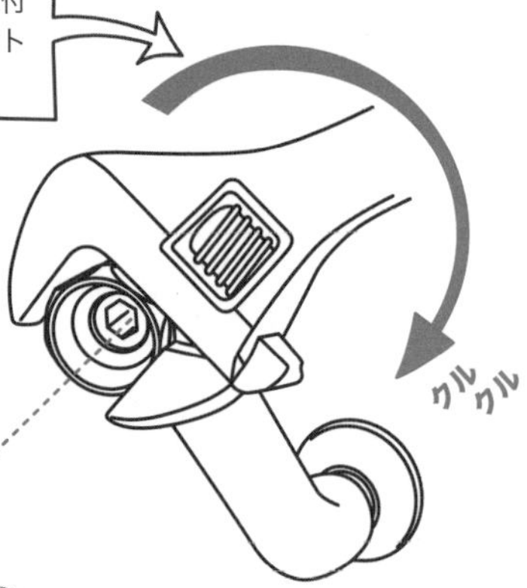

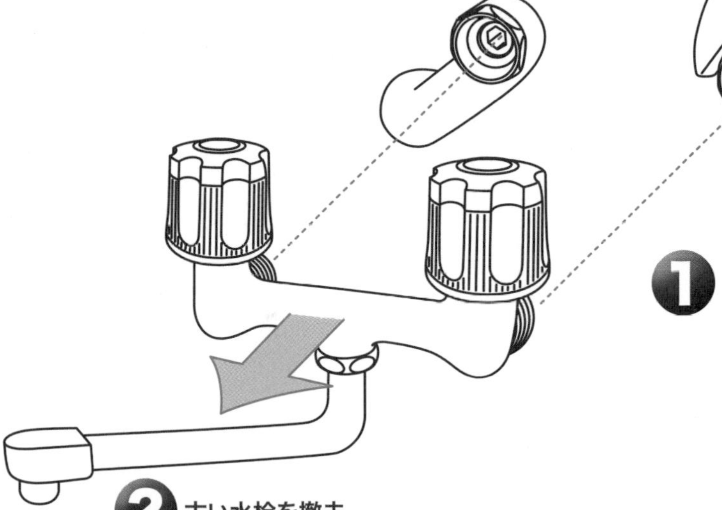

1 取付けナットをはずす

水栓と偏心管を結ぶナットを11ページや13ページで紹介している工具ではずします。ウォーターポンププライヤーでもかまいませんが、狭いと当て布を当てにくいので、モンキーレンチを勧めます。

2 古い水栓を撤去

ナットをはずしたら、水栓を手前に取りはずします。

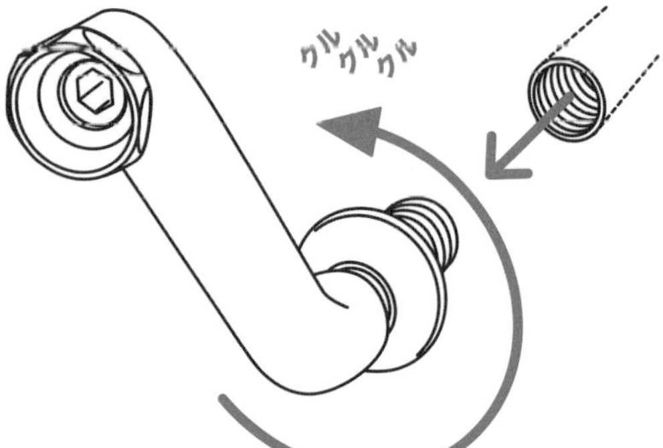

3 古い偏心管を撤去

壁面に残った偏心管は、2つとも左に回してはずします。工具を使わなくても、しっかり握って手で回せばネジ山に沿って抜け出てきます。

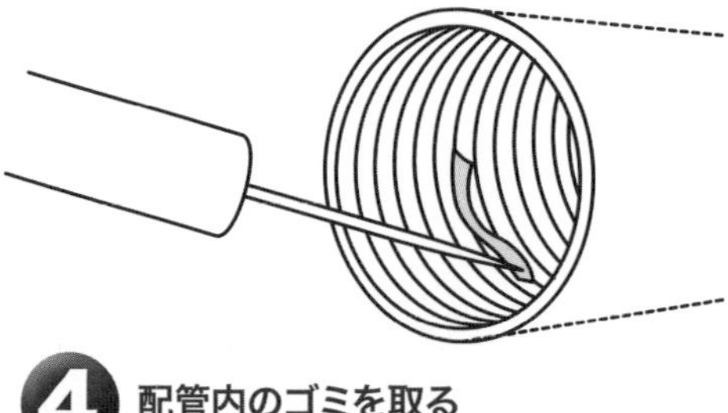

4 配管内のゴミを取る

配管内のネジ山にシールテープのカスなど、ゴミが残っていると水漏れの原因になるので、きれいに掃除します。キリや千枚通しなど先の尖ったものや、古い歯ブラシなどで、ゴミをすべてきれいに掻き出しましょう。

新しい水栓の位置決めをします

5 仮組みをする

新しい偏心管を配水管に組み付け、水栓本体も当ててみます。これは仮組みなので、すぐにはずせるよう、工具は使わず手だけで組みましょう。

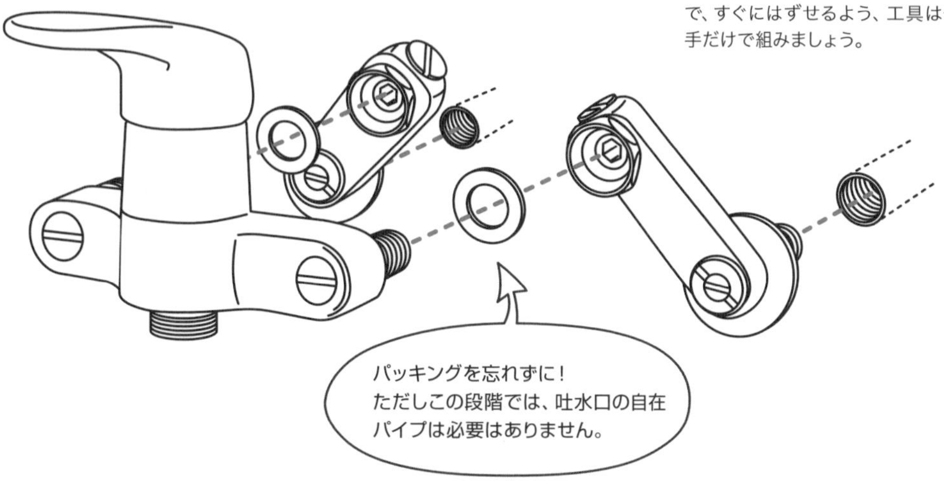
パッキングを忘れずに！
ただしこの段階では、吐水口の自在パイプは必要はありません。

偏心管を上から見て調整

左右とも、手の力で軽く回せる深さいっぱいまでねじ込んだら、少しずつ戻しながら、正面から見てハの字型になるように、また上から見て両方の偏心管の先が並ぶように調整します。

○ 一直線に並べば、OK。

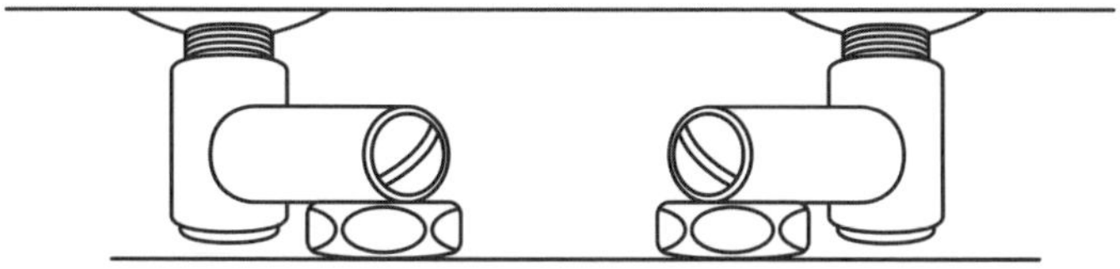

× このようにズレていたら調整します。

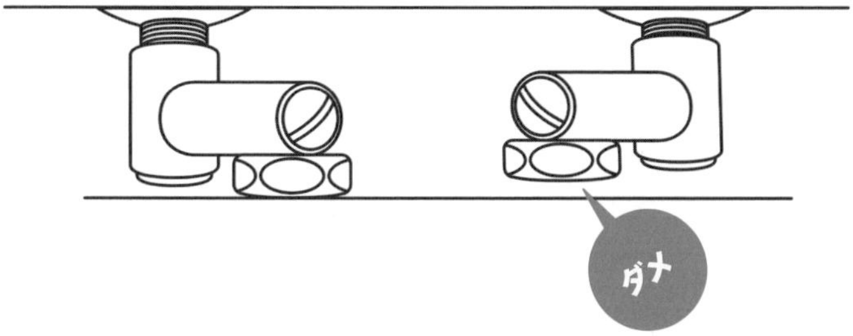
ダメ

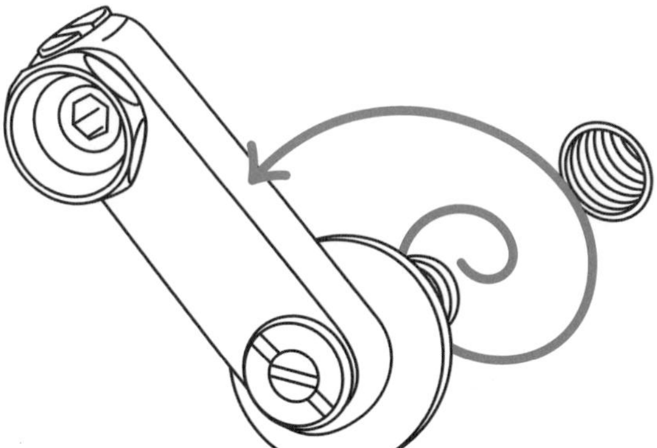

6 回転数を数える

最終的な取付け位置が決まったら、いったんはずします。このとき偏心管は、何回転させたかを数えておきましょう。左右で回転数が違うこともよくあるので、左右ともに数えてメモしておきます。

いよいよ本格取付け開始

7 偏心管にシールテープを巻く

偏心管に座金をはめ込んだら、シールテープをネジ部の端に5〜7回ほど巻きます。シールテープは裏表がなく、粘着剤もありませんが、柔らかいので、やや引っ張りながら巻くと、伸びながらネジ山に密着し食いついていきます。シールテープが、水栓に付属していないときは、購入します（5m巻きで100円ほど）。

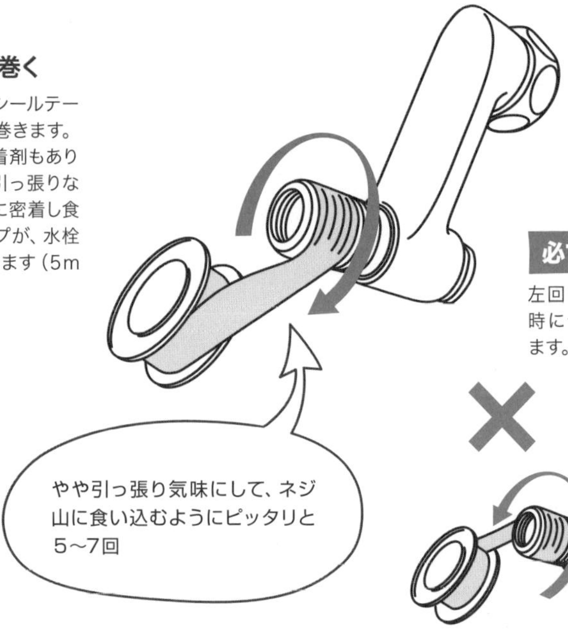
やや引っ張り気味にして、ネジ山に食い込むようにピッタリと5〜7回

注意！実物は、白色のテープです

必ず右回りに！

左回りに巻くと取付け時にテープが、はがれます。

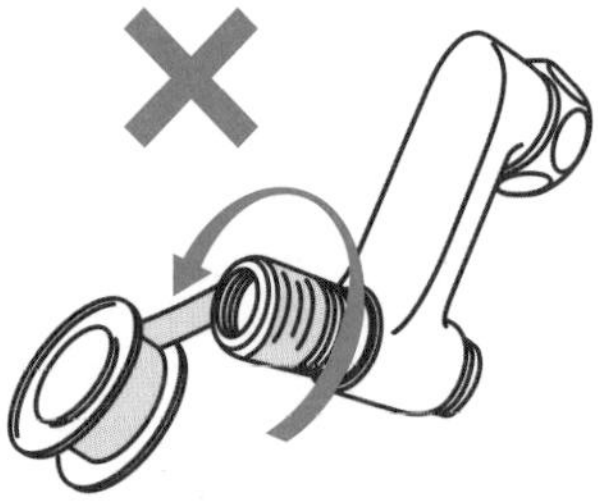
×

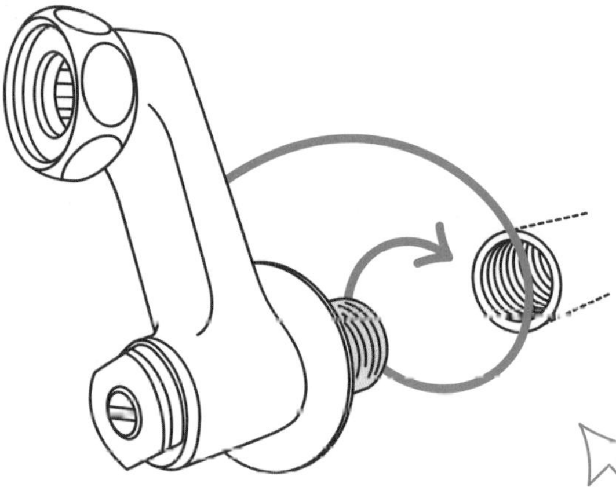

8 偏心管を配水管に組み付ける

前ページの❻で数えた回転数から1回少ない回数だけ、偏心管をねじ込みます。そして最後の1回転は途中まで回し、下の図の形になったところで止めます。

一度ねじ込んだら、絶対に戻さないでください。少しでも戻すと、シールテープに隙間ができて水漏れの原因になります。

偏心管はこの位置でいったんストップ！

正面から見た時、左右の偏心管はこのようにセットする。

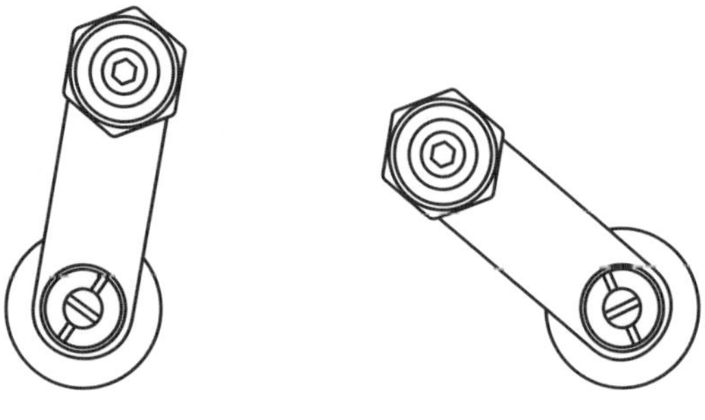

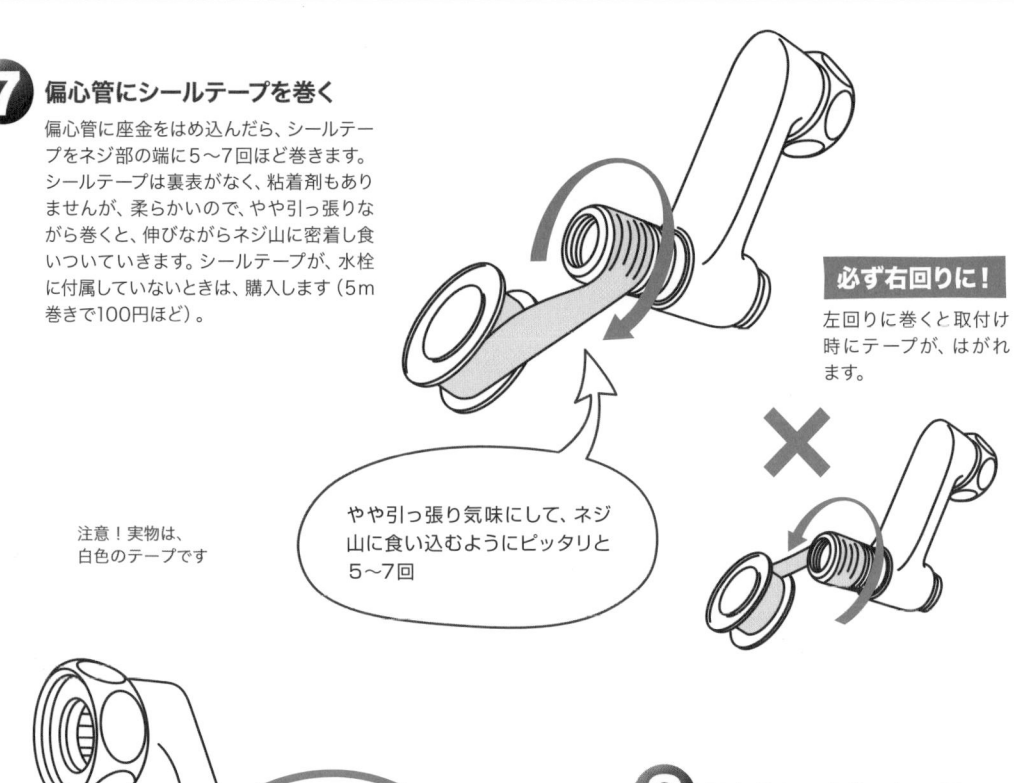

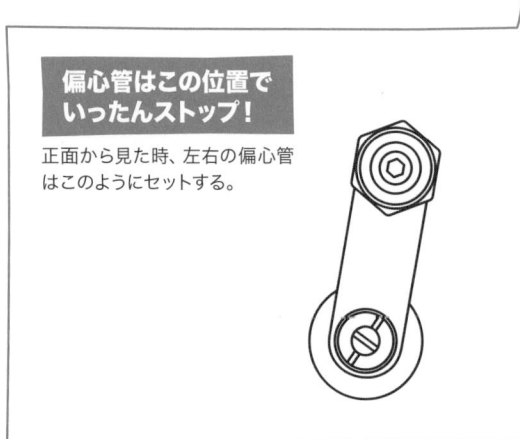

最後の仕上げ

9 水栓本体の取付け

本体は、まず左図の形に取付け、ナットは手で緩めに締めます。ナットの位置が水栓本体に合わない時は、偏心管を少し回して合わせます。その時は、必ず右に回しながら調整してください。

水栓本体の右側を上にスライドさせると、偏心管は右回転しながら、本体が水平になります。この時、水平以上まで回転させ過ぎないように！ もし行き過ぎてしまったら、あきらめてそのまま使うか、もう一度、前のページに戻ってシールテープを巻くところからやり直すしかありません。

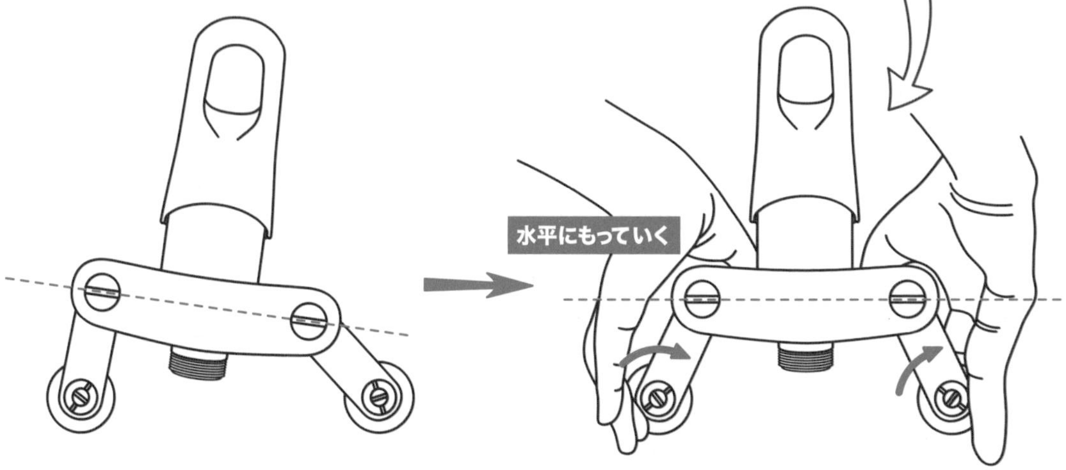

少しでも左回りさせてしまったら、シールテープから水漏れしますので、必ずやり直してください

10 付属品（パイプ・シャワーホースなど）を固定して完成

偏心管のナットを水栓スパナやモンキーレンチなどの工具でしっかりと締め込み、また座金は手で壁に接するまで締め付けます。さらに吐水口の自在パイプや、お風呂用の水栓の場合はシャワーホースなども、それぞれに付属のナットを工具で締め付けて完成です。

左右のナットを交互に、少しずつ締めていきます。

水栓本体側にナットが付いている場合は、右回りになります。

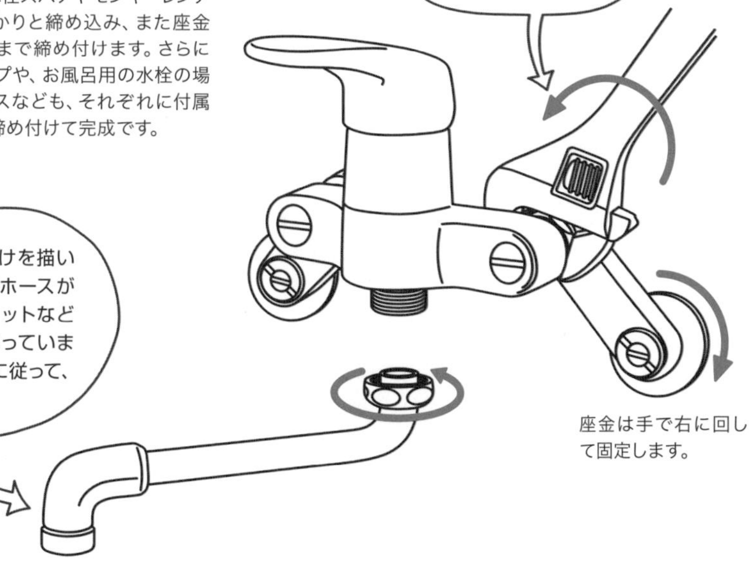

図では、自在パイプだけを描いていますが、シャワーホースがある場合も、同様にナットなどで締め付けるようになっています。製品の施工説明書に従って、取り付けてください。

座金は手で右に回して固定します。

一石二鳥の混合栓交換

壁付き混合水栓の取付けの際よくあるトラブル

施工後に見られる主な水漏れトラブルはこの3カ所です

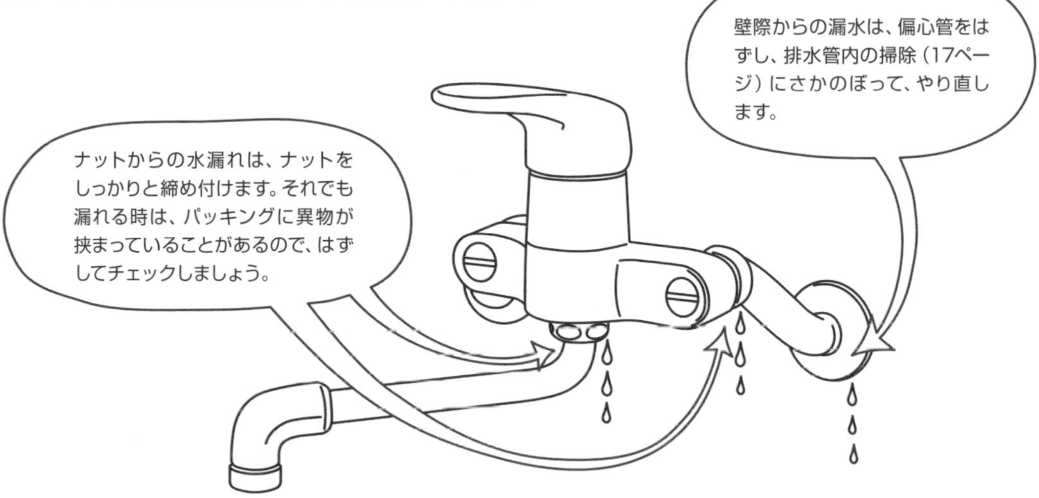
壁際からの漏水は、偏心管をはずし、排水管内の掃除（17ページ）にさかのぼって、やり直します。
ナットからの水漏れは、ナットをしっかりと締め付けます。それでも漏れる時は、パッキングに異物が挟まっていることがあるので、はずしてチェックしましょう。

古い水栓をはずす時に起こるトラブル

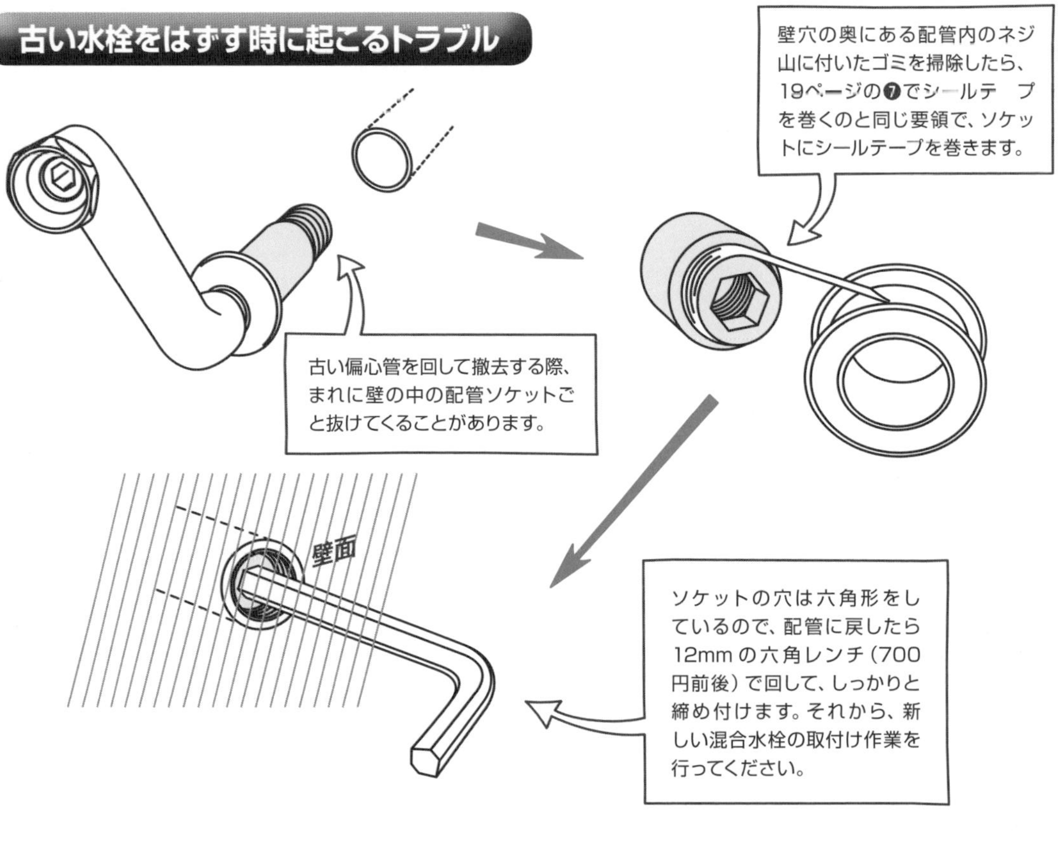
壁穴の奥にある配管内のネジ山に付いたゴミを掃除したら、19ページの❼でシールテープを巻くのと同じ要領で、ソケットにシールテープを巻きます。
古い偏心管を回して撤去する際、まれに壁の中の配管ソケットごと抜けてくることがあります。
壁面
ソケットの穴は六角形をしているので、配管に戻したら12mmの六角レンチ（700円前後）で回して、しっかりと締め付けます。それから、新しい混合水栓の取付け作業を行ってください。

シングル混合栓の水漏れ修理

カバーをはずして、カートリッジを取り換えるだけ

レバー1本でお湯と水を調節できるシングル混合栓。内部は、一つの大きなユニット（一般にカートリッジと呼ばれます）にまとめられており、本体からの水漏れ故障は、このカートリッジの損耗が主たる原因となっています。その修理は、カートリッジの交換ということになりますが、メーカーや機種によってさまざまな形式があるので、たいていは在庫がなくて取り寄せ注文になります。

精密な部品なので価格は数千円か、もしくはそれ以上の場合もあります。注文する際は、水栓のメーカー名と型番をお店に伝えますが、型番が分からなければ、写真を持って行ったりして、お店と相談してみましょう。一部、DIY修理が難しい機種では、業者以外に部品を販売しない場合もありますので、その時は、業者に修理を依頼するしかありません。

ここでは、一般的なタイプのカートリッジ交換方法を示しますが、カートリッジの形状や取りはずし方は、さまざまなタイプがあるので、よく分からない時は、メーカーやお店に聞いてみてください。

壁付き混合栓は、本体だけでなく偏心管から水漏れすることもあります。その時は、前項の混合水栓の交換ページを参考にしてください。

壁付きタイプ

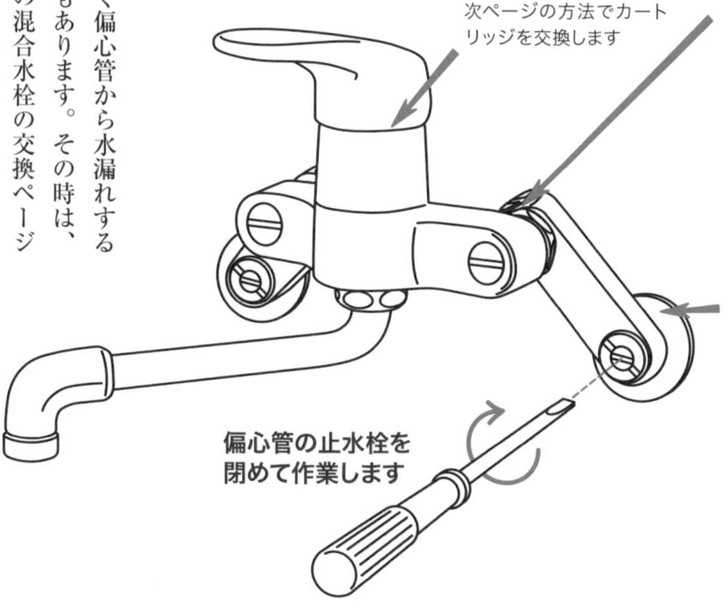

ナットから水漏れ

ナットが緩んでいる場合は、20ページの❿に従ってナットを増し締めします。それでも直らなければ、中のゴムパッキングが劣化しています。水栓本体をはずし（17ページ❶および❷参照）、パッキングを交換します（18ページ❺参照）。パッキングは、ホームセンターで補修パーツとして売られているので、同じサイズのものを買い求めてください。

壁際から水漏れ

配水管と偏心管の間のシールテープが傷んでいます。17ページの水栓交換の手順に従って、問題の偏心管をはずし、古いシールテープは、きれいに取り除きます。続いて 19ページの❼のようにシールテープを巻き直したら、配水管に偏心管をねじ込み直し、最後に水栓本体を固定すれば完了です。

台付きタイプ

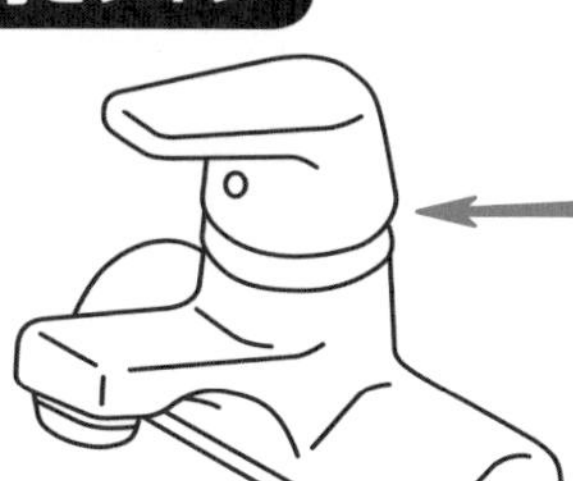

ワンホールタイプ

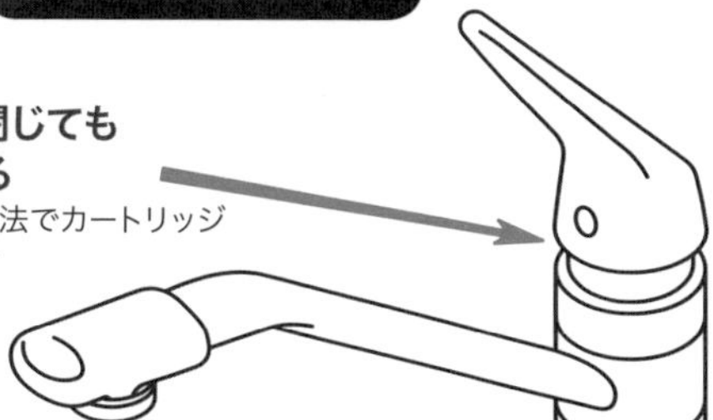

レバーを閉じても水漏れする

次ページの方法でカートリッジを交換します

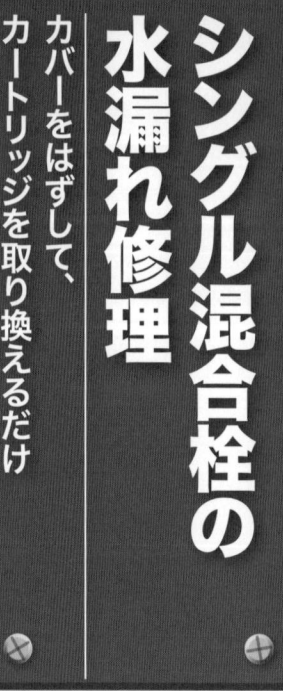

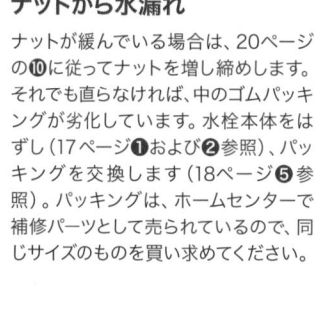

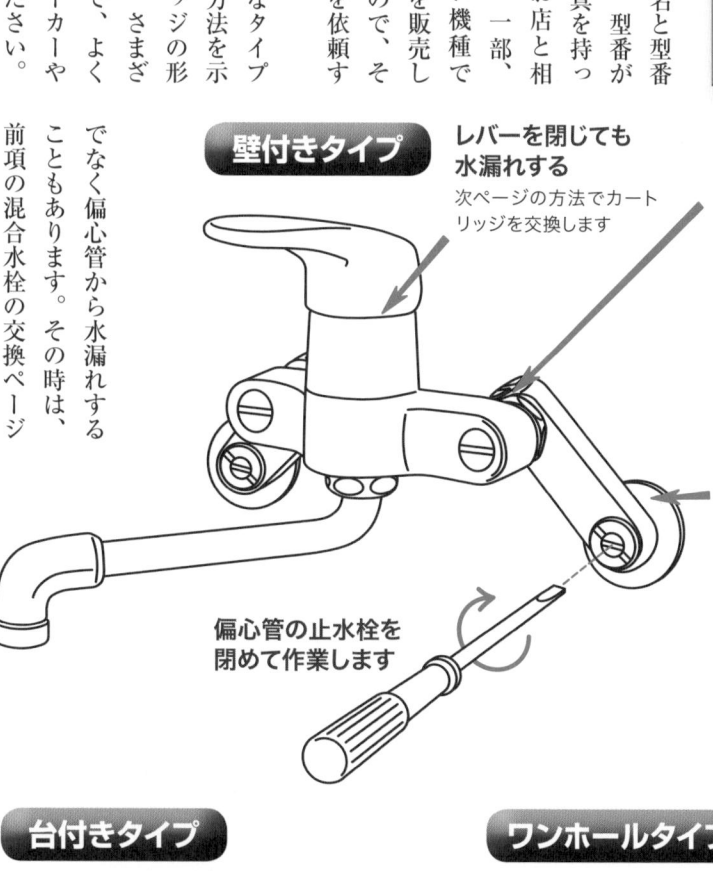

シングル混合栓の水漏れ修理

カートリッジの交換方法

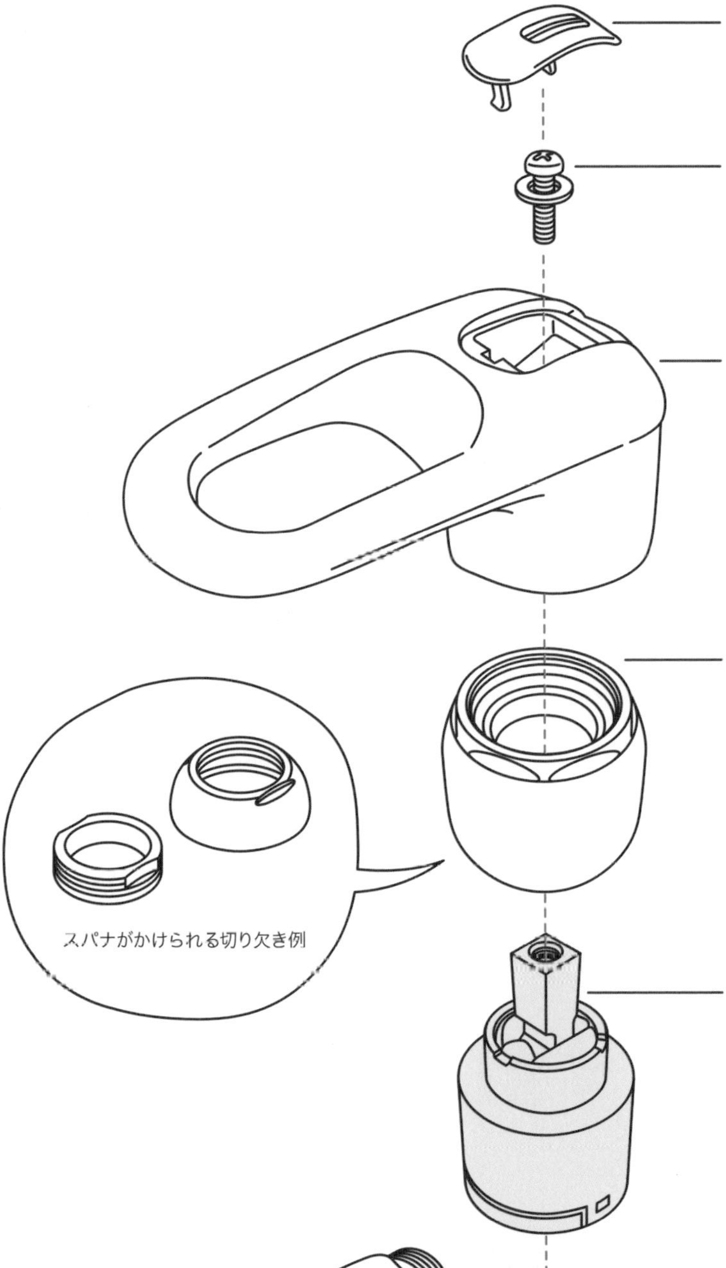

ネジカバー

先の細いマイナスドライバーなどを隙間に差し込んでこじればはずれます。

ネジ

カバーがなくて、ハンドルの後部や、側面にネジが露出しているタイプもあります。

ハンドル

固定ナット

機種によっては、外側が見栄えを良くする化粧ナットで、カートリッジを固定するためのナットが内部にあるタイプもあります。いずれも、モンキーレンチやウォーターポンププライヤーなどで回してはずします。
回すとはずれるパーツは、小さな切り欠きがあったり、六角形になっているので、見て判別できます。

カートリッジ

これを取り換えます。
カートリッジの他に交換式の弁座が組み込まれているタイプもあります。その時は、弁座も同時に交換します（カートリッジを購入の際、お店に確認しましょう）。

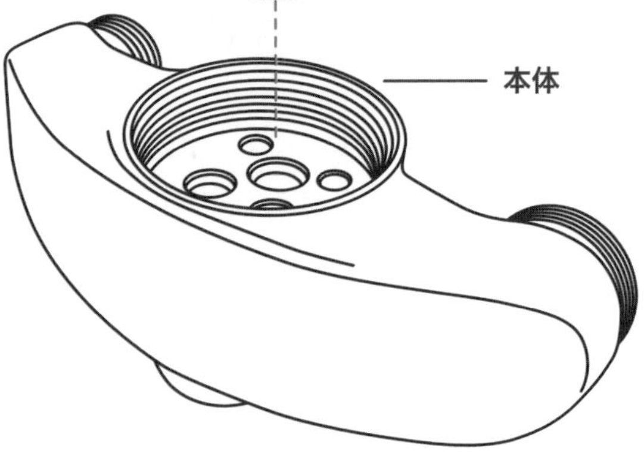

本体

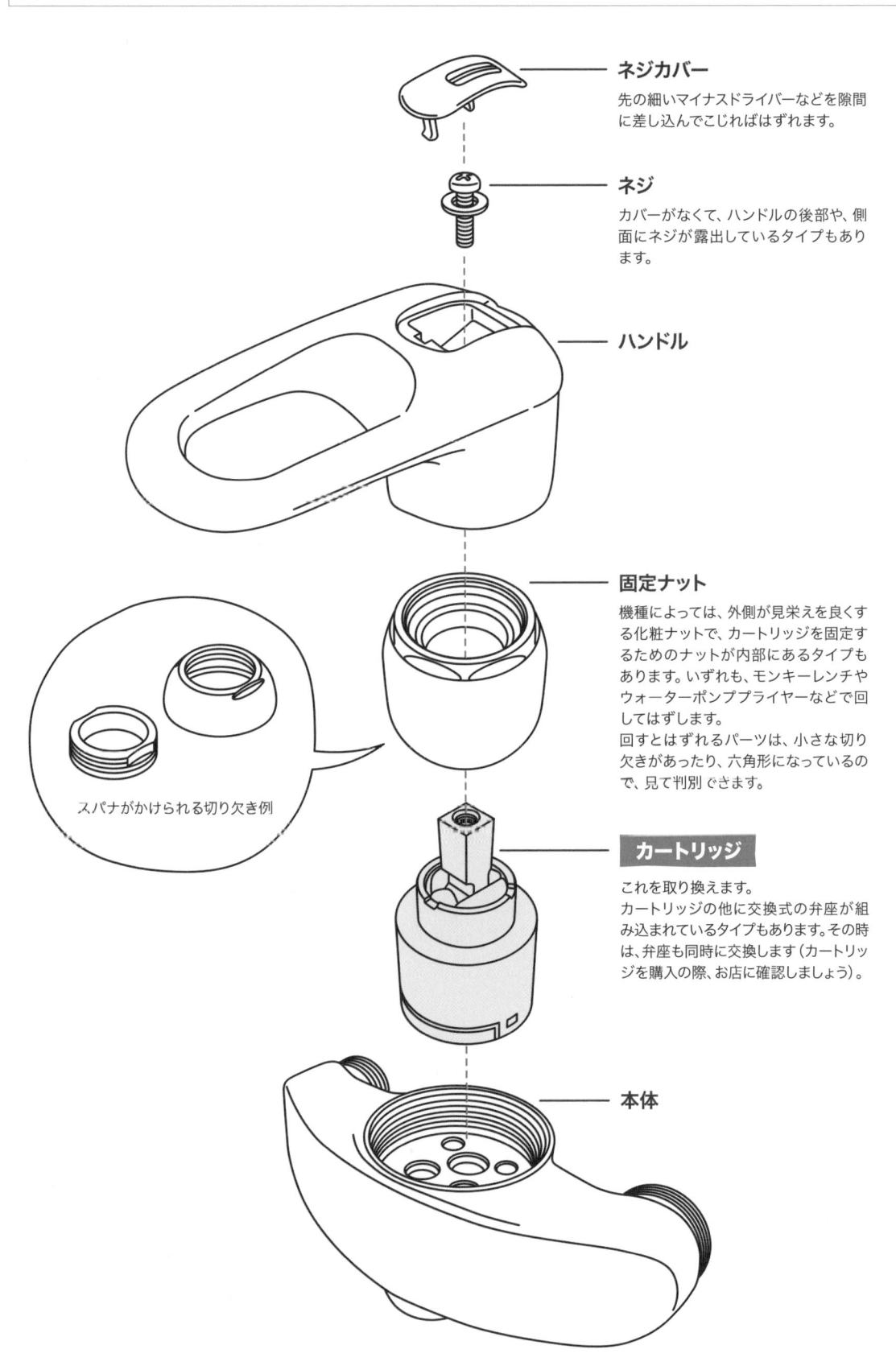

サーモスタット式混合水栓の修理

サーモ水栓の修理は一般に難しいものです

サーモスタット式混合水栓は、内部が複雑な上にいろいろなタイプがあることから、修理は一般的に業者に任せることになっています。しかし、ホームセンターで買ってきて自分で取り付けた機種をはじめとして、一部のタイプはホームセンターで部品を入手することができ、自分で交換することも可能です。

特にシャワーと吐水口をレバーで切り替えるタイプは、切り替え部が一体化したカートリッジになっており、これなら素人でも交換できます。

栓を閉じてもポタポタ そんな時は 切り替え部の カートリッジを交換する

レバーで水量を調整する（同時に吐水口とシャワーを切り替える）タイプは、レバーの奥にカートリッジが組み込まれています。水漏れするのは、このカートリッジ内のパッキングがうまく密閉できなくなっているからで、修理はカートリッジを交換するだけで終わります。

カートリッジは、同じメーカーでも機種ごとに違います。必ず使用する水栓に適合した型番のカートリッジを用意してください（自分で取り付けた水栓ならば、取扱説明書に部品番号が記載されていますから、それを注文します）。

1 レバーをはずします

2 カートリッジを交換します

レバー
ネジ
レバーのネジは、はめ込み式のカバーで隠れていることもあります
切り替え部カートリッジ
これを取り出して、新しい物に交換すればOK！

3 レバーを戻して完了

カートリッジは、しっかり取り付けられていますから、工具もしっかりとしたものを使った方が、楽に早く作業できます。
厚みのない簡易水栓スパナなどよりも、持ち手も口もがっしりとした大きなモンキーレンチやウォーターポンププライヤーをお勧めします。

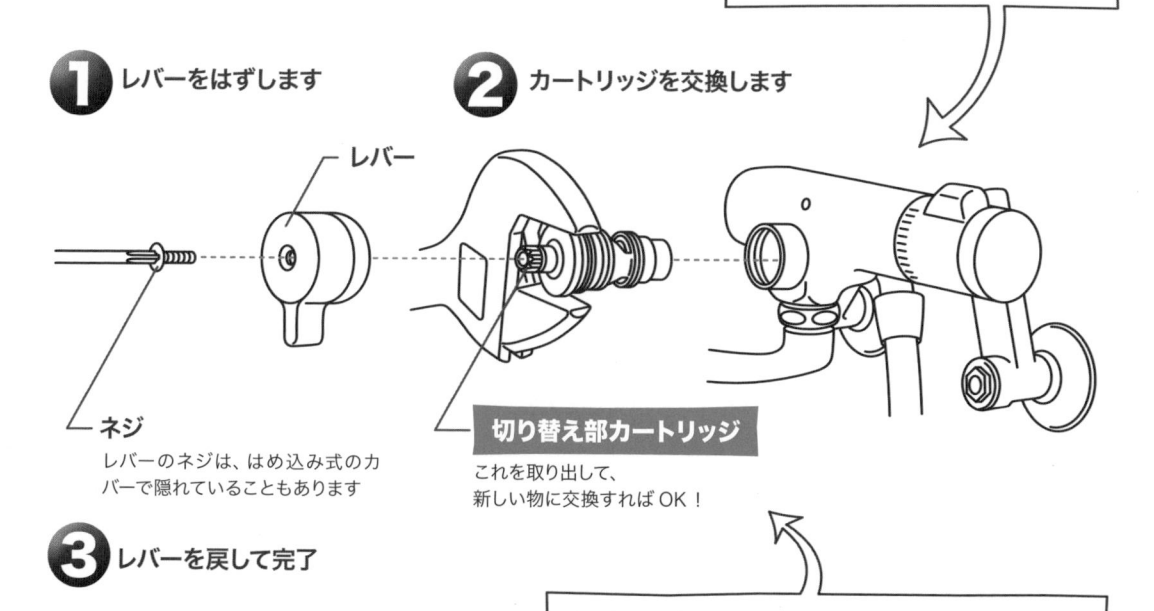

温度調整がおかしい。これって自分で修理できる？

簡単にできるケースと難しいケースがあります

目盛りの位置調整は簡単

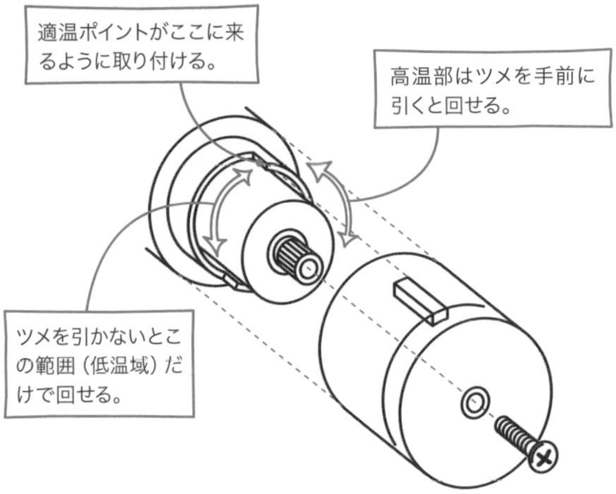
適温ポイントがここに来るように取り付ける。
高温部はツメを手前に引くと回せる。
ツメを引かないとこの範囲（低温域）だけで回せる。

調温ハンドル内側に突き出たツメ（スライドする突起）と、本体側の欠き取りリングで、ハンドルの止まる位置が決まります。特に高温域は、欠き取りが一段浅くなっていて、ラッチをスライドさせなければ、回せない仕組みになっています。

適温の目盛り位置が実際の温度とズレている場合は、ハンドルの取付け角度をズラすだけで直せます。

❶まずお湯を出しながら、適温が出る位置にハンドルを調整。

❷適温の位置が決まれば、いったんハンドルをはずす（下図を参照）。

❸ハンドルを目盛りが適温の位置にくるように水栓の芯棒にはめる（この時、高温域手前の段差にツメが当たるようにはめると、適温位置でハンドルが止まるようになります）。

サーモ部の修理は難しいだけに自分でできれば節約効果も大きい！

サーモスタットは、機種ごとにさまざまなタイプがあり、それぞれまったく違う形をしているので、必ず使用水栓に適合する型番のサーモスタットを入手してください。また注文の際は、交換に特殊な専用工具が必要かどうかも確認しましょう。

図のように、サーモスタット部分が完全に一体化されたカートリッジタイプの場合は、取付け手順さえ把握すれば、素人でも交換修理できます。なお、図はほんの一例です。実際の取付け手順は、添付されている説明書をよく見て作業してください。

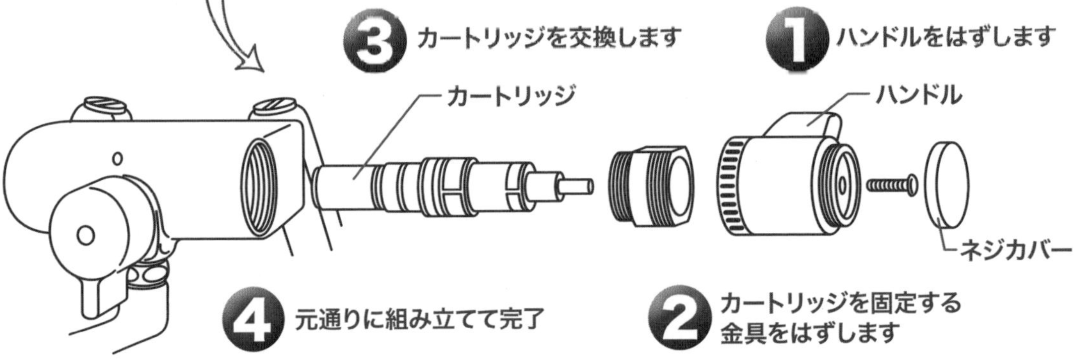
3 カートリッジを交換します
1 ハンドルをはずします
カートリッジ
ハンドル
ネジカバー
4 元通りに組み立てて完了
2 カートリッジを固定する金具をはずします

温度調整のハンドル目盛りと、実際の温度がズレているだけなら、深刻な故障ではありませんが、温度調整ができなくなった時は、お湯と水を自動混合するサーモスタット部がおかしくなっています。サーモスタット部はいろいろな形式がある上、精密な作りになっているので、基本的には業者に任せる分野になります。

しかし、一部の機種ではここがカートリッジになっていて交換修理で対処できるケースもあります。

もしホームセンターでカートリッジが入手できるならば、修理に挑戦してみてもいいでしょう。サーモの修理は部品代がかかりますが（4000~5000円ほど）、工賃もそれなりにかかることを考えると、自分で修理できれば、大きな節約になります。

水の出が悪い時はフィルターをチェック

思わぬ所にあるフィルター

長年使っていると、水道管内の付着物のために、水の出が悪くなることがあります。その場合は、プロに任せて水道管を交換しなければいけませんが、短期間のうちに水の出が悪くなった場合は、蛇口のストレーナー（ろ過器）詰まりが原因であることが多く、これは掃除で簡単に解決できます。

ストレーナーやフィルター（ろ過材）の取付け方は、メーカーや蛇口の形式によってさまざまなので、ここでは一般的な方法を紹介します。分からない時は、お店やメーカーに問い合わせてください。

吐水口をチェック

吐水口に継ぎ目があれば、ストレーナーになっている可能性が高い

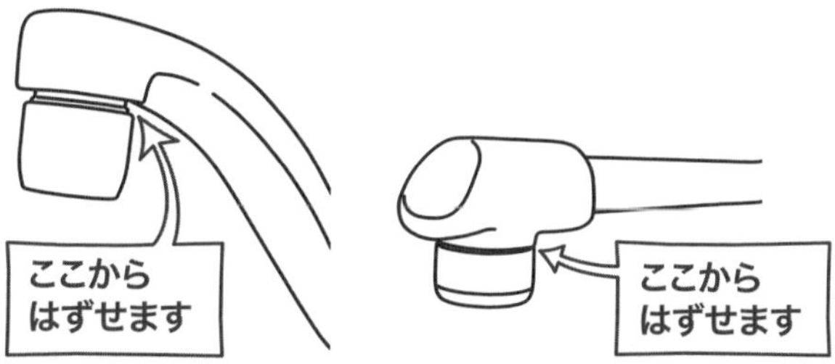
ここから
はずせます
ここから
はずせます

吐水口の先端が取りはずし式になっていれば、その中にフィルターが組み込まれています。長い間メンテナンスをしていなければ、水道管から流れてきたサビやパイプの接着剤カスなどの汚れが溜まるので、それらを水洗いします。汚れがしつこい場合は、古い歯ブラシなどで軽くこすり洗い流します。

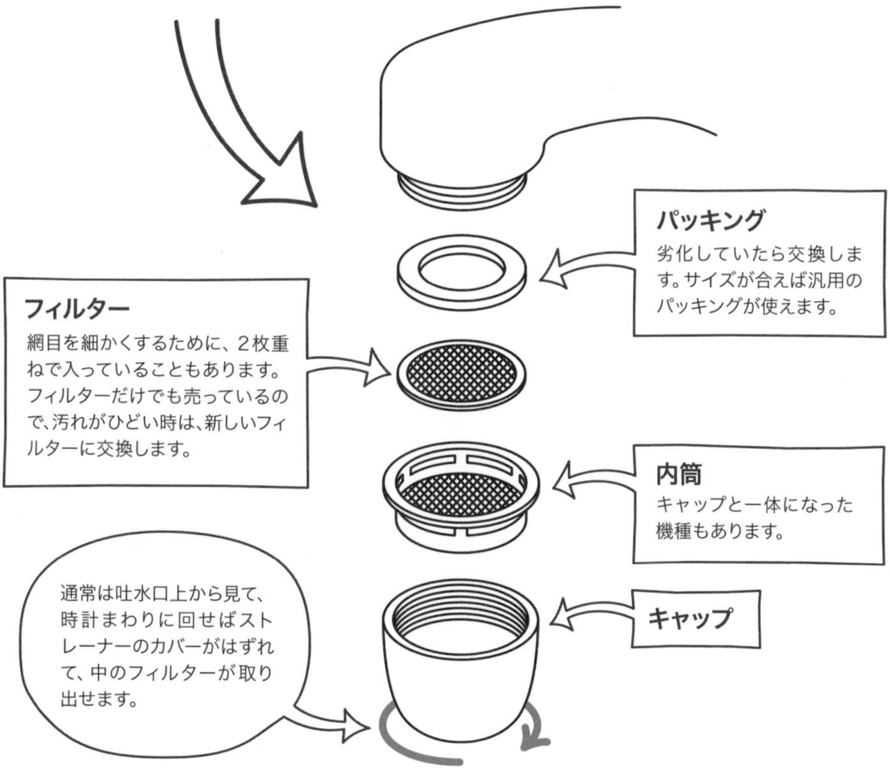
パッキング
劣化していたら交換します。サイズが合えば汎用のパッキングが使えます。
フィルター
網目を細かくするために、2枚重ねで入っていることもあります。フィルターだけでも売っているので、汚れがひどい時は、新しいフィルターに交換します。
内筒
キャップと一体になった機種もあります。
通常は吐水口上から見て、時計まわりに回せばストレーナーのカバーがはずれて、中のフィルターが取り出せます。
キャップ

混合水栓のストレーナーは偏心管にあります

カートリッジ式混合水栓のほとんどは、水道水中のゴミなどが詰まって壊れるのを防ぐため、偏心管にストレーナーが組み込まれています。

ここは、定期的（1年に1回程度）に掃除をする必要があるため、簡単に取りはずして掃除ができるようになっています。

1

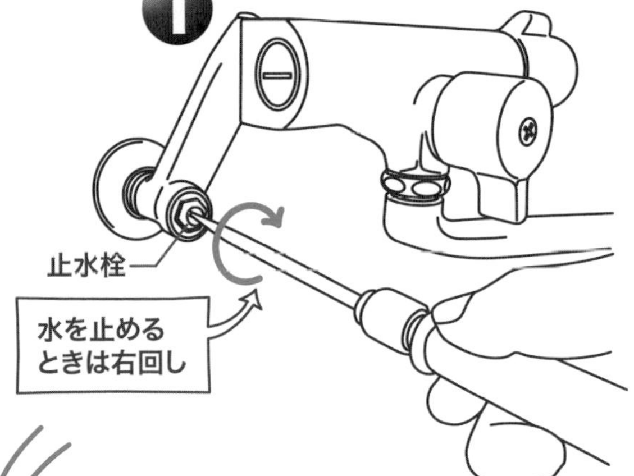
止水栓
水を止める
ときは右回し

流量調整栓（止水栓）をマイナスドライバーで右回りに締めて、閉じます。流量調整栓を閉められなければ、家全体の水を止める大元の止水栓を止めます。

2

ストレーナーのキャップをドライバーやコインを使ってはずします。キャップの形状は機種によって異なるので、取扱説明書で確認してください。取扱説明書がなければ、メーカーや販売店にはずし方を確認します。

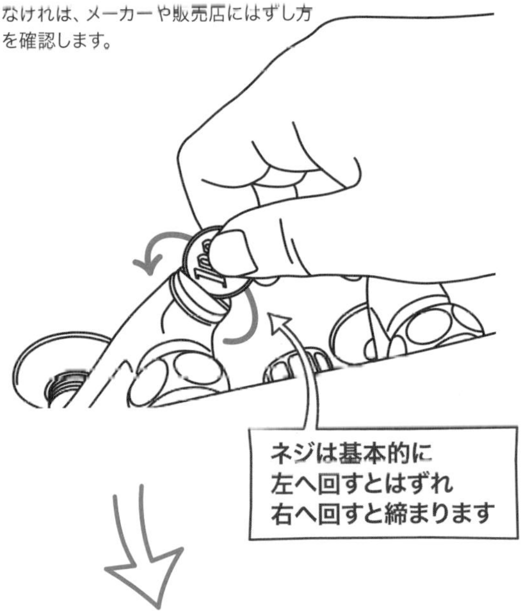
ネジは基本的に
左へ回すとはずれ
右へ回すと締まります

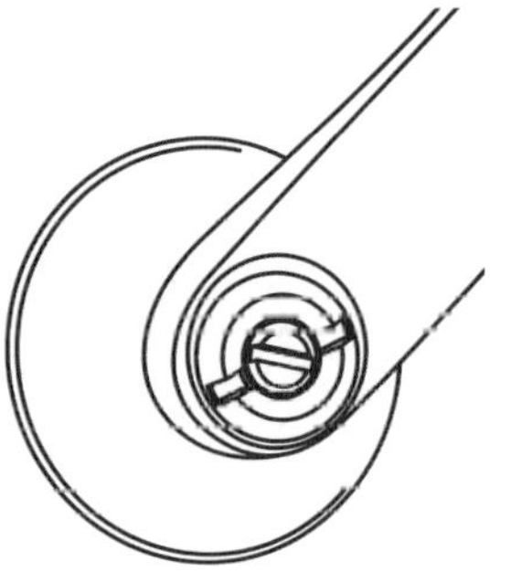

このように止水栓が二重ネジになっている場合、外周ネジがフィルターの固定ネジになっていることもあります（バルブの固定ネジの場合もあるので説明書で確認してください）。

3

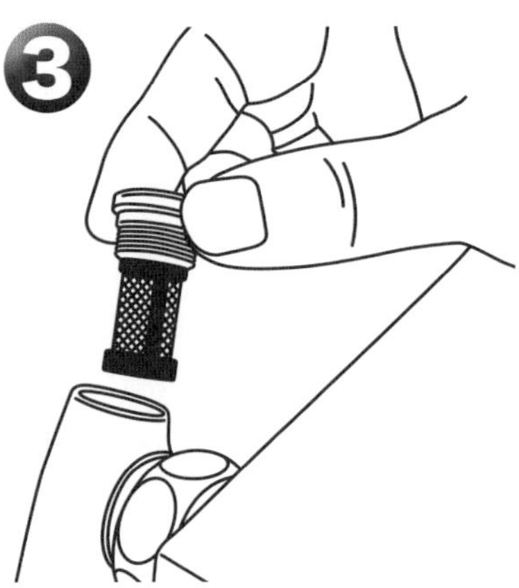

取り出したフィルターは、水洗いします。汚れがひどい場合は、つまようじや古い歯ブラシなどで汚れを掻き出しますが、強くこすると壊れるので優しく洗います。きれいになったフィルターをはめ込み、ストレーナーを元通りに組み直したら、閉じた水栓を開いて作業は終わりです。

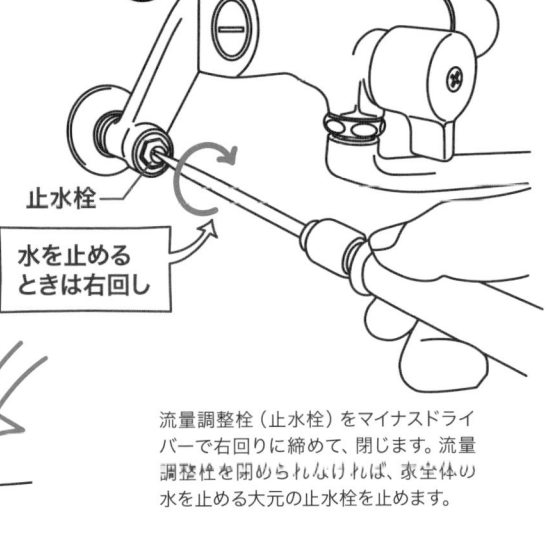

洗面台の排水漏れ

U字型の管が修理のポイント

洗面台の排水パイプは、途中、トラップと呼ばれるパイプの曲がりに水（封水）を溜め、下水管から臭いや虫が上がってくるのを防いでいます。

トラップは、ゴミが詰まりやすいので、メンテナンスのためにはずれるようになっており、そのため排水パイプには、どうしても数カ所に継ぎ目ができてしまいます。

ここに入っているゴムパッキングが劣化すると、水漏れが起こります。パイプからの排水漏れは、このパッキングを交換すれば止まります。

ウォーターポンププライヤーなどで袋ナットを緩めてパイプをはずしたら、簡単にパッキングは交換できます。

こんなトラップもあります

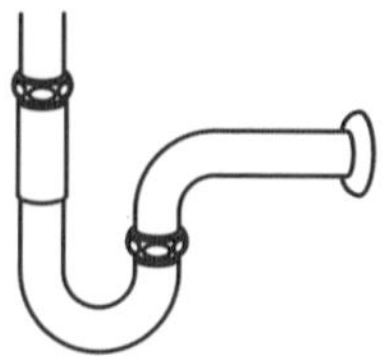

排水管が、床でなく壁に付いている時には、この形になります。

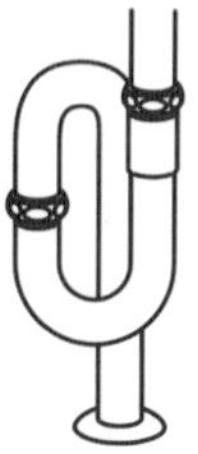

S 字の変形ですが、場所を取らないので洗面台下の狭い収納スペースが有効に使えるために、よく使われます。

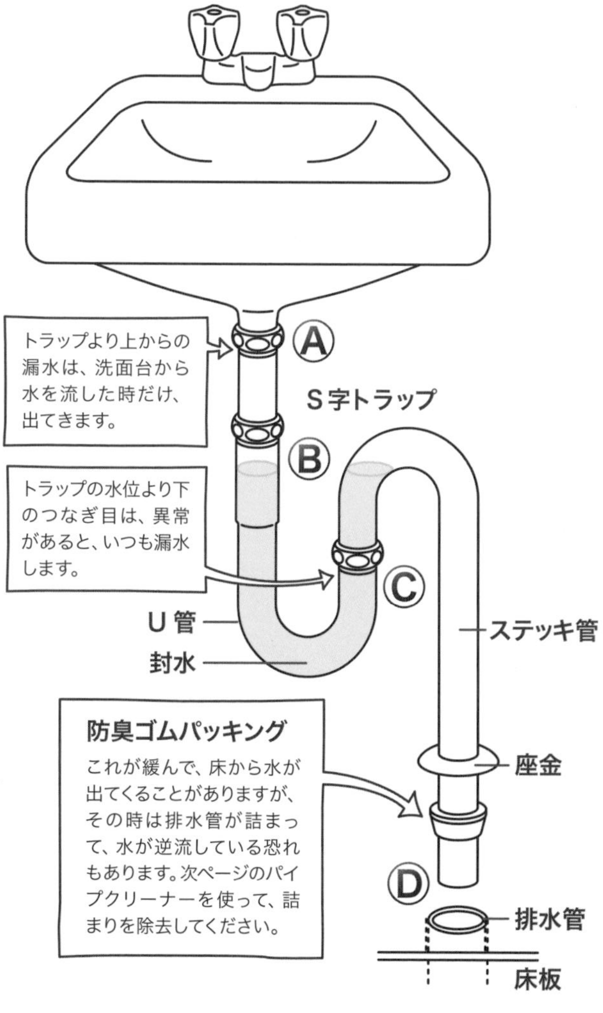

トラップより上からの漏水は、洗面台から水を流した時だけ、出てきます。
Ⓐ
S字トラップ
Ⓑ
トラップの水位より下のつなぎ目は、異常があると、いつも漏水します。
Ⓒ
U 管
封水
ステッキ管
防臭ゴムパッキング
これが緩んで、床から水が出てくることがありますが、その時は排水管が詰まって、水が逆流している恐れもあります。次ページのパイプクリーナーを使って、詰まりを除去してください。
座金
Ⓓ
排水管
床板

Ⓑからの漏水

パッキングの交換

U 管の一部が少し太くなっているので、上からパイプをさし込みます。袋ナットを締め付けると、押し縮められたパッキングの圧力で、パイプもしっかりと固定されます。

袋ナット
さし込み
パッキング

ⒶⒸからの漏水

パッキングの交換

径が同じパイプを突き合わせます。パッキングは、平らなものをパイプ間にはさみ込み、袋ナットでパイプ同士を引きつけます。

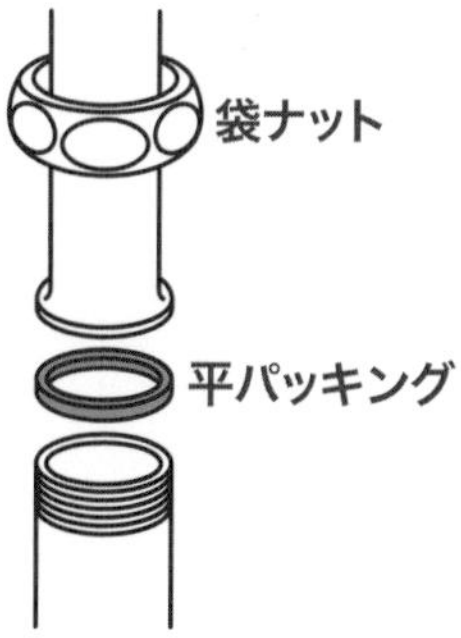

袋ナット
平パッキング

場所によってパッキングのタイプが異なるので、よく見て、同じ形・サイズのものを買い求めてください。

排水の詰まりも確認

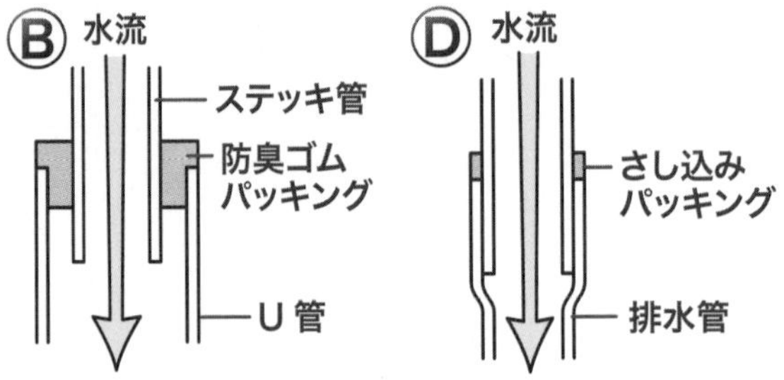
B 水流
ステッキ管
防臭ゴム
パッキング
U管
D 水流
さし込み
パッキング
排水管

さし込み構造は、多少パッキングが劣化しても、上から下への自然な流れに逆らうような水流がない限り、大きな漏水は起こりません。

排水は上から下へ自然の重力で流れるので、水道管のように高い水圧はかかりません。

BやDの、パイプがはめ込み構造になっている箇所では、たとえパッキングが劣化していても、水漏れが目立つことは滅多にありません。

ここらから激しい水漏れがある時は、パイプが詰まって水が溜まっているか、水が素早く流れ落ちなくなっている可能性があります。

しなりやすい長い針金をパイプ内に押し込んで、詰まりを引っかけて取ったり、押し流したりするために使われます。柔らかいので、S字トラップの中も、ゆっくり押し込めば、難なく通ります。

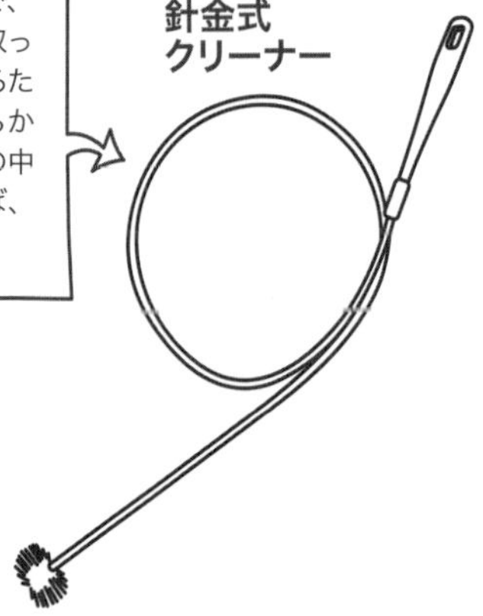
針金式
クリーナー

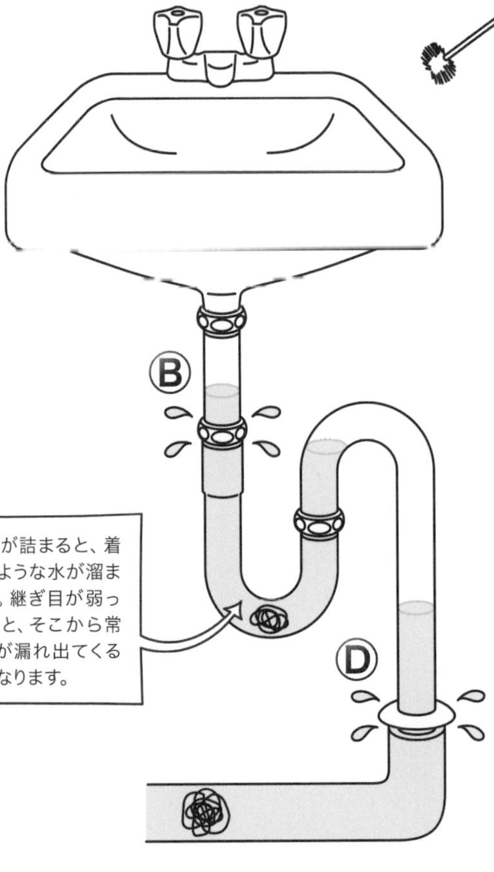
B
D

排水管が詰まると、着色したような水が溜まります。継ぎ目が弱っていると、そこから常時、水が漏れ出てくることになります。

洗面台は、髪の毛や石鹸カスなど、排水パイプを詰まらせるものが多いので、定期的にパイプ掃除をした方がいいでしょう。針金式クリーナーだけでなく、パイプ洗浄剤も効果的です。

ただし、強力な塩素系洗浄剤はクロムメッキを侵します。金属製でピカピカ光っているパイプは、クロムメッキなので、その場合、塩素系洗浄剤を頻繁に使っていると、腐食してパイプに穴が開くこともあります。

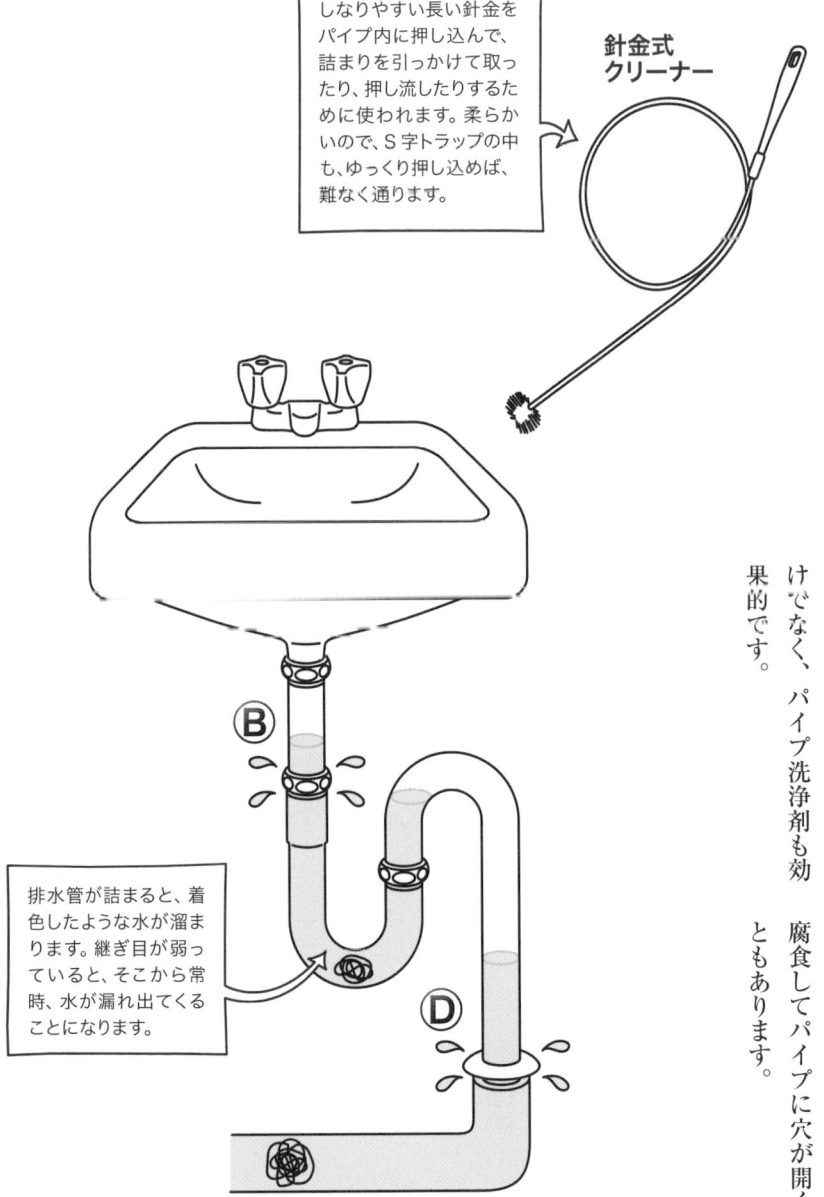

キッチンの排水漏れはホースの修理

シンクの排水パイプはとてもシンプル

キッチンのシンクは、洗面台の排水口と違って排水口に椀《わん》トラップが設けられていて、そのため排水パイプに封水を溜めるS字カーブは必要なく、ストレートに排水管まで伸びているものがほとんどです。

継ぎ目も少ないので、洗面台の排水パイプよりはチェックポイントが少なく、修理もより簡単にできます。

床の排水管とシンクの排水口が直線上にあれば、パイプで簡単に結べますが、施工時に厳密な位置合わせが必要です。そこで、多少ズレていても簡単に結べる排水ホースが、台所の工事ではよく使われています。

ただし、集合住宅では水漏れを起こすと下の階に大きな影響が出るので、パイプでしっかりと結んでいるケースが多くなっています。

シンク下の排水構造

シンクの排水漏れが起こる場所を赤字で示しています。

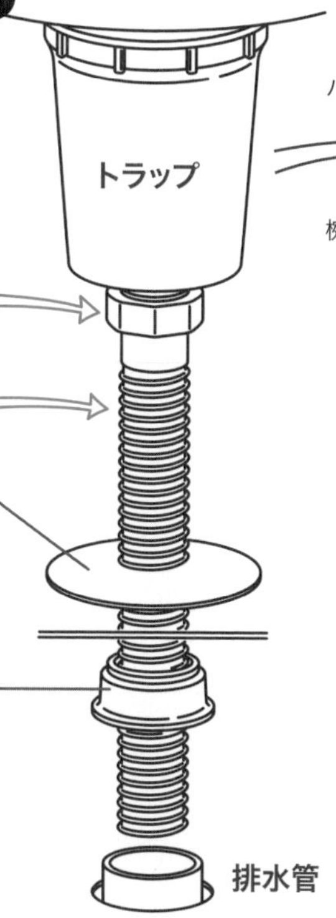
トラップ
排水管

ナットの緩み
工具で締め付けるが、樹脂製なので、きつく締めると割れるため、手で回らない程度に止めておきます。

ホースの破れ

排水プレート
ホースを通す穴が開いた丸い板です。流し台下の収納庫床に開いた穴をふさぎます。

防臭キャップ
虫や臭いが逆流してくるのを防ぐだけで、防水機能はありませんが、通常、排水管から水は出てきません。ここから水が出てきたら、排水管が詰まっているので、パイプクリーナーなどを使って詰まりを取ります。

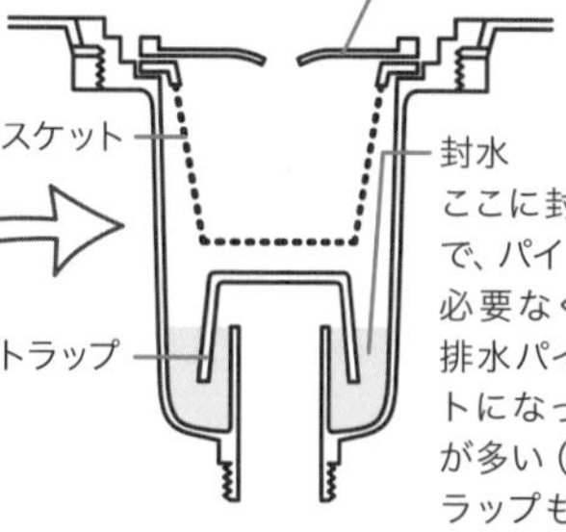
菊割れフタ
バスケット
封水
椀トラップ

封水
ここに封水を溜めるので、パイプにトラップは必要なく、シンク下の排水パイプはストレートになっているケースが多い（最近は、S字トラップも付けられている場合があります）

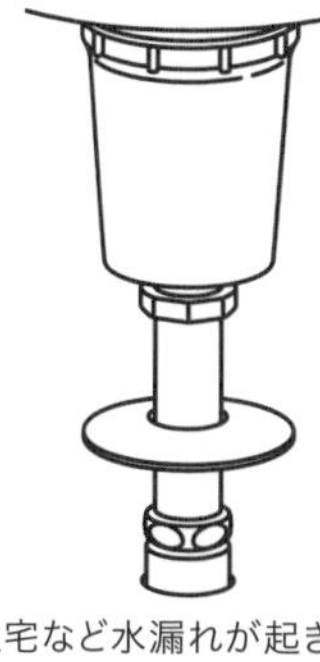

集合住宅など水漏れが起きると大変な場所では、トラップと排水管がしっかりと直結されているケースがあります。

臭いや虫が上がってきたらキャップをチェック

浮いていたら、はめ直します。傷んでいたら、新しい物に交換します。交換は、排水管からホースを抜いて付け換えるだけ。

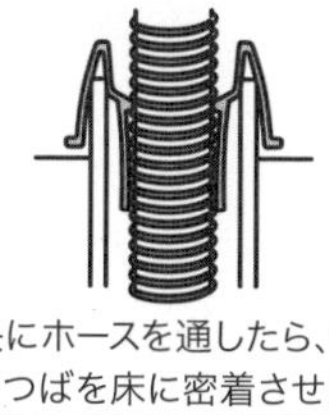

中央にホースを通したら、キャップのつばを床に密着させます。

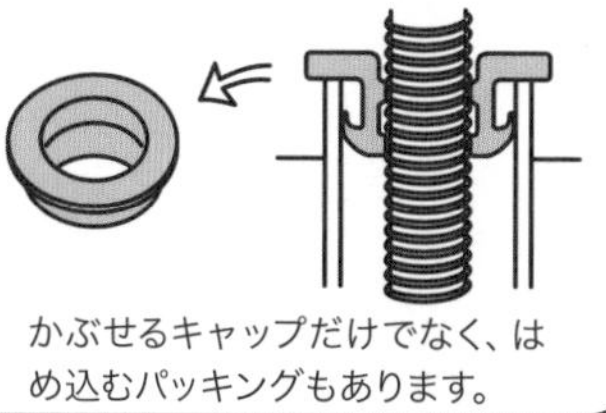

かぶせるキャップだけでなく、はめ込むパッキングもあります。

小さなホースの穴はテープでふさぐ

排水ホースは丈夫に作られていますが、シンクに流される異物や液体で傷ついたり化学的な影響を頻繁に受けるので、時には破れたり穴が開きます。

小さな穴は、ホース用の補修テープが市販されているので、それで簡単にふさぐことができます。

テープでは間に合わないような大きな穴は、ホースを交換します。

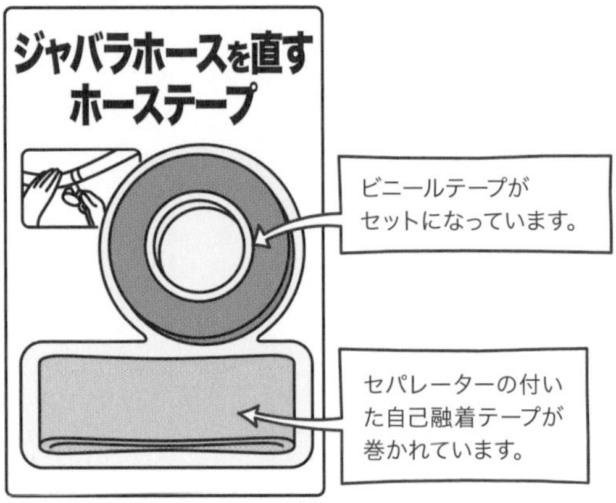
ジャバラホースを直す
ホーステープ
ビニールテープがセットになっています。
セパレーターの付いた自己融着テープが巻かれています。

自己融着テープの巻き方

数分で重ねたところが融着します。うまく密着できなかったら、全部はずして、もう一度新しいテープを巻き直してください。はずしても跡は残りません。

最後にもう一度、自己融着テープをすべて隠すように、上からビニールテープを巻けば、修理は完了です。

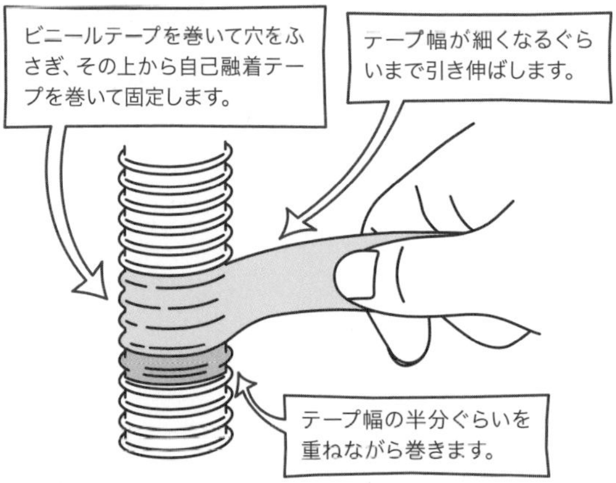
ビニールテープを巻いて穴をふさぎ、その上から自己融着テープを巻いて固定します。
テープ幅が細くなるぐらいまで引き伸ばします。
テープ幅の半分ぐらいを重ねながら巻きます。

自己融着テープとは?

ブチルゴムをテープ状に薄く伸ばしたもので、粘着剤は使われていません。しかしテープ同士なら、接触させるだけで融合してくっついてしまうという性質があります。耐水性にすぐれ、耐老化性も高く長持ちします。

輸送中にテープがくっつくのを防ぐためのセパレーターは使う時は、はずします。

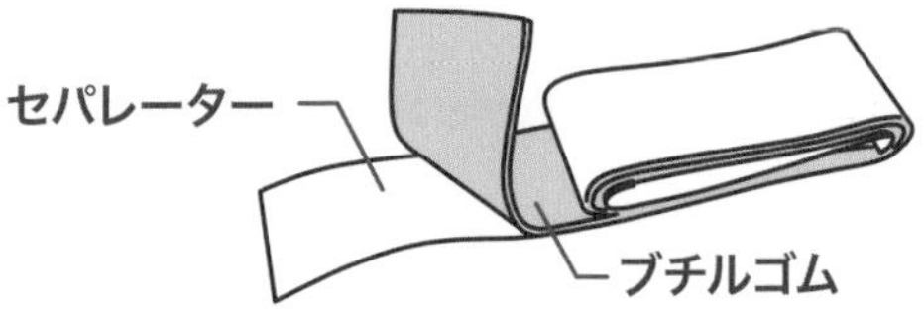
セパレーター
ブチルゴム

一般のゴムは、弾性を高めるために硫黄などを加え（加硫）て分子を結合させています。そのため、ゴム同士を接触させてもくっつくことはありません。しかし自己融着テープは、未加硫のブチルゴムなので、接すると分子レベルで融合して一体化します。

ホースの交換

交換用ホースは、2 種類あります。排水口のネジ山にそのままねじ込んで付けられるネジ付きタイプと、フリーサイズのさし込みタイプがあります。

付け方が違うだけで、どちらを選んでも機能上は問題ありません。

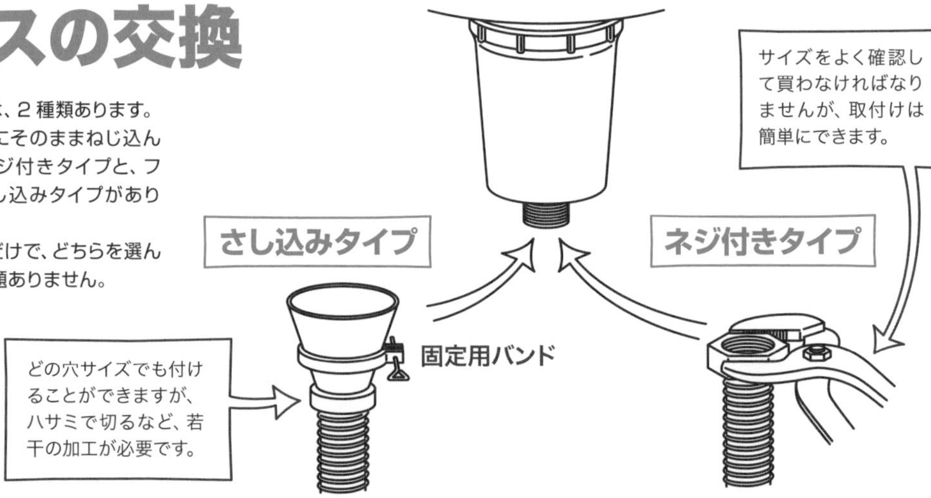
サイズをよく確認して買わなければなりませんが、取付けは簡単にできます。
さし込みタイプ
ネジ付きタイプ
固定用バンド
どの穴サイズでも付けることができますが、ハサミで切るなど、若干の加工が必要です。

シンク下の排水口の太さが合うように、ラッパ型の部分を適宜ハサミでカットして差し込み、ネジ締めの金属製バンドで締めて固定します。

シンク下排水口のネジに適合するホースを買ってきて、ねじ込むだけです。

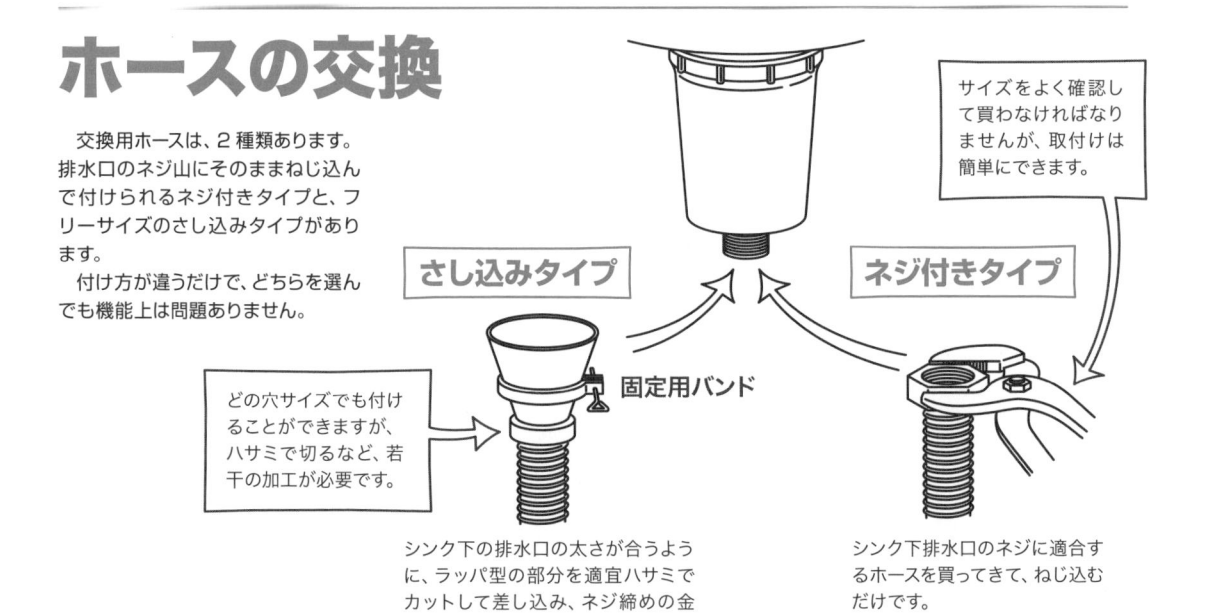

トイレの水が出ない！

出ない理由が分かれば、対処は簡単です

水洗トイレの便器自体は、単に重力で流れてくる水を流すだけなので、下水への排水が詰まる以外に、大きなトラブルはほとんどありません。トイレトラブルの大半は、洗浄水を溜めるタンク（ロータンクと言います）で起こります。そのトラブルは、結局のところ水が出ない、または止まらないということになりますが、タンク内には部品がいくつかあるので、修理の際は、どの部品が原因なのかを突き止めなければなりません。

タンクの水量調節や、排水の仕組みは、比較的単純な構造で成り立っているので、その仕組みさえ知れば、原因は簡単に推測できます。

34ページに、水が出ない時の原因を突き止めやすくするチャート図を用意しました。35ページからは、故障箇所ごとの具体的な修理方法を解説していますので、これを読めばたいていのトイレの故障は、DIYでも直せるようになります。

ロータンクの構造と各部の名称

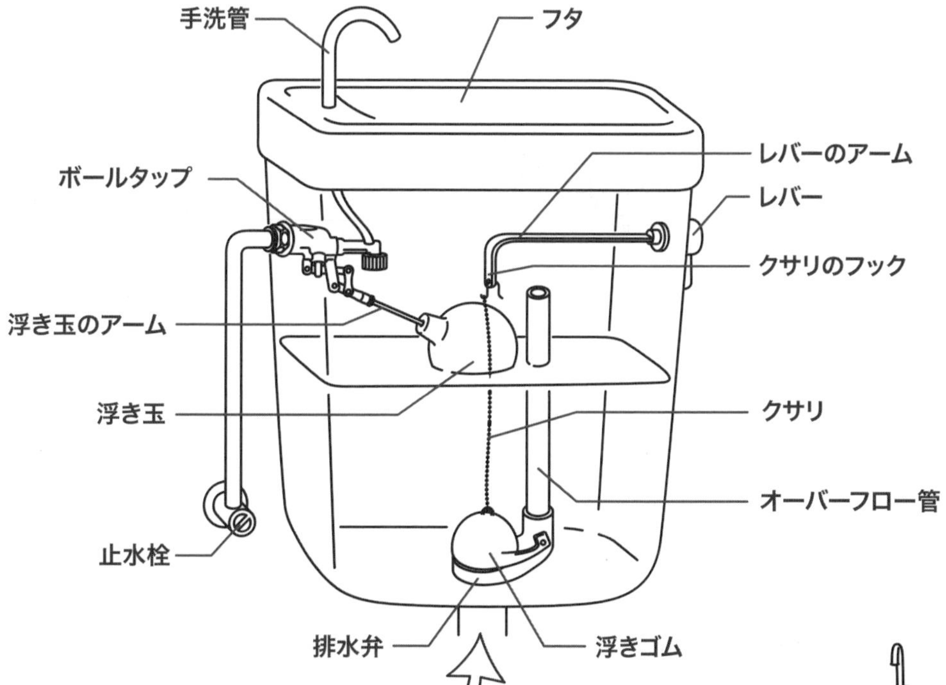
手洗管
フタ
ボールタップ
レバーのアーム
レバー
クサリのフック
浮き玉のアーム
浮き玉
クサリ
オーバーフロー管
止水栓
排水弁
浮きゴム

普段は、丸い浮きゴムが、排水弁にはまり込んで、水が流れ出ないようになっています。ところがレバーを回すと、先につながれたクサリが浮きゴムを引き上げ、溜まっていた水が排水弁の穴から一気に便器へ流れ落ち、汚物を流します。

隅付きロータンク

隅付きロータンクも、同様の構造になっています。

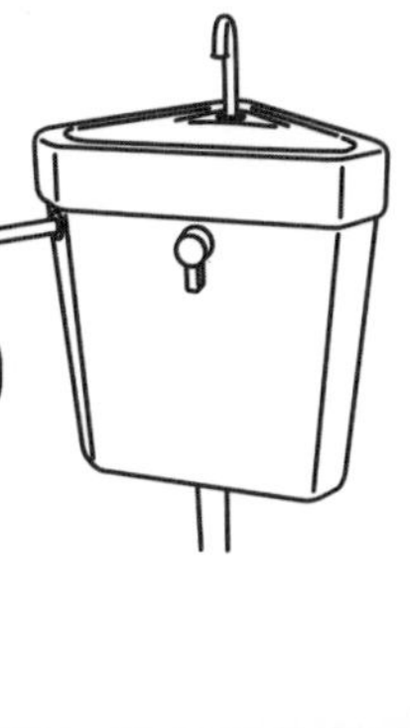

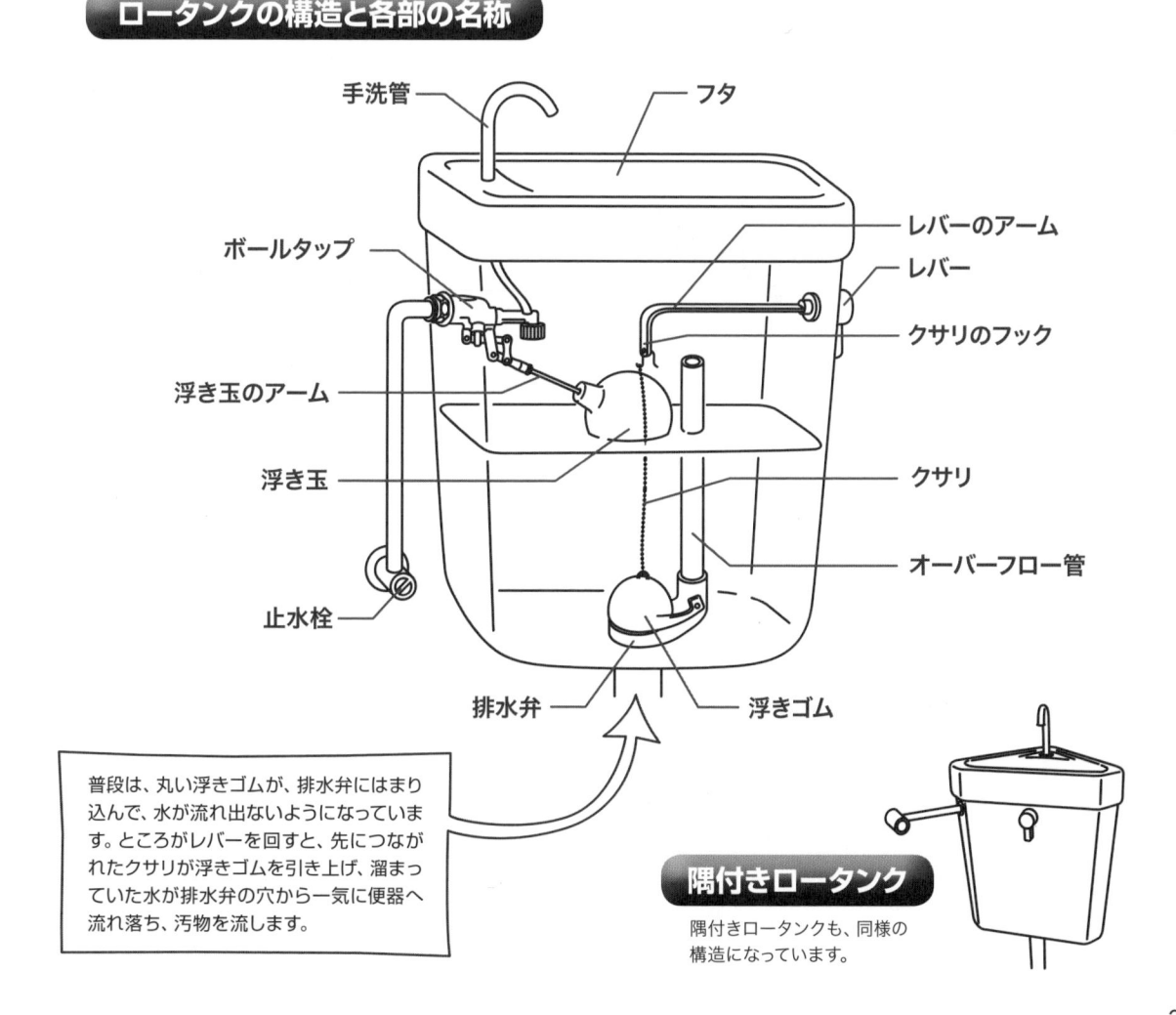

水が流れる仕組み・溜まる仕組み

浮き玉が上下することで、水栓であるボールタップが閉じたり開けられたりし、タンクがカラになれば水が注がれ、満タンになれば自動的に水が止まるようになっています。

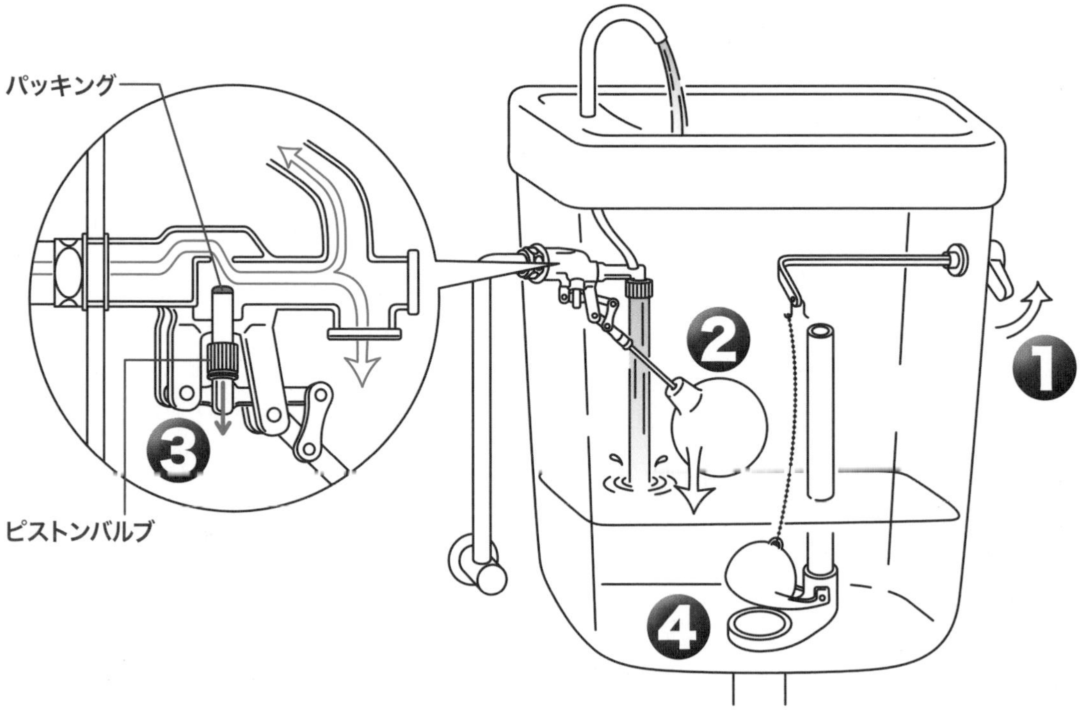

1 レバーを回すと、クサリが浮きゴムを引き上げ、水が便器へ流れ出ます。

2 水位が下がると浮き玉が下がります。

3 浮き玉が下がると、浮き玉に連動しているピストンバルブが下に引かれ、水道から水がタンク内に注ぎ込まれます。

4 水が減り、浮きゴムが水面の上に出てくると、浮きゴムは自重で下がり、再び排水弁にピタリとはまり込み、排水は止まります。

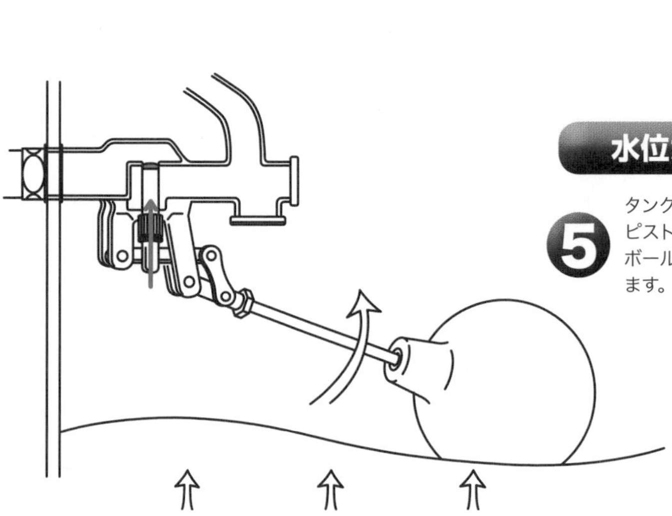

水位が上がってくると

5 タンクに水が溜まってくると浮き玉が上がり、ピストンバルブが押し上げられ、パッキングがボールタップ内部の弁をふさいで水が止まります。

水が流れない原因を調べてみよう！

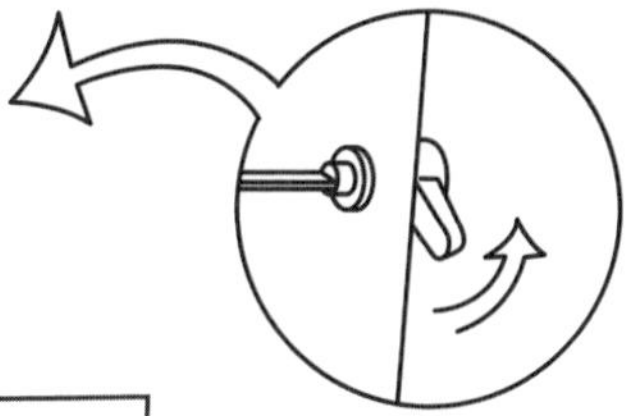

レバーを回しても水が出ない

↓

タンクの中を見ると…

水が溜まっている　　水がない

水が溜まっている →

【原因】
クサリがはずれている
35ページ（次ページ）へ

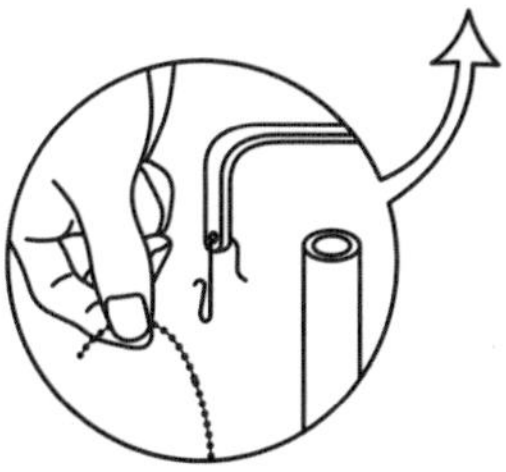

水がない →

浮き玉は…

下におりていない　　下がっている

下におりていない →

浮き玉を手で下げてみて…

タンクに注水される　　注水されない

タンクに注水される →

【原因】
浮き玉が引っかかっていた
35ページ（次ページ）へ
浮き玉が動きやすいように調整します。

【原因】
ボールタップの動きが悪い
36ページへ
ピストンバルブをはずして掃除をします。場合によっては、交換が必要なこともあります。

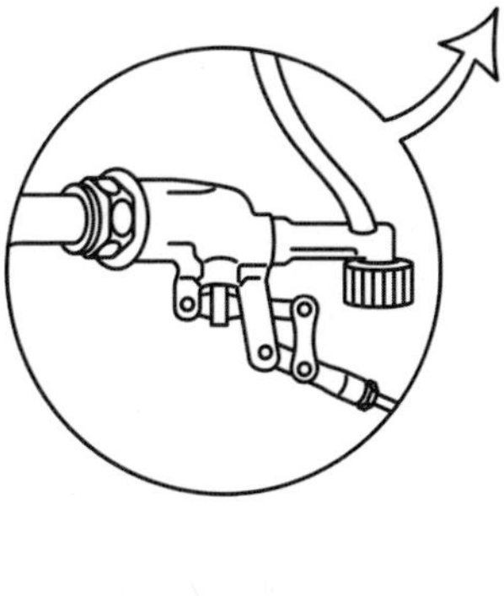

注水されない／下がっている →

ボールタップが…

破損している　　異常ない

破損している →

【原因】
ボールタップの破損
43ページへ
ボールタップを交換します。

異常ない →

【原因】
止水栓が閉まっている
断水している

他の水道を開けてみて、断水していないかどうかチェックします。断水でなければ、止水栓が閉まっているので開けます。

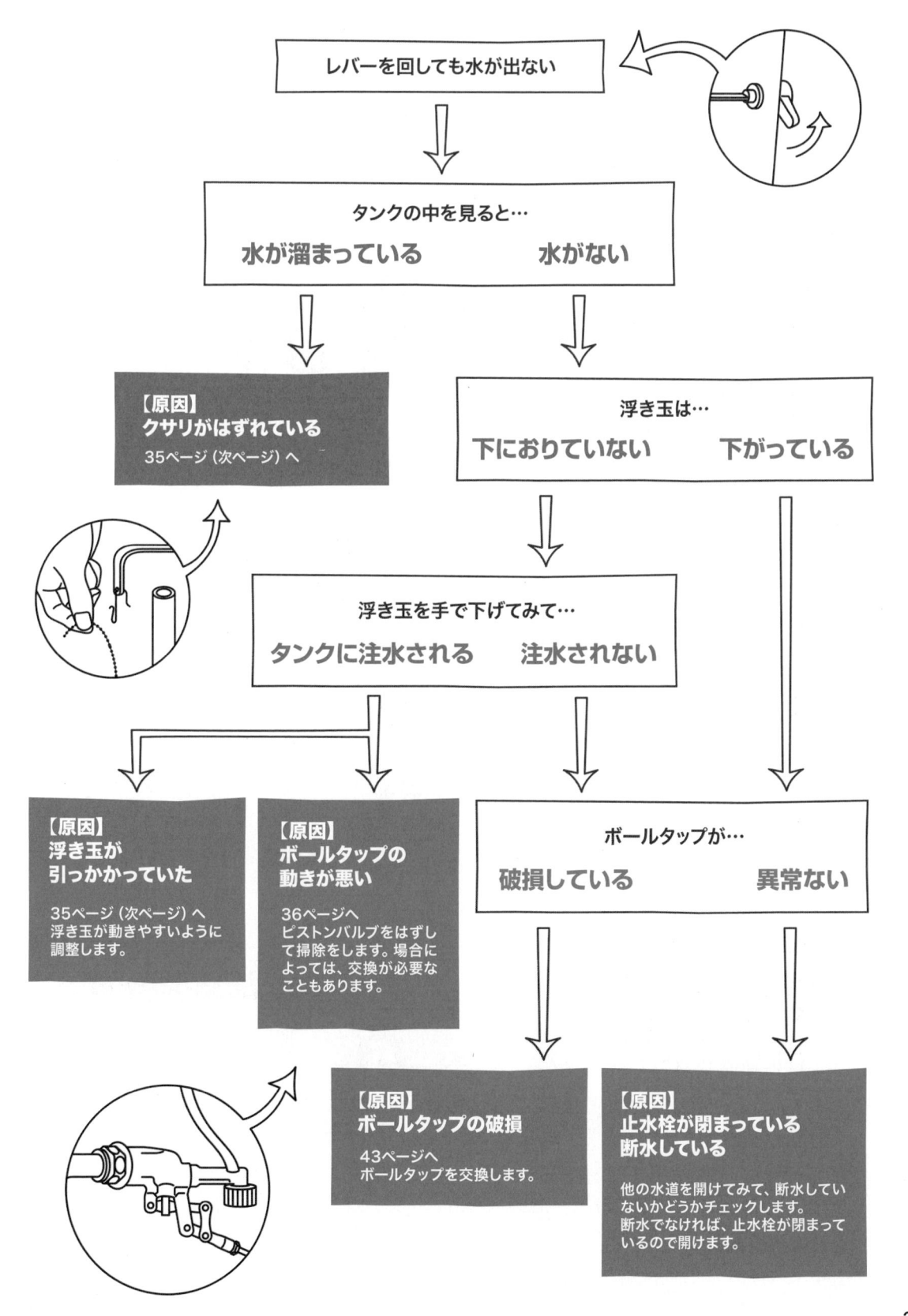

トイレの水が出ない！

クサリがはずれている場合

クサリがはずれていると浮きゴムが引き上げられないので、水が出ません。
クサリを直せば簡単に元に戻ります。

古い浮きゴムに触ると手が汚れるので、手袋を使用してください。

クサリが切れている時

浮きゴムからクサリをはずして交換します

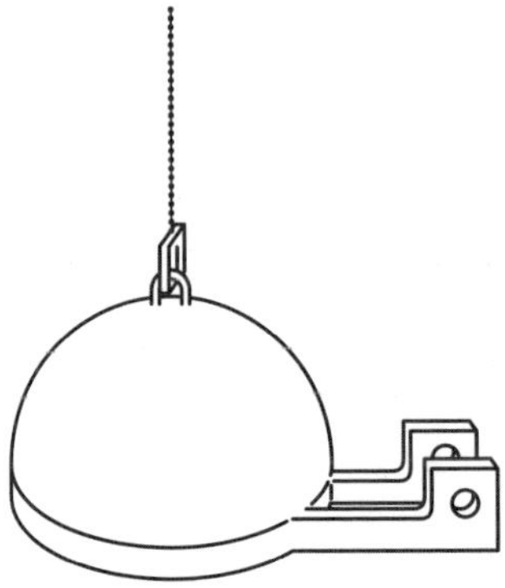

浮きゴムを排水弁からはずして（44ページ参照）タンクから取り出し、新しいクサリに付け換えます。古いクサリと同じ長さになるようにフックを付けるのがポイントです。クサリを交換し終えたら、浮きゴムを元に戻し、右図のようにフックをセットします。

クサリのフックがレバーからはずれている時

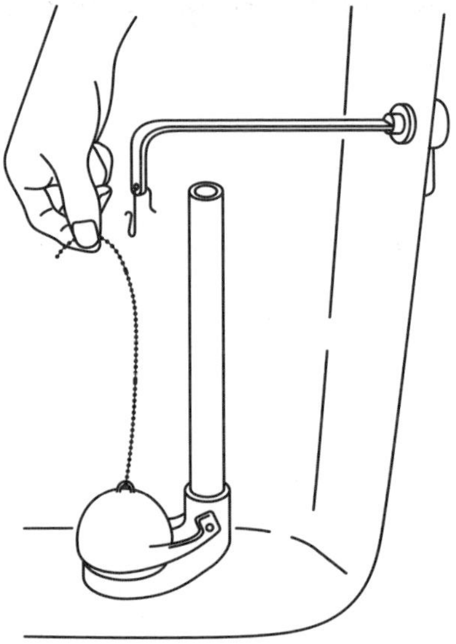

クサリの先端に付いているフックを拾い上げ、レバーの先に引っかけます。止水栓を閉じて、浮きゴムを手で持ち上げると水が排水されるので作業をしやすくなります。

浮き玉が引っかかっていた場合

浮き玉のアームで調整する

浮き玉のロックナットが緩むと浮き玉の位置が変わり、壁に引っかかることがあります。また節水目的で瓶やペットボトルをタンクに入れていても、引っかかることがあります。軽度の場合は、ナットを締め直したり、手でアームを曲げて調整できます。

いっきに曲げず、少しずつ曲げて調節しましょう。

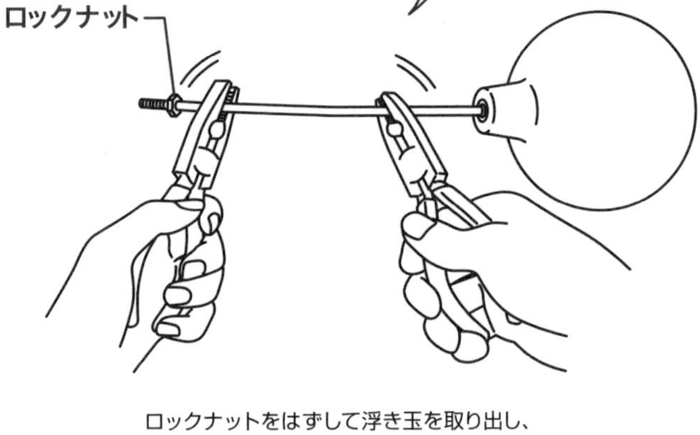

ロックナットをはずして浮き玉を取り出し、ペンチでアームの曲がりを調整します。

ボールタップの動きが悪い場合

ボールタップや、浮き玉アームのリンク機構に水アカやサビが付くと、ピストンバルブがスムーズに動かなくなります。スプレー式の防錆潤滑剤や油を噴きつけると元に戻ることもありますが、そうでなければ、ピストンバルブを取り出して清掃します。

油をさしてダメなら分解掃除

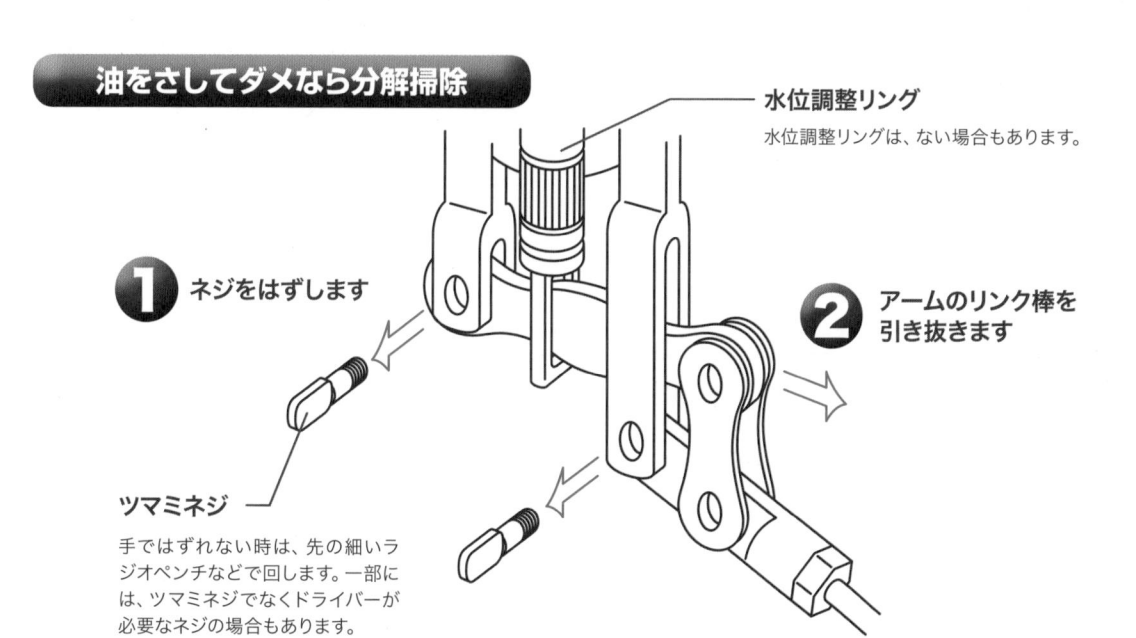

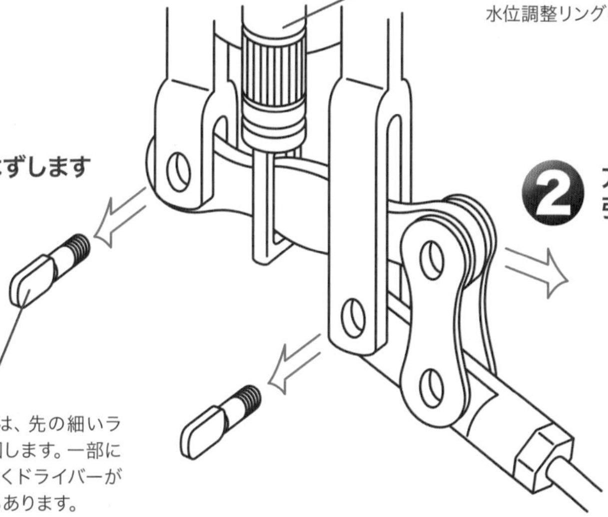

水位調整リングは、ない場合もあります。

1 ネジをはずします

手ではずれない時は、先の細いラジオペンチなどで回します。一部には、ツマミネジでなくドライバーが必要なネジの場合もあります。

2 アームのリンク棒を引き抜きます

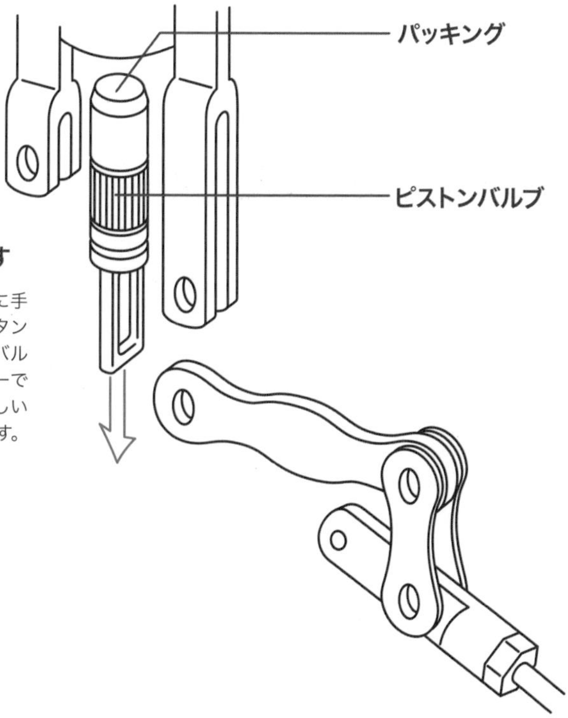

3 ピストンバルブを引き抜きます

タンクの中が狭くて思うようにネジに手が届かない場合は、ボールタップをタンクからはずして作業します。ピストンバルブの汚れを、ブラシやサンドペーパーで落とします。汚れがひどい場合は新しいピストンバルブを買ってきて交換します。

タンクのバリエーションを知ろう

フタのはずし方が分からない!?

フタはずしは
ホースに注意

手洗管がないタンクのフタは、垂直に持ち上げると簡単にはずれます。

手洗管付きでも、ボールタップから上向きに伸びるパイプが手洗管の下端にはまり込むようになっているタンクでは、フタは持ち上げるだけではずれます。

しかし、手洗い付きタンクのタイプによっては、手洗管に給水するためのホース（手洗連結管）が、ボールタップからフタに伸びていることがあります。

ホースは、軟らかくて自在に曲がるので、中の水位を見るためにフタを少々ずらすだけなら、そのままでもかまいません。しかし、修理のためにフタを完全にはずす場合は、ホースもはずす必要があります。

ホースが手洗管に刺さっているだけのタイプなら、引き抜くだけではずれます。

ホースの端（フタ側）にナットが付いているタイプは、ナットを手で左回りに回してはずさなければなりません。

持ち上げるだけではずれるタイプ

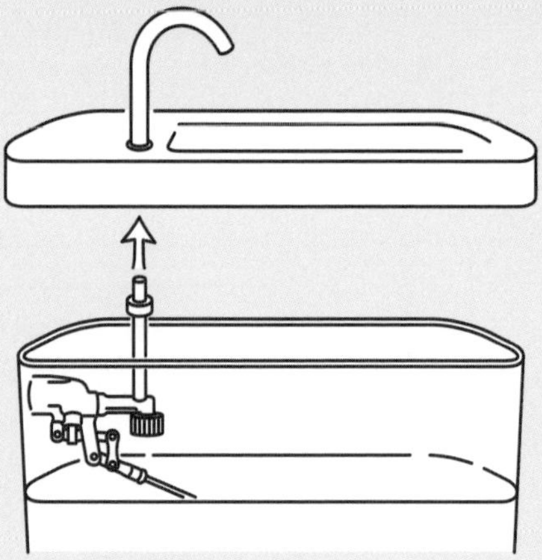

ホースがあるタイプ

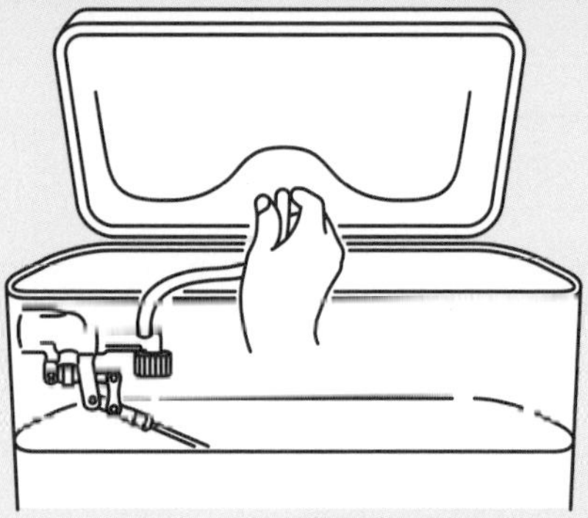

ナットは柔らかい樹脂製なので、手で回します。

タンクの中に
変なパイプ

最近の便器は、汚れを付きにくくし、また臭気を少なくするために、水たまり面が大きいサイフォン式やサイフォンゼット式などの便器がよく使われています。

これらは、浮きゴムが排水弁に戻って洗浄水の流れが止まった後もなお、広い水たまり面を満たすために若干の水を流し続けます。そのためこの便器を使っているトイレのタンクは、中に補助水管があり、ボールタップとオーバーフロー管を結んでいます。

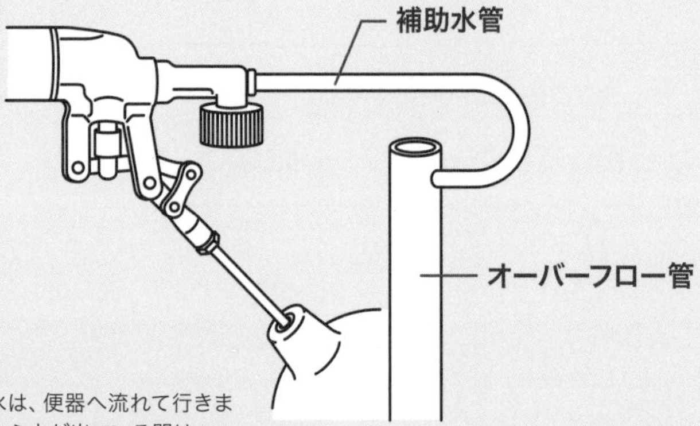

オーバーフロー管に入った水は、便器へ流れて行きます。ですから、ボールタップから水が出ている間は、洗浄用の水が止まっても、便器に水が流れ続けます。

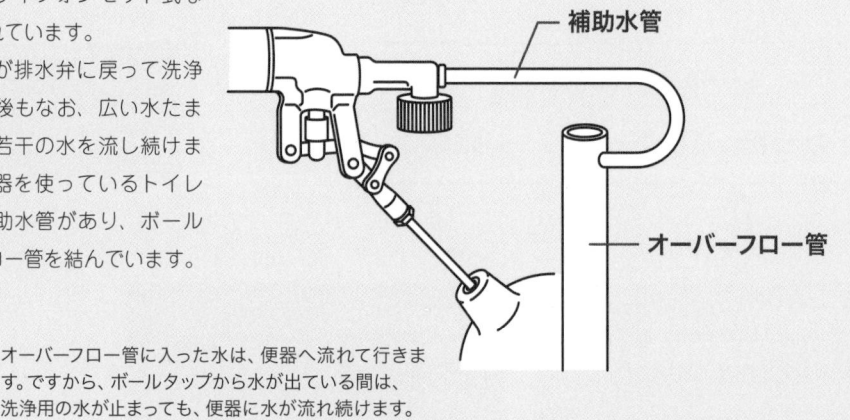

トイレの水が止まらない！

チャートで原因と修理方法を探しましょう

便器に水が流れ続けて止まらないのは、タンク内の水位が高くなり過ぎてオーバーフロー管から流れ出しているケースと、底の排水弁から流れ出しているケースで、大きく異なります。

前者はボールタップなどの給水系統の不良、後者は浮きゴムやレバーなどの排水系統の不良が原因となるので、修理の個所はまったく違ってきます。

まずはタンクをのぞいて、オーバーフロー管より水位が上か下か、それを見きわめることからスタートしましょう。

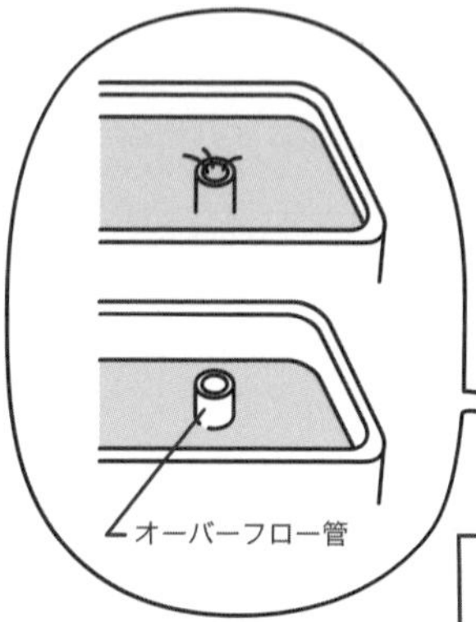

便器に水が流れ続けている

↓

タンク内の水位は オーバーフロー管より…
下　　上

下 → レバーを回したあと スムーズに…
- 戻らない → 【原因】レバーに異常がある 39ページ（次ページ）へ
- 戻る → タンク内でレバーのクサリが…
  - からまっている → 【原因】クサリに異常がある 40ページへ
  - 問題ない → 【原因】浮きゴム部に異常がある 44ページへ

上 → 浮き玉を持ち上げたら タンク内への…
- 給水が止まる → 【原因】浮き玉に異常がある 41ページへ
- 給水したまま → 【原因】ボールタップのバルブ不良 42ページへ

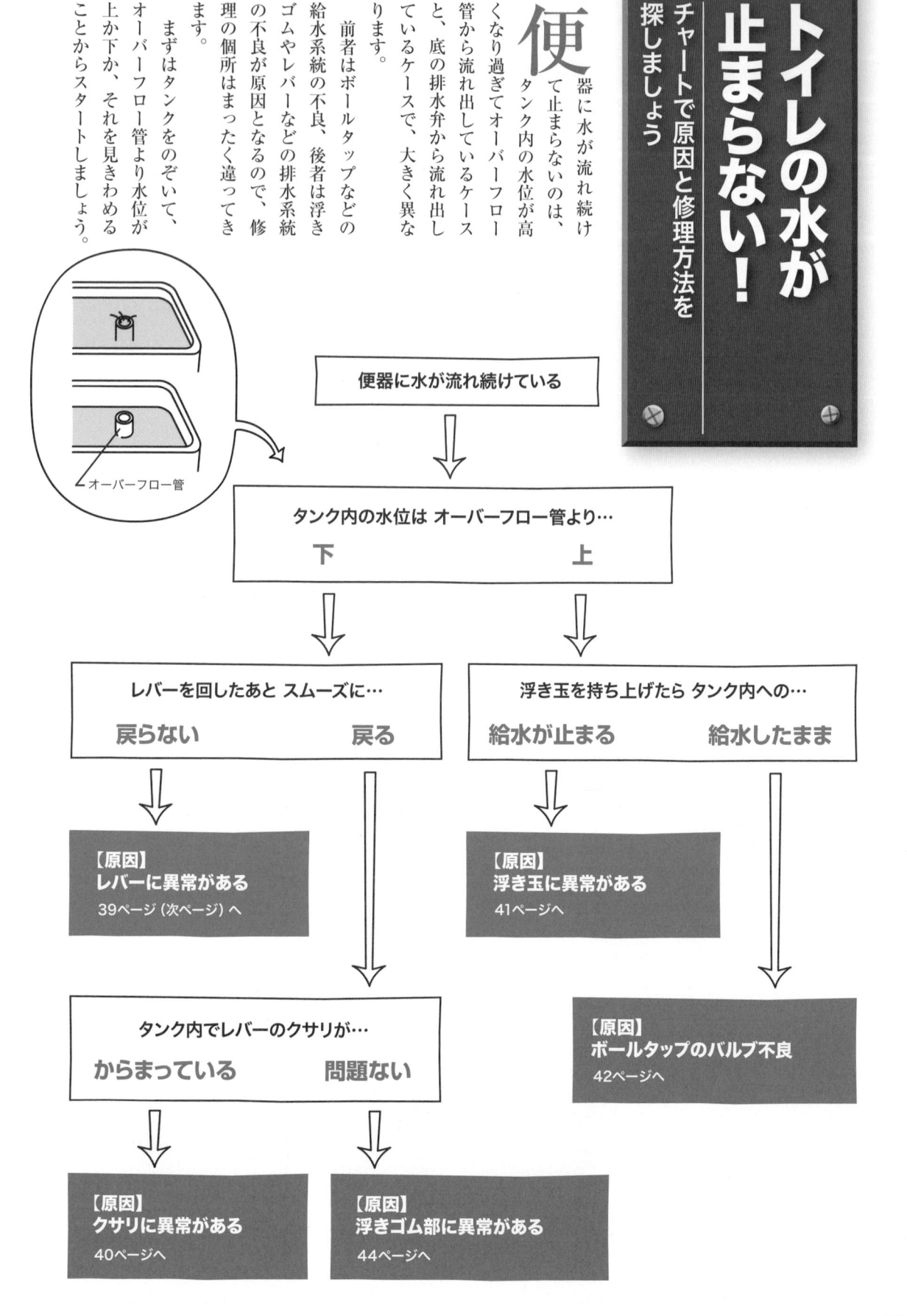

レバーに異常がある場合

レバーがうまく回らない・スムーズに戻らない

1 分解する前に注油してみる

タンク内のクサリを引き上げるアームは、金具の穴を貫通して、レバーにつながっています。レバーの戻りが悪い時は、まず金具穴に向けてスプレー式の潤滑剤をさしてみましょう。軽いひっかかりは、これだけでおさまります。

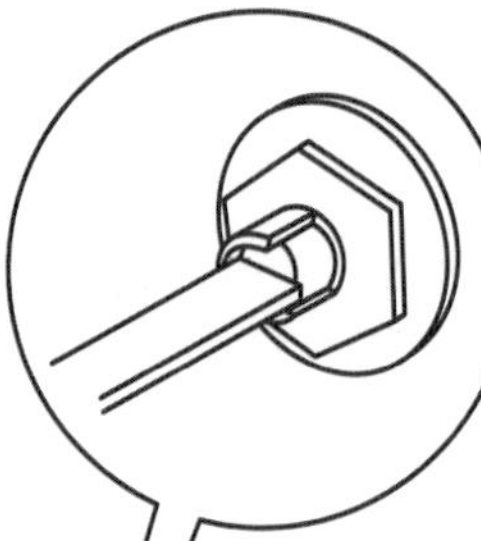

金具の切り欠きが、アームの突起部が動く範囲を制限するので、レバーは、大と小の表示範囲内でしか動かないようになっています。レバーを回した時に、大と小の表示位置でピタリと止まるように、切り欠きの向きを合わせて取り付けましょう。

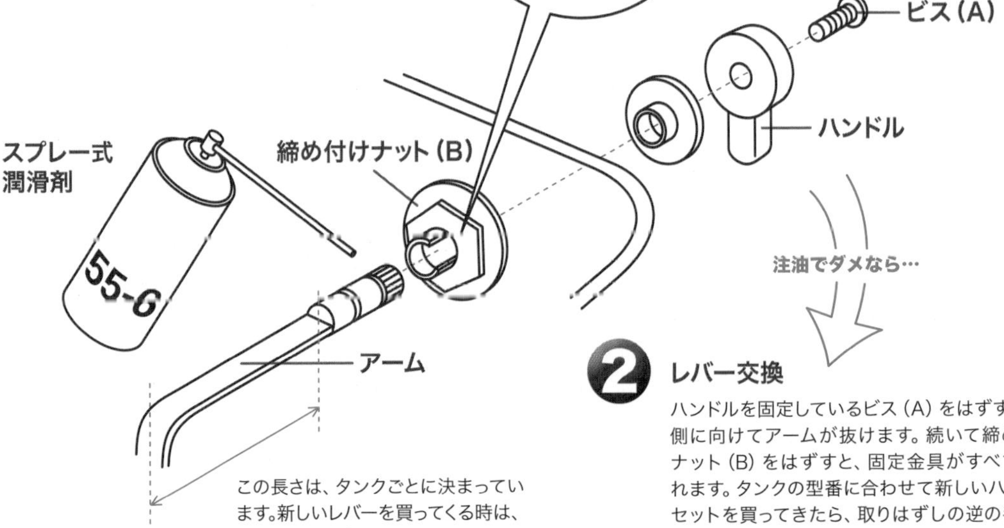
ビス（A）
ハンドル
スプレー式
潤滑剤
55-6
締め付けナット（B）
注油でダメなら…
アーム
この長さは、タンクごとに決まっています。新しいレバーを買ってくる時は、この長さに注意！

2 レバー交換

ハンドルを固定しているビス（A）をはずすと、内側に向けてアームが抜けます。続いて締め付けナット（B）をはずすと、固定金具がすべてはずれます。タンクの型番に合わせて新しいハンドルセットを買ってきたら、取りはずしの逆の手順で取り付けます。その時、内側切り欠き部の向きに注意しましょう。ハンドルが動く範囲は、この切り欠きの向きで決まります。

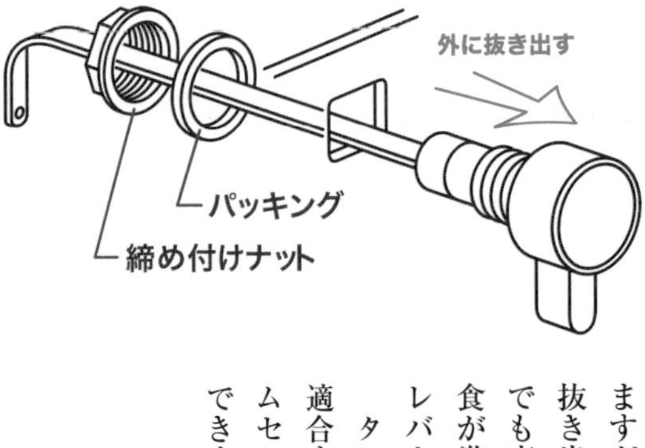
外に抜き出す
パッキング
締め付けナット

レバーにビスがないタイプの場合

アームとレバーが一体になったタイプは、上図のビス（A）がありません。このタイプは、内側の締め付けナット（B）をはずしたら、アームごと外側に抜き出すようにしてはずします。

水洗トイレのレバーは、通常、手を放すと自重で自然に戻りますが、サビなどで芯棒の滑りが悪くなると戻らなくなります。

スプレー式の潤滑剤をかけるだけでおさまることもありますが、ひどい時は、芯棒を抜き出して掃除します。それでも直らなければ、金属の腐食が進んでいるので、新しいレバーに交換します。

タンクの型番が分かれば、適合するレバーセットをホームセンターで購入することができます。

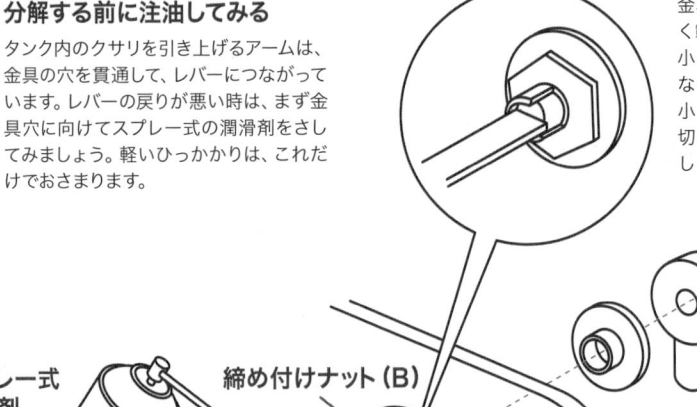

クサリに異常がある

クサリがからまったり、引っかかったりしている

クサリのからみ

大きなタンクの場合、クサリが長いので、レバーを回した勢いや弾みで、からまることがあります。手でクサリのからみをほどけば、元に戻ります。

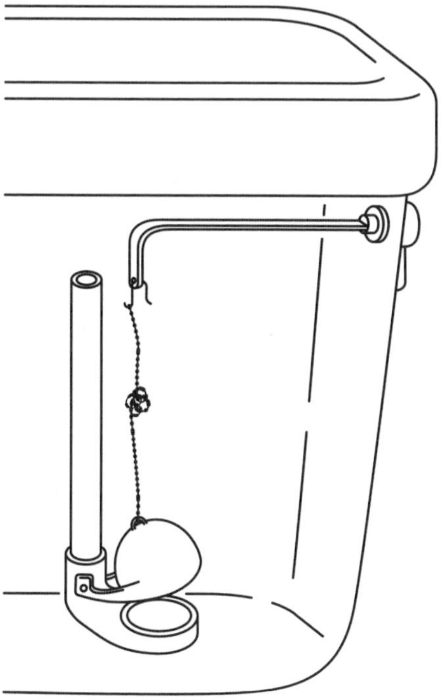

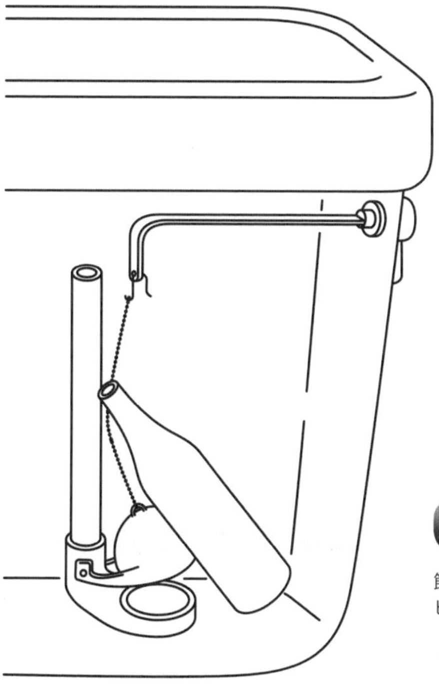

異物によるクサリの異常

節水目的でビンなどをタンクに入れていると、ビンが倒れてクサリがからむことがあります。

レバーのアームから伸びるクサリがからんだりして短くなると、浮きゴムが常時引き上げられた状態になって、水が止まらず、流れ続けます。

節水目的で、ビンやペットボトルをタンクに入れている場合、ビンにクサリがからまったり、倒れたビンにクサリが引っ張られて浮きゴムが上がったままになることもあります。

クサリの異常は、手で元に戻すだけなので簡単に直せますが、同じことが起こらないように気を付けなければなりません。

浮き玉に異常がある場合

浮き玉が浮かない・浮いてるのに水が止まらない

浮き玉の取付け方

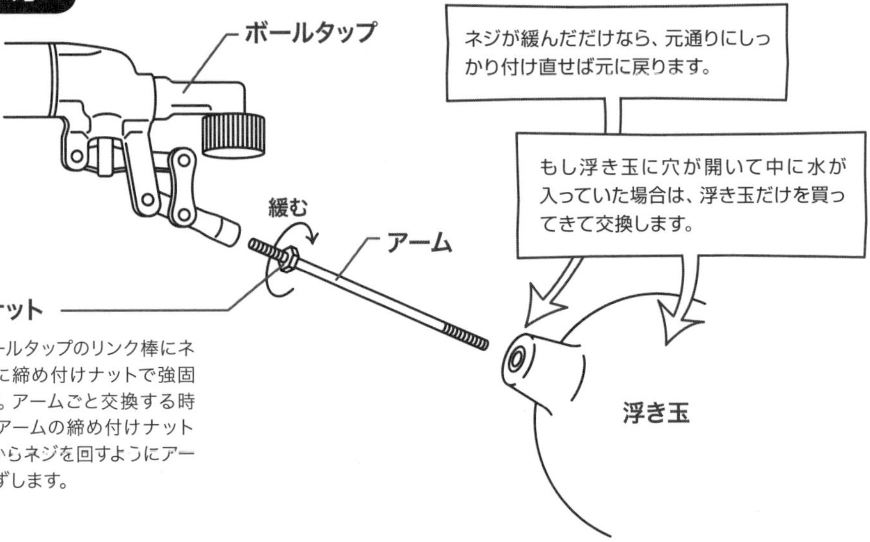
ボールタップ
ネジが緩んだだけなら、元通りにしっかり付け直せば元に戻ります。
もし浮き玉に穴が開いて中に水が入っていた場合は、浮き玉だけを買ってきて交換します。
緩む
アーム
締め付けナット
浮き玉

アームは、ボールタップのリンク棒にネジ込み、さらに締め付けナットで強固に固定します。アームごと交換する時は、まず古いアームの締め付けナットを緩め、それからネジを回すようにアームを回してはずします。

浮き玉の高さを調整する

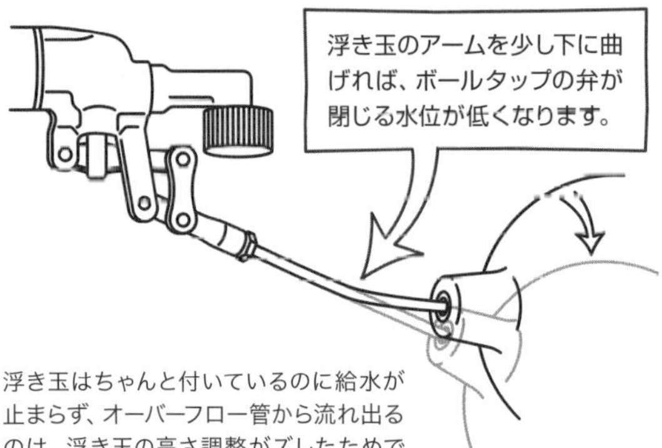
浮き玉のアームを少し下に曲げれば、ボールタップの弁が閉じる水位が低くなります。

浮き玉はちゃんと付いているのに給水が止まらず、オーバーフロー管から流れ出るのは、浮き玉の高さ調整がズレたためです。その時は、より低い水位で給水が止まるように、35ページのようにしてアームを下に曲げて調整します。
すでにアームが上向きに曲がっている場合は、締め付けナットをゆるめて、アームをクルッと半回転させれば下向きになります。

調整リングで調整する場合

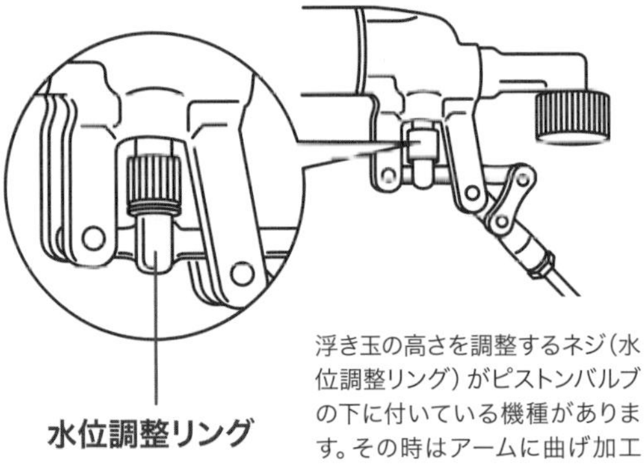
水位調整リング

浮き玉の高さを調整するネジ（水位調整リング）がピストンバルブの下に付いている機種があります。その時はアームに曲げ加工を施さなくても、このリングを回すだけで、高さ調整ができます。

タンク内でひときわ大きな浮き玉。これが上昇する水面に押されて持ち上がると、ボールタップ内の弁が閉じて水が止まりますが、充分に上がってこないと、いつまでも注水が続きオーバーフロー管から水があふれ出ます。

アームを固定するネジが緩んでいると、使っているうちに浮き玉の位置が変わって、タンク内壁やオーバーフロー管に当たってスムーズに上下できなくなります。その場合は、35ページの方法で、浮き玉の位置を調整します。

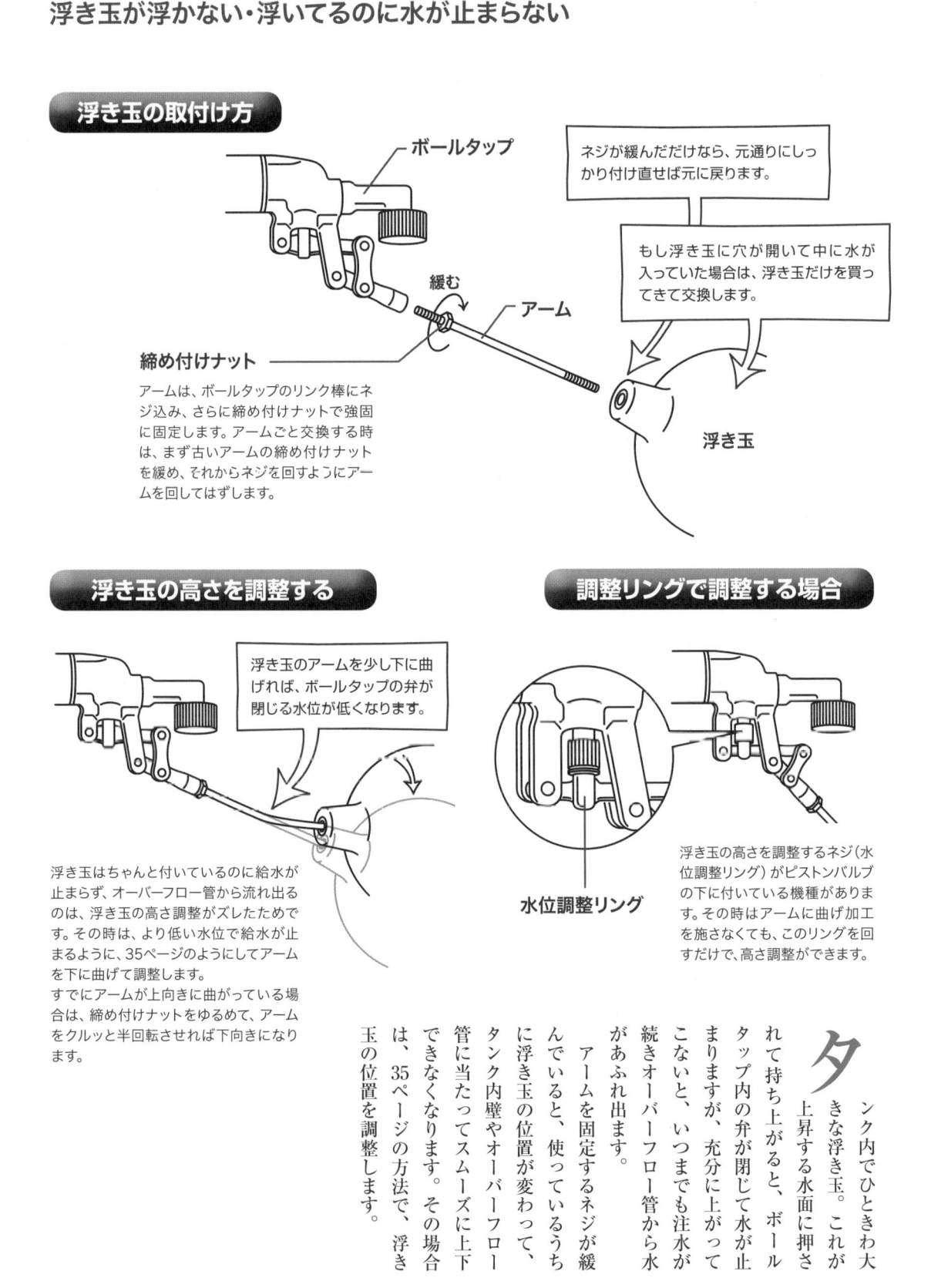

ボールタップの不良

浮き玉のアームを上げても、タンク内への給水が止まらない

ピストンバルブのパッキングを交換

まず、36 ページの手順でピストンバルブを抜き出します。

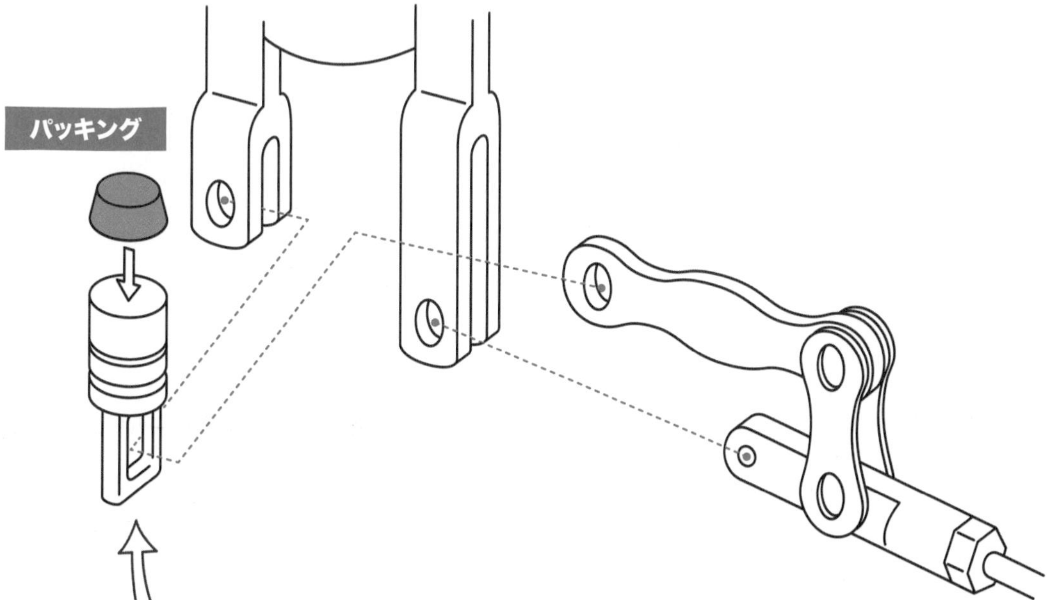

指先の爪や細いドライバなどを使って、ピストンバルブの先端にはめ込まれているのゴムパッキングをはずし、新しいパッキングを取り付けます。パッキングを交換したら、ピストンバルブを元に戻して完了です。

手で浮き玉を持ち上げて（調整リングがある場合は、浮き玉が一番上に上がるまで上げて）も水が止まらない時は、パッキングやピストンバルブが汚れていたり、傷んでいる可能性があります。

その時は、まず36ページの手順に従って、ピストンバルブをはずします。

バルブに付いた水アカなどを掃除するだけで直ることもありますが、先端のゴムパッキングも高価なものではないので、はずした機会に、交換もしておいた方が良いでしょう。

それでも直らないようなら、次のページの手順でボールタップごと交換することになります。

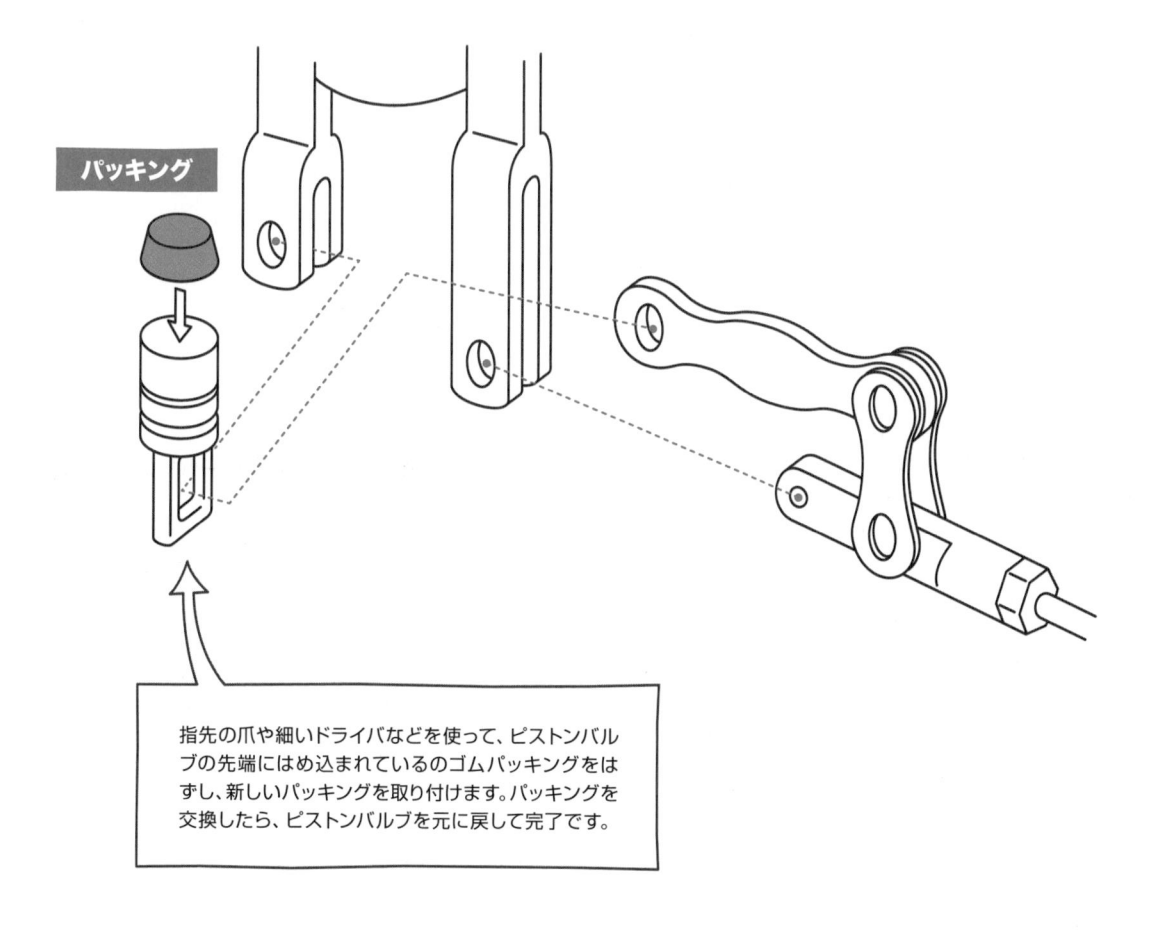

ボールタップを交換

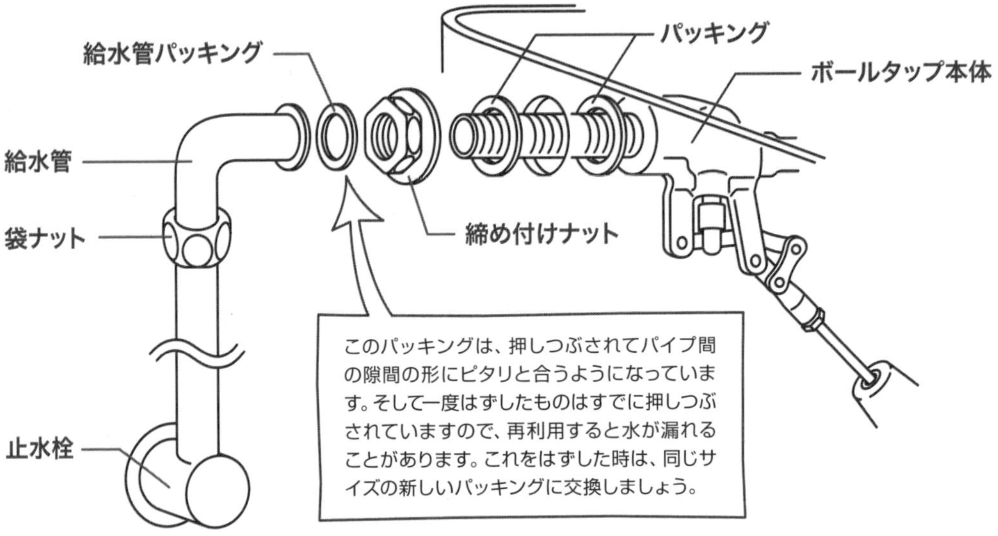
給水管パッキング
パッキング
ボールタップ本体
給水管
袋ナット
締め付けナット
止水栓
このパッキングは、押しつぶされてパイプ間の隙間の形にピタリと合うようになっています。そして一度はずしたものはすでに押しつぶされていますので、再利用すると水が漏れることがあります。これをはずした時は、同じサイズの新しいパッキングに交換しましょう。

ボールタップのはずし方

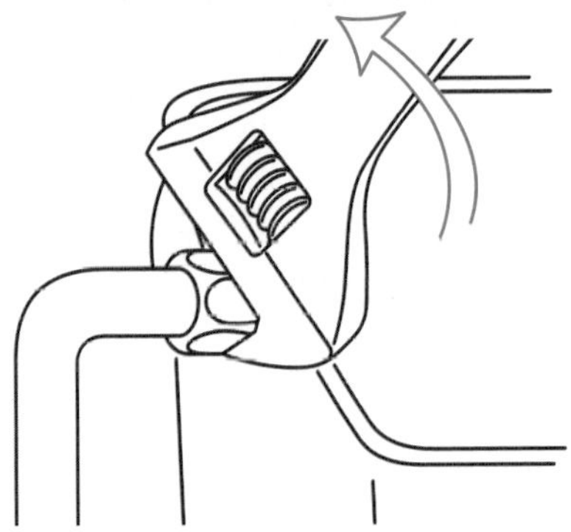

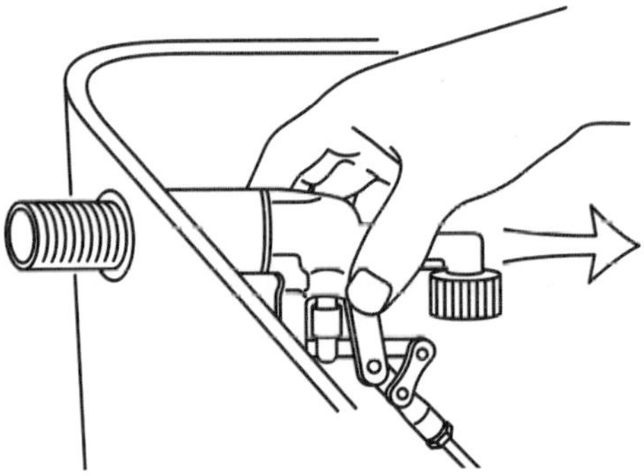

1 まず、給水管を止めている袋ナットを工具ではずし、同様にボールタップを止めている締め付けナットもはずします。

2 すると、ボールタップが内側に向けて抜けるので、手で取り出します。新しいボールタップは、逆の手順で取り付けます。その後、手洗管へのホースなどを接続して止水栓を開けば交換完了です。満水時の水位と新しい浮き玉の高さが合っていない時は、41ページの手順で浮き玉を調整しましょう。

ピストンバルブのパッキングを換えても水が出てくる時は、ボールタップが壊れているので、ボールタップごと交換しましょう。

一見大変そうに見えますが、ボールタップは締め付けナットをはずすだけで簡単にはずしたり付けたりできます。

ボールタップには、いろいろな形式のものがあるので、買う時は必ずタンクに適合する型かどうかを確認しましょう。またボールタップをはずす時は、必ず止水栓を閉じて水が出ないようにしておきます。

浮きゴムの不良

浮きゴムがピタリと排水弁を閉じない

浮きゴムに異物が挟まっている

錠剤タイプのトイレ洗浄剤を入れると、浮きゴムと排水弁の間に挟まってしまうことがあります。そのような場合は、異物を取るだけで簡単に元に戻りますが、何も挟まっていないのに水が流れ続けていたら、浮きゴムが取れていないかどうかを確認します。
浮きゴムがきちんとはまっているのに、水が流れるようであれば、浮きゴムの劣化が原因なので、交換しなければなりません。
浮きゴムは、常時水につかっているため、表面のゴムが劣化しやすく、素手で触ると指先が真っ黒になるので、手袋をはめての作業をお勧めします。

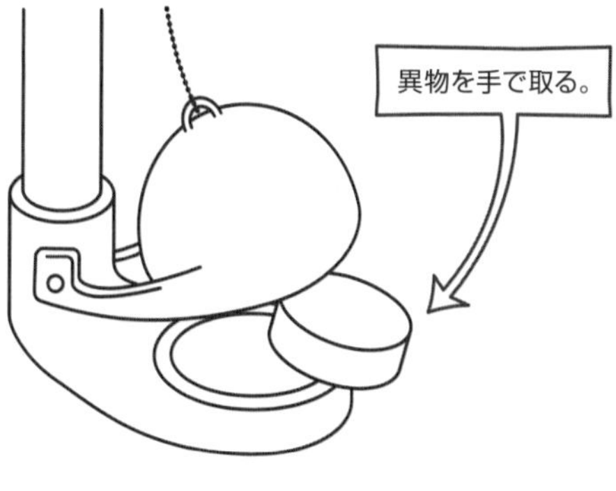

異物を取りにくい時は、止水栓を閉め、タンクの水を流し出して空っぽにすると作業がしやすくなります。下の浮きゴム交換の時も、タンクを空にしてから作業してください。

浮きゴムがはずれている／交換する

浮きゴムがズレているだけなら、元に戻せば直りますが、ゴムが劣化して隙間ができるようになっていたら交換しなければなりません。
浮きゴムは、メーカー（TOTO と INAX（LIXIL））によって形状が異なるので注意してください。
使用しているメーカーと同一の物を買い求めれば間違いありません。またその際には、サイズにも気をつけて買い求めるようにしてください。

INAX（LIXIL）タイプ

浮きゴムの棒を排水弁の穴に差し込む構造になっています。棒がこの穴に支持されながら、浮きゴムが上下する仕組みです。そのため棒に異常がない限りは、浮きゴムが大きく左右にずれることはあまりありません。

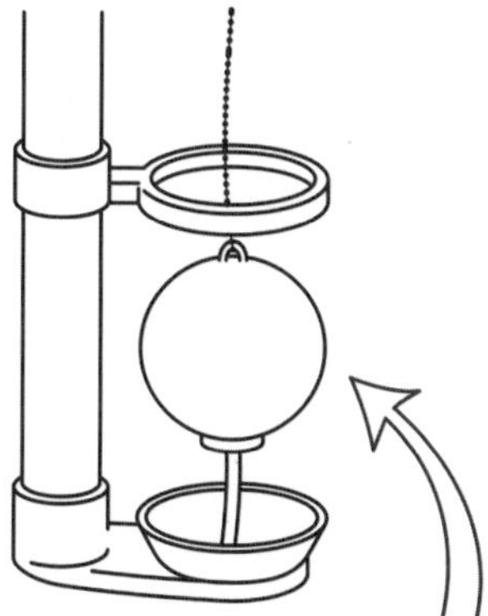

浮きゴムの交換は、古い浮きゴムを棒ごと穴から抜き取って、新しい浮きゴムを差し込みます。TOTO タイプでも書いたように、新しい浮きゴムを付けたら、クサリの長さに注意しましょう。

TOTO タイプ

浮きゴムの腕の先に小さな穴があり、排水弁の脇の突起にはめ込まれています。これがはずれていると、浮きゴムは排水弁をきちんとフタができないので、水が流れ出てしまいます。この場合は、元のようにはめ込み直せば、簡単に直ります。

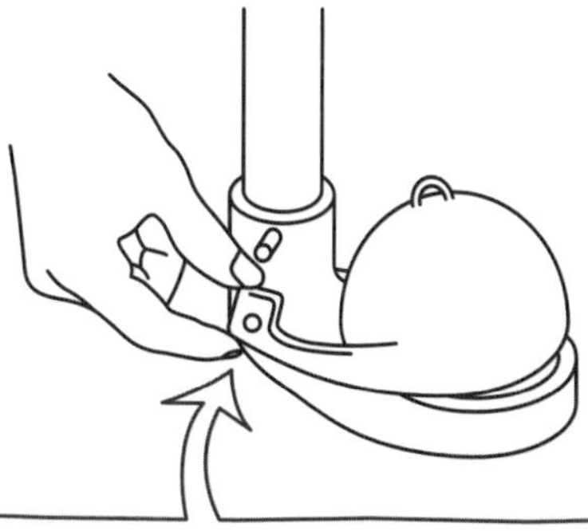

交換する時は、クサリごと交換することになるので、まずクサリをレバーのアームからはずし、続いて浮きゴムを手ではずします。取付けの際は、クサリの長さに注意しましょう。元付いていたクサリと同じ長さになるよう、フックの位置を調整して取付けます。

Part 2

自分でできる「住まい」の修繕

- ●張り替えせずに壁紙を補修する
- ●柱のキズや穴を隠す
- ●フローリング床のキズ隠し
- ●カーペットの傷みを目立たなくする
- ●防犯性能の高い鍵に交換する
- ●障子を張り替える
- ●ふすまを張り替える
- ●網戸を直す

住まいの修繕は難しいと思いがちですが、
実際やってみると、それほど難しくはありません。
自分のまわりが目に見えてきれいになっていく
修繕を楽しんでください。

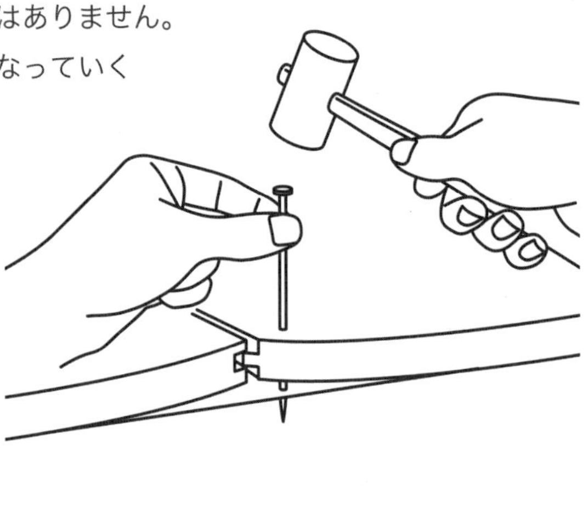

張り替えせずに壁紙を補修する

部分的な修理で壁をリフレッシュ

一般家屋は壁紙をめくると石膏ボード（合板のことも）が下地として貼られています。コンクリートの建物も同様で、打ち放しコンクリートに壁紙を貼ることは、まずありません。

この下地に継ぎ目が残っていると、壁紙を貼ってもスジが表面に浮かんでしまいます。そのため施工時には、電動ヤスリやパテで丹念に平らに仕上げるようにしています。

補修で壁紙の一部を剥がす場合も、下地はできる限り平面にしておかなくてはなりません。

しかし、実際には壁紙を剥がすと壁に裏打ち紙が残ります。それを新たな下地として利用できるので、特にでこぼこがなければ、そのまま重ね貼りしてください。

壁紙を完全に剥がそうとして、スクレーパーなどを使って裏打ち紙までそぎ落としてしまうと、凸凹ができて、むしろ逆効果となります。

壁紙と壁

表層はエンボス加工（凹凸加工）されたビニールや布でできていることが多い。エンボスには、万が一、下地の継ぎ目が浮き出ても目立たなくさせる効果がある。

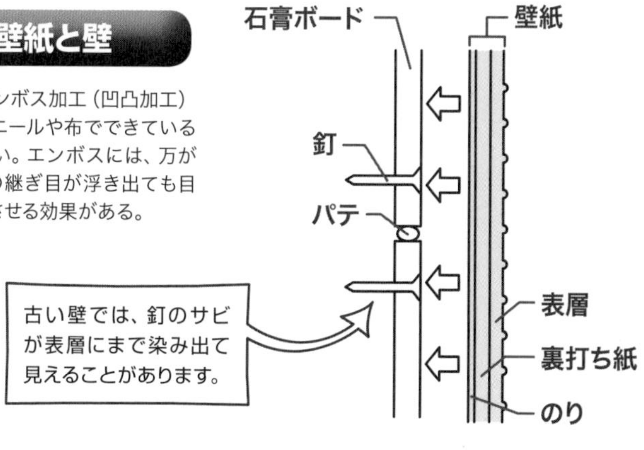
石膏ボード
壁紙
釘
パテ
古い壁では、釘のサビが表層にまで染み出て見えることがあります。
表層
裏打ち紙
のり

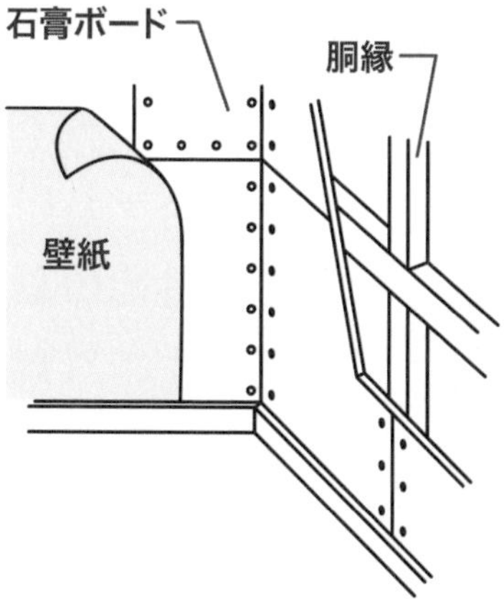
石膏ボード
胴縁
壁紙

できれば用意したいきれいに仕上げる工具

地ベラ

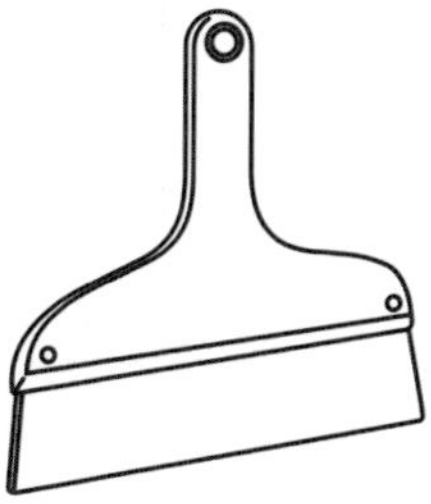

床との境や壁のすみに壁紙を貼る時に重宝します。幅は長い方が使いやすく、金属製の薄い定規などでも代用できます。下地の掃除など、スクレーパーとしても使えます。

壁紙用ローラー

ローラーで接着面を密着させると、貼り合わせた跡が目立たなくなります。

ヘラ

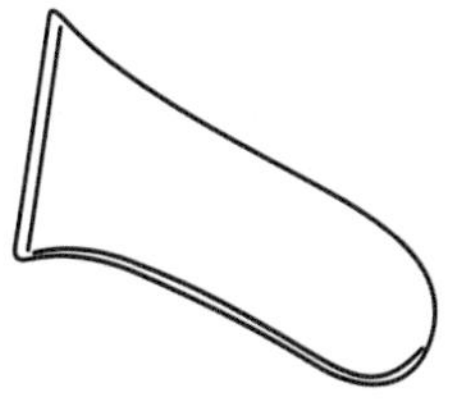

剥がれかけた壁紙に接着剤を塗る際に、ヘラがあると奥まで塗り込めます。

壁紙のめくれを補修する

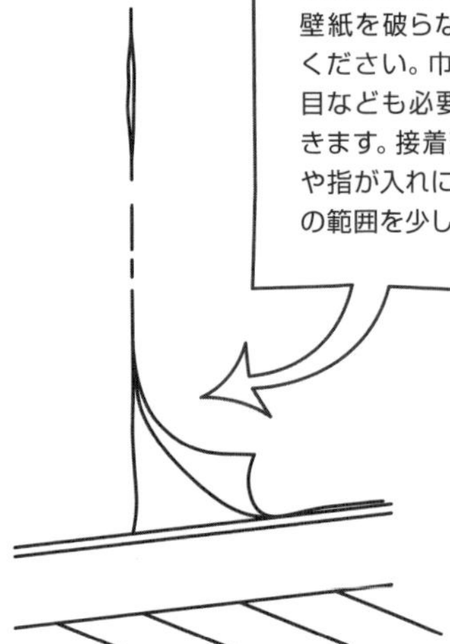

剥がれた壁紙の裏や下地を絞った濡れ雑巾できれいにします。壁紙を破らないように注意してください。巾木や廻り縁《ぶち》との境目なども必要に応じて拭っておきます。接着剤を塗る際に、ヘラや指が入れにくそうなら、剥がれの範囲を少し広げておきます。

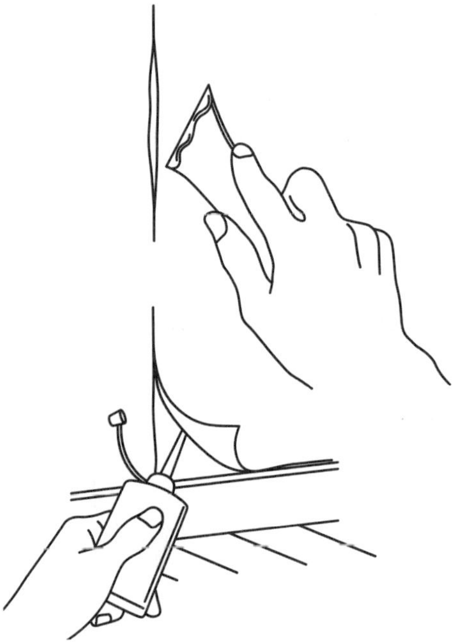

❶ 接着剤を塗ります

壁の下地側に接着剤を塗り広げます。ヘラや爪楊枝なども使って、できるだけ奥まで均一に塗り広げてください。続いて壁紙の裏、縁から1～2センチの部分にも塗ります。これで壁紙が浮いてくるのを防ぎます。塗り終えたら、きれいに貼り合わせます。

❷ しっかりと貼り合わせます

上からローラーで強く押さえて密着させます。これで継ぎ目が目立たなくなります。接着剤がはみ出たら、濡れた雑巾かスポンジで手早く拭ってください。

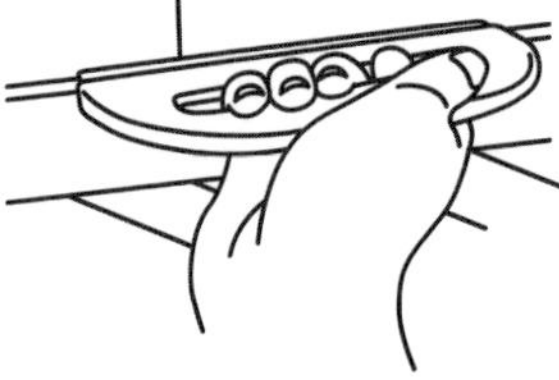

角は、地ベラ（定規など薄い板状のもので代用可）で押さえ込みます。角をきっちりさせると、仕上がりがきれいに見えます。

❸ 最後はテープで止めておきます

最後に、接着剤が完全に乾くまで、テープで仮止めします。ピンで止めると穴が開くので、目立つ場所はできるだけテープを使うようにしましょう。

めくれは壁紙の端から起こります。特に床や天井との境目、壁紙の継ぎ目などによく見られ、小さいからと放っておきがちですが、浮いて曲がり癖が付くと、いっそう直しにくくなります。気付いたらすぐに補修しましょう。

全面貼り用ののりでは、乾くまで時間がかかるので、曲がり癖が付いた壁紙は、元に戻ろうとして剥がれてきます。その点、壁紙補修用の接着剤なら乾くのが早いので、このような小規模な補修に適しています。

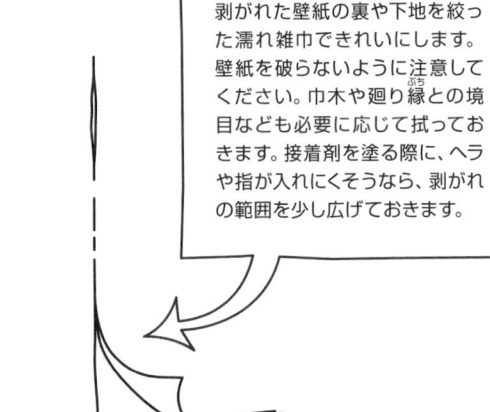

小さな破れや穴を隠す

事前準備

寝かせたカッター刃で、破れ跡のめくれた壁紙をきれいに取ります。小さなピン穴は、そのまま作業できますが、ネジ釘を打ち込んだような大きな跡は、周囲が盛り上がっていたりバリが出ているので、破れ跡と同様にカッターでならします。

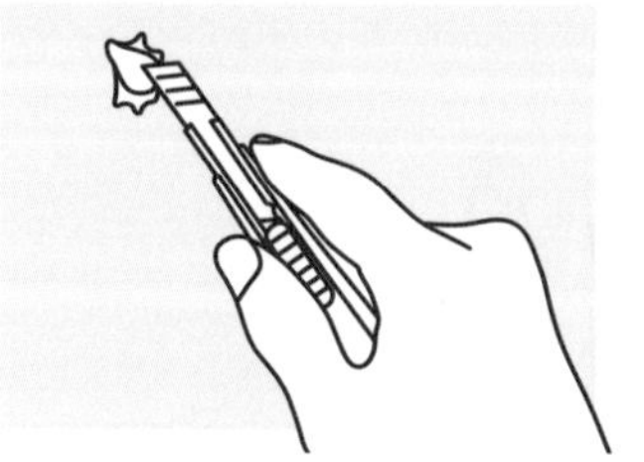

小さな穴の場合

1 穴をパテで埋めます

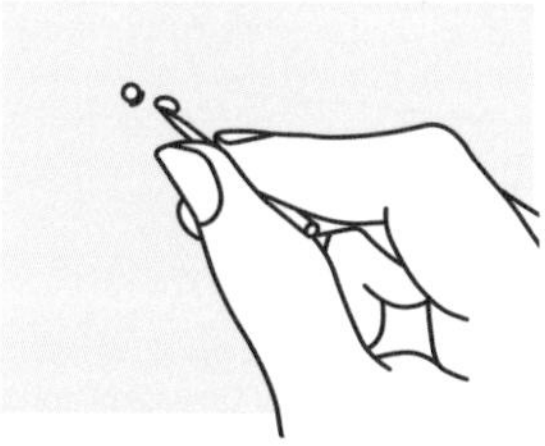

爪楊枝の先など、先の尖ったものの上に壁用の穴埋め剤やパテを盛り、穴を埋めます。小さな穴は、表面だけ平らになれば、底まで埋めなくてもかまいません。

2 面相筆で着色します

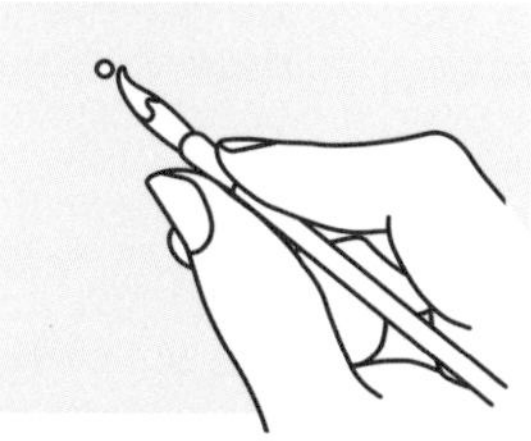

アクリル絵の具がなければ、普通の絵の具でも代用できます。たくさんの点を描くような感じで絵の具を乗せると、きれいに仕上がるので、面相筆がなくても爪楊枝の先で点を描くようにすれば、代用できます。

破れや大きな穴の場合

1 上からパッチを当てます

同じ壁紙の小片を用意し、壁紙補修用の接着剤で貼ります。端が浮かないよう、縁まわりは特に念入りにのり付けしてください。柄がある時は、ズレないように貼ります。

2 密着させます

上からローラーで強く押さえ、密着させます。接着剤がはみ出たら、乾く前に濡れ雑巾やスポンジで拭き取ります。

小さな破れは、同じ模様の壁紙があれば、その小片（パッチ）を上から貼ります。表層が厚くない壁紙なら、ローラーを当てると目立たなくなります。

日に焼けて変色していたり、同じ壁紙がなかったりする場合は、単色の壁紙で同じ大きさのパッチをたくさん作り、等間隔に貼って、デザイン調に仕上げます。

ピン穴跡のように、上からパッチを貼るほどでもない小さなキズは、壁用のパテや穴埋め材を爪楊枝の先で埋め込みます。

埋めた跡は、水性絵の具（アクリル絵の具が良い）で着色すれば、目立たなくなります。絵の具を混ぜて調色すれば、よりきれいに仕上がります。

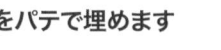

大きな汚れや破れを補修する

事前準備

1. 傷んでいる部分をカットして剥がします

2. 下地をサンドペーパーやパテで埋めて、平らに仕上げます。

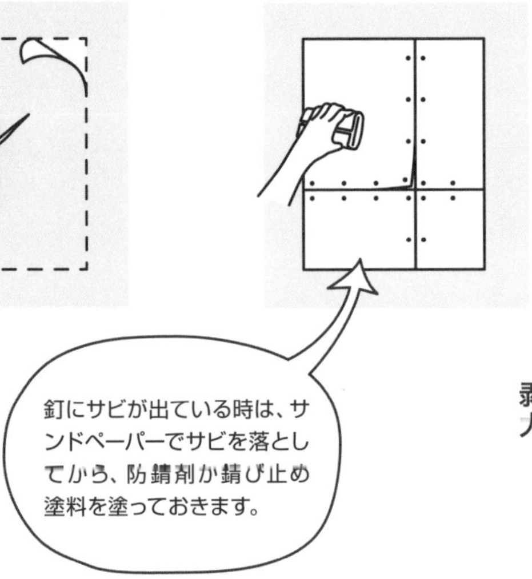
釘にサビが出ている時は、サンドペーパーでサビを落としてから、防錆剤か錆び止め塗料を塗っておきます。

❶ 新しい壁紙の位置決め

ひとまわり大きな壁紙の端切れを用意し、上にのせます。

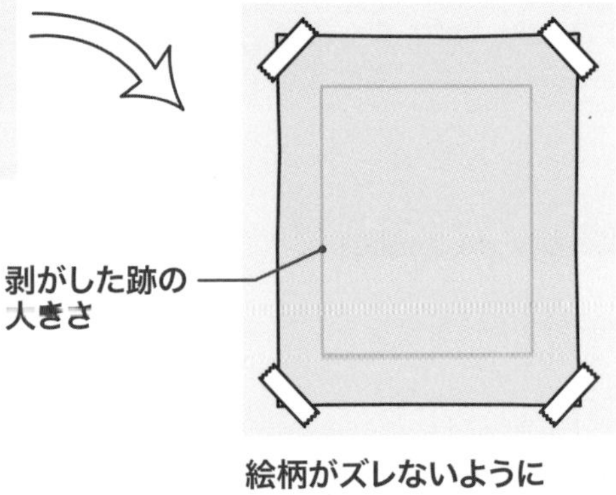
剥がした跡の大きさ
絵柄がズレないように

❷ カットする

カッターで、2枚の壁紙を重ね切りします。

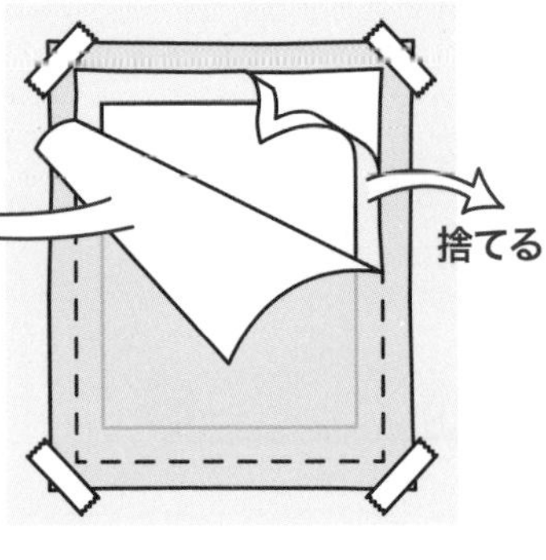
捨てる

❸ 貼り替える

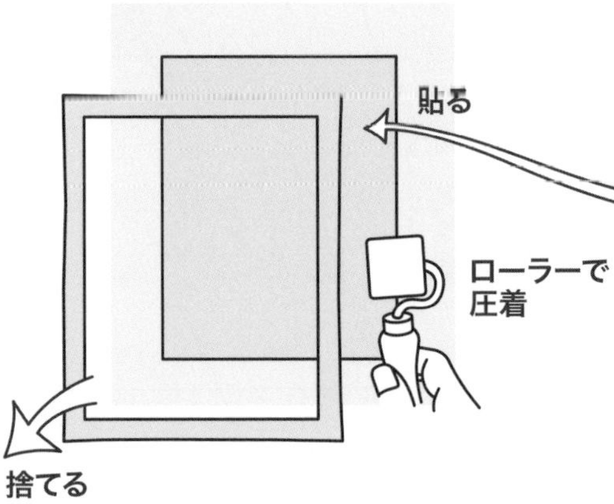
貼る
ローラーで
圧着
捨てる

全面貼り用ののりを使うと、乾くまで時間がかかるので一度にうまく貼れなくても、やり直しができます。最後にローラーで押さえると継ぎ目が目立たなくなります。接着剤がはみ出たら、濡れ雑巾やスポンジで水拭きします。

壁紙に裂け目やシワが現れた時は、地震や乾燥による収縮などで壁の継ぎ目にズレが出ている可能性があります。そのような場合、張り替えただけでは、壁紙の上からズレが見えてしまうので、壁紙だけでなく、下地も紙やすりやパテで補修します。

ここでは、下地補修まで含めた作業を図示しますが、単なる破れや汚れた部分の交換だけであれば、事前準備の項目はとばしてもかまいません。

同じ壁紙がなければ、等間隔に貼ってデザイン風に見せればおかしくありません。

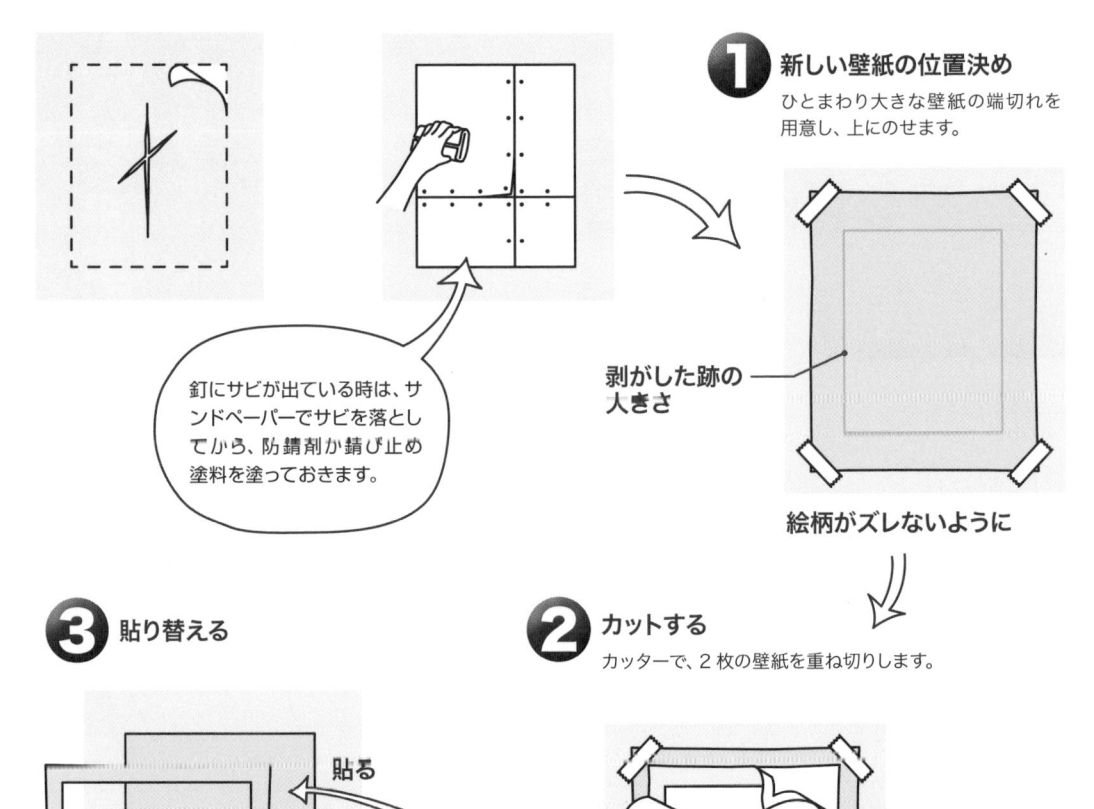

柱のキズや穴を隠す

木製品なら何でも使える便利ワザ

木部のキズにはワックス成分が主体の着色剤を塗り込んで、目立たなくします。

この手法はあらゆる木製品の補修に使えますが、柱や鴨居に多い釘穴・ネジ穴などは、着色する前に爪楊枝などで穴補修を済ませておくときれいに仕上がります。

大きなキズや焦げて色が変わったりしている場合も、事前にカッターで整形しておきます。

❶大きなキズの修復に必要な事前の準備

ケバ立ったキズ

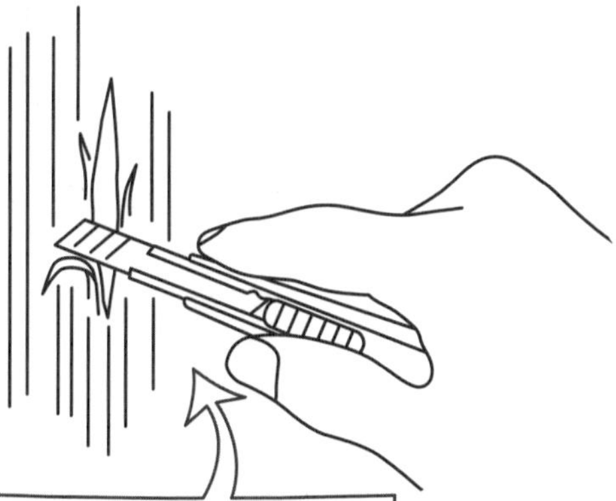

周囲がささくれたりケバ立っている引っかき傷は、カッターできれいにならしておきます。

釘やネジの穴

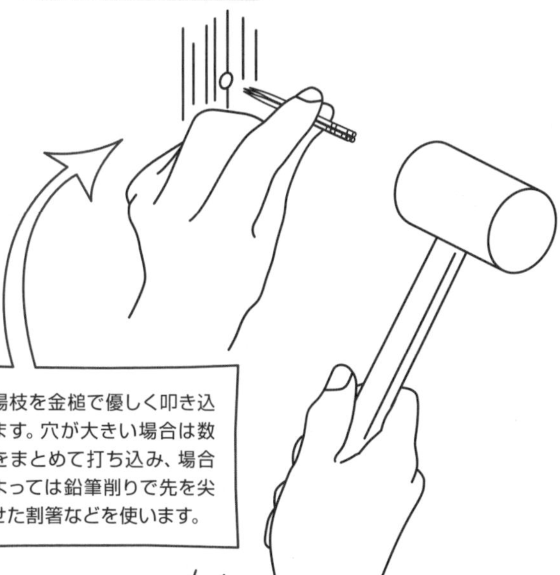

爪楊枝を金槌で優しく叩き込みます。穴が大きい場合は数本をまとめて打ち込み、場合によっては鉛筆削りで先を尖らせた割箸などを使います。

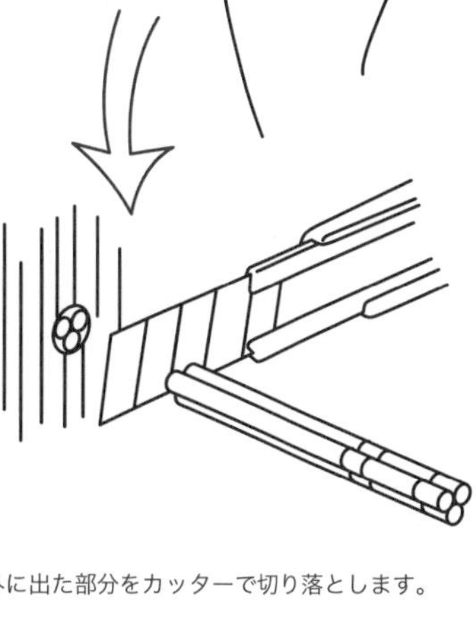

外に出た部分をカッターで切り落とします。

焼け焦げや小さな落書き

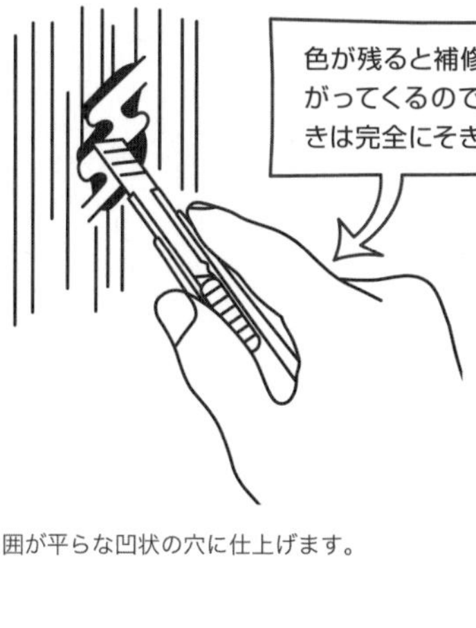

色が残ると補修後に浮かび上がってくるので、焦げや落書きは完全にそぎ落とします。

周囲が平らな凹状の穴に仕上げます。

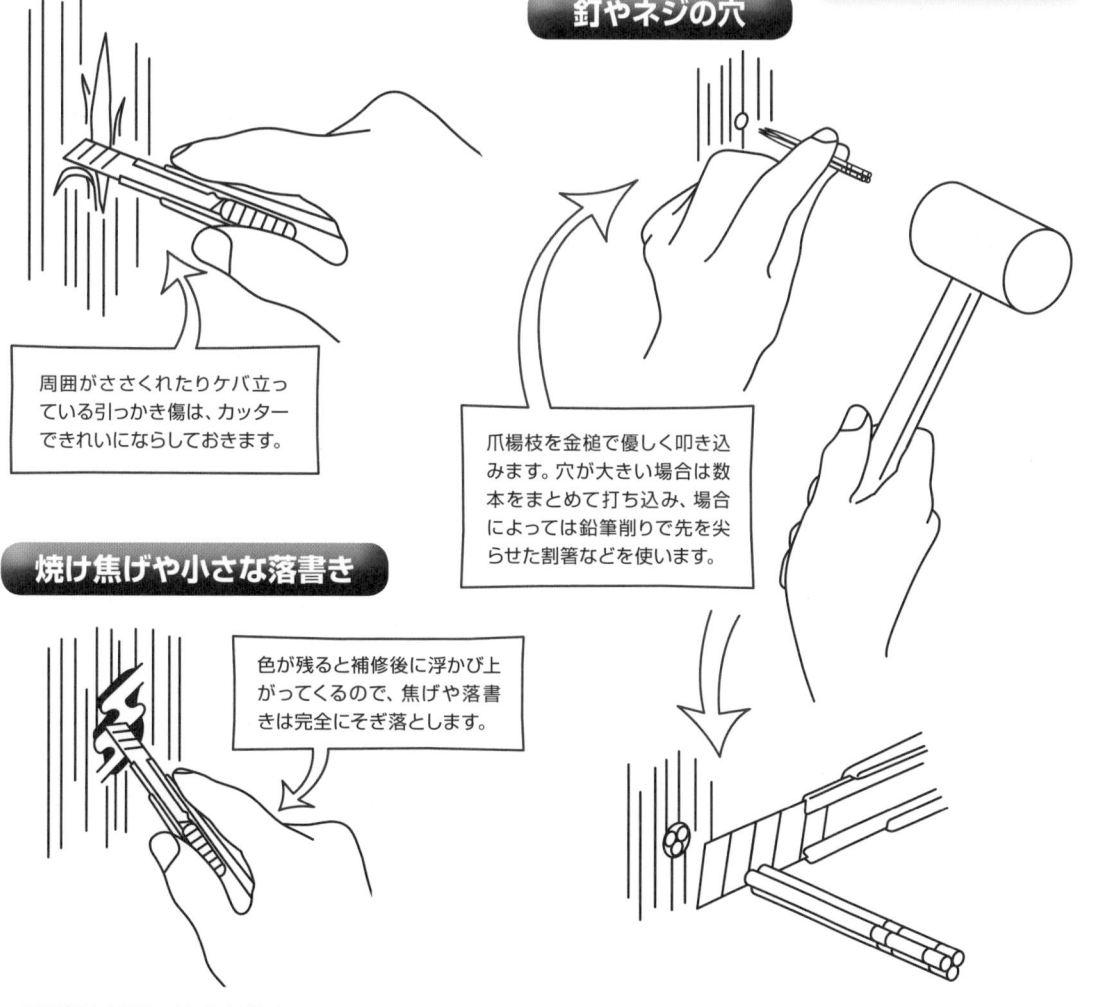

❷補修剤の塗り込み

木製品についたキズの修理に使うスティック状の着色剤は、キズ隠しとかフローリング修復材などの名前で売られています。
キズの埋め込み作業が必要な場合はヘラ付きの製品が便利です。

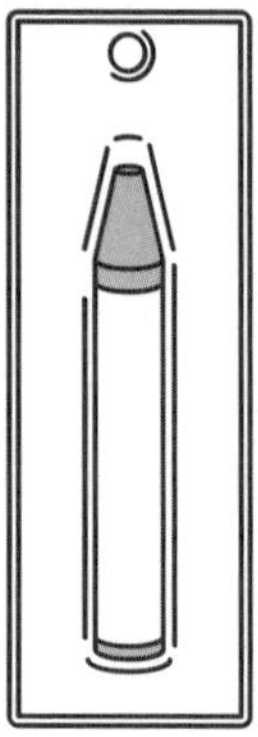

小さなキズは直接塗る

小さいキズはスティックをそのまま塗り込みます。木部の色と似た色のスティックを選びますが、濃いめを塗るとキズが余計に目立つようになりますから、薄めの似た色を選ぶようにします。

暖めて溶かせば深いキズも埋められる

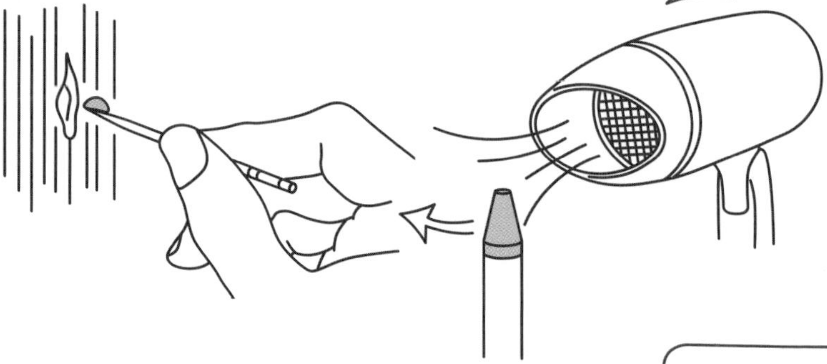

補修剤はドライヤーで暖めると柔らかくなります。柔らかくして爪楊枝の先ですくい取ったら、キズに押し込んで埋めます。大きなキズやカッターで整形した穴は、柔らかくしたスティックをそのまま押し付けたり、ヘラやマイナスドライバーを使ったりして穴を埋めます。

❸はみ出した補修剤をきれいにする

はみ出したり盛り過ぎたりしても、ヘラや定規の角でならせば、余計な部分が取れ、平らに仕上がります。

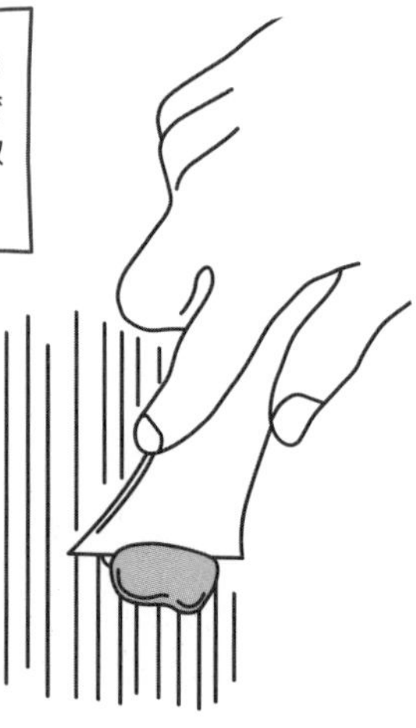

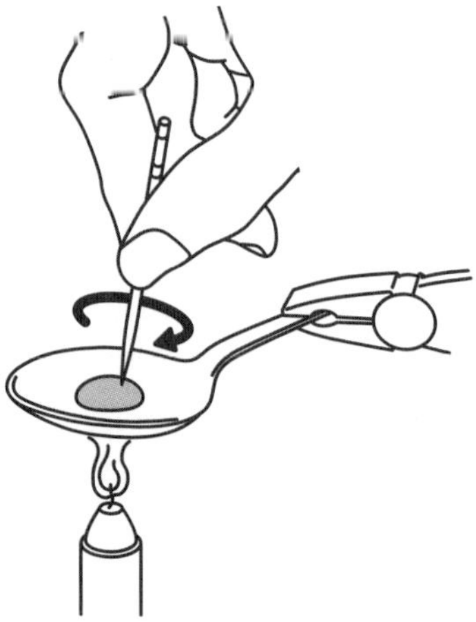

複数のスティックを混ぜて、調色することもできます。カッターで必要な分量の補修剤を削り、スプーンなどの上に乗せ、ロウソクやライターで下からあぶると溶けるので、爪楊枝などでよく混ぜ合わせます。作業の際は、スプーンをペンチでつかむなどして、ヤケドには充分気をつけてください。

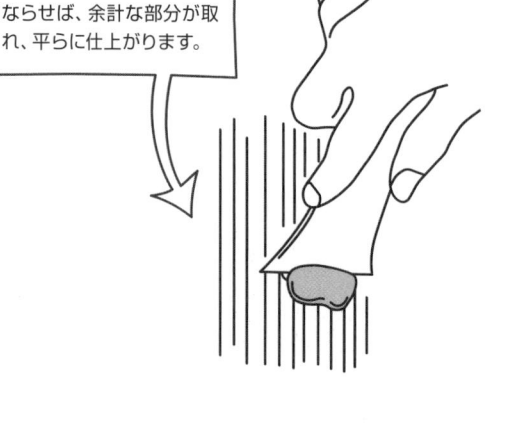

フローリング床のキズ隠し

日々のメンテナンスが長持ちのコツ

フローリングには厚い一枚板の単層フローリング材と、合板の上に薄い化粧板を張った複合フローリング材とがあります。一般家庭ではメンテナンス性の良さと、反りの出にくさなどから複合フローリングが使われています。

複合材の表面は、図のように薄い塗装膜や化粧単板で覆われていますが、それらの層はとても薄いので、少しのキズでも下地が出てきます。

見えるキズだけでなく、日常の歩行でも摩耗は進行し、目に見えないキズが広がっています。

古いフローリングは表面が白っぽくなったり、くすんで見えます。砂ぼこりやほこりなどを踏みながら歩くと、傷みはさらに速く進むので、こまめな掃除は不可欠です。

複合フローリング材の構造

フローリング材の継ぎ目は、下地合板の側面凹凸をはめ込んで、浮き上がらないようになっています。

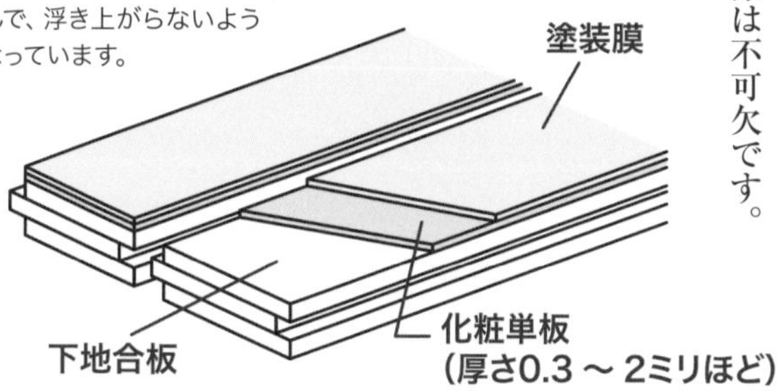
塗装膜
化粧単板
(厚さ0.3 ～ 2ミリほど)
下地合板

床のきしみ・継ぎ目の浮き

複合材でも継ぎ目から水が入ったりすると、反りが出て継ぎ目が浮くなど、床のきしみが現れます。同様の症状は、接着剤のはがれや釘の緩みでも起こります。

局部的なきしみや浮きは、床板を張り替えなくても、釘で修復できます。

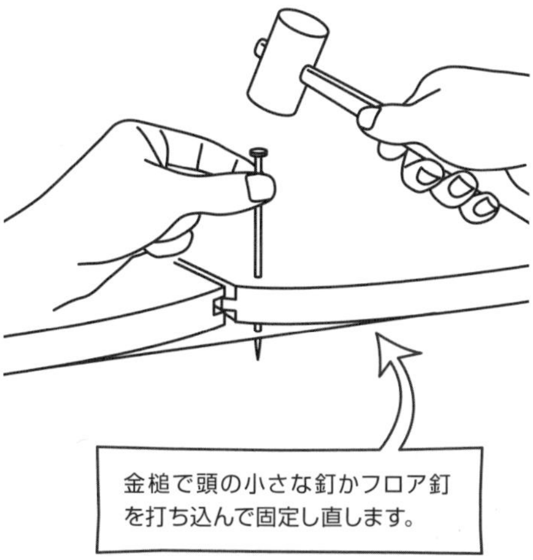
金槌で頭の小さな釘かフロア釘を打ち込んで固定し直します。

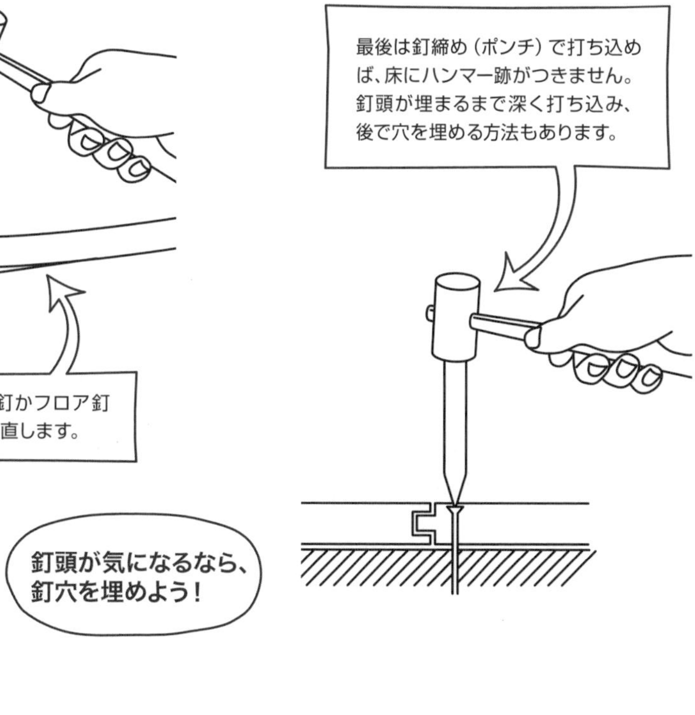
最後は釘締め（ポンチ）で打ち込めば、床にハンマー跡がつきません。釘頭が埋まるまで深く打ち込み、後で穴を埋める方法もあります。
釘頭が気になるなら、釘穴を埋めよう！

ワックス掛けでくすみも解消

まめなお手入れを

フローリングは塗装膜のニスでツヤを出しています。このツヤが消えても、早い段階ならワックス掛けだけでツヤを取り戻せます。

ワックス掛けは、一般に半年から数年に一度の頻度でしますが、ファンヒーターの温風が当たる場所など、部分的に早く劣化することもあります。

期間に関係なく気がついたらすぐに手入れをするクセをつけておきましょう。

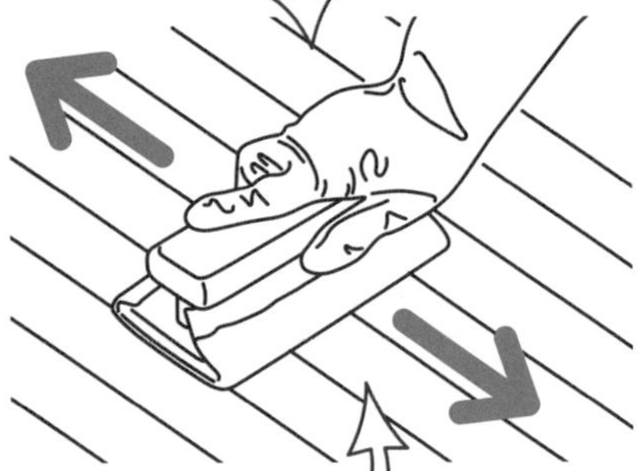

ワックスは継ぎ目に対して平行に伸ばします
直角に広げると継ぎ目に溜まってしまいます
しっかり塗り込むなら、モップ式より手持ち式の方が使いやすく、雑巾なら小さいのでワックスもムダになりません。

樹脂系ワックス

フローリング用ワックスにはロウ系と樹脂系がありますが、くすんだ床には樹脂系を使って、厚い樹脂層で表面を覆います。

ツヤ出し洗浄剤も、床に樹脂成分を残しますが、量が少ないので、効果はワックスにかないません。

ワックス掛けの前に、もしキズ、へこみ穴、焦げ跡などがあれば、修復しておきます。

床のキズや穴を隠す方法

浅いキズはワックス系の木部用修復材で目立たなくします。深い穴や釘頭痕も、小さければ修復材を詰めて埋めます。

大きな穴は人や家具の足で踏まれると、柔らかいワックス系修復材では耐えることができません。将来、塗装膜の塗り替えを考えている場合も、ワックスは塗料をはじくので不適です。そんな時はエポキシ系の木部用穴埋め材（パテ）で修復します。

焼け焦げも、カッターやサンドペーパーで炭化部分をそぎ落としてから埋めます。

木部用として売られているエポキシパテは、木に似た色合いに着色されているので、そのままでも使えますが、他の色のパテと練り混ぜて調色もできます。

釘穴や小さな穴は、補修剤を爪楊枝で詰めてから、ヘラなどでならします。

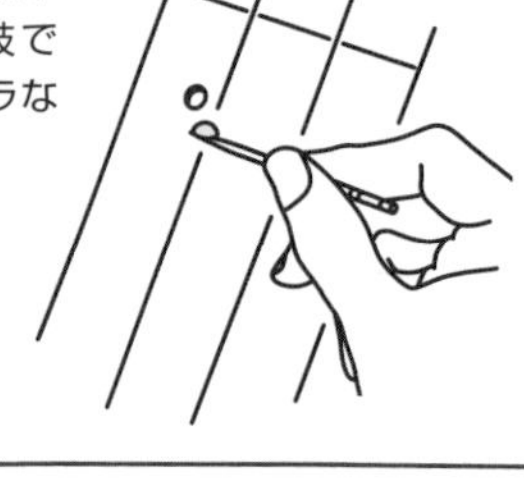

エポキシ系穴埋め材の使い方

2つの材料を混ぜるのがエポキシ樹脂の特徴です。混ぜなければ効果が出ないので、必要な分だけ切って使います。

手でよく練って2剤を充分に混ぜます。粘土状ですが、2剤が混合すると5分ほどで硬くなります。

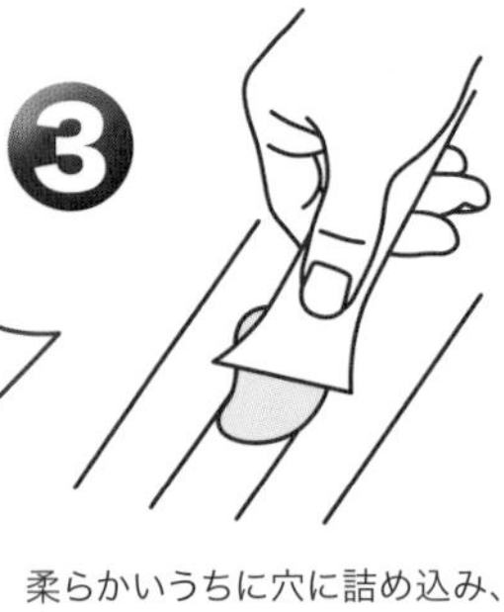

柔らかいうちに穴に詰め込み、ヘラや定規などで平らにならします。

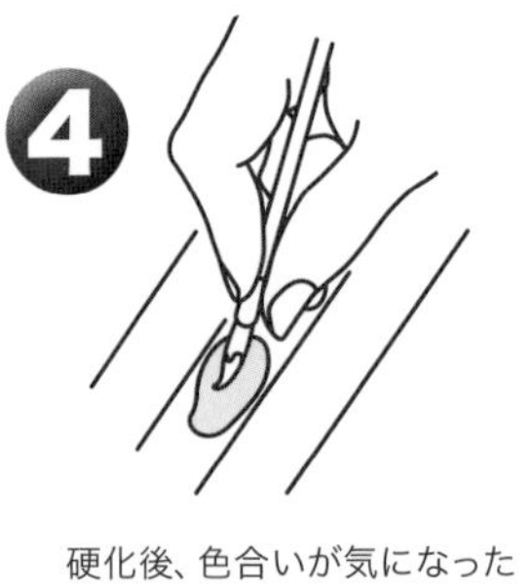

硬化後、色合いが気になったら、アクリル系塗料で塗装もできます。

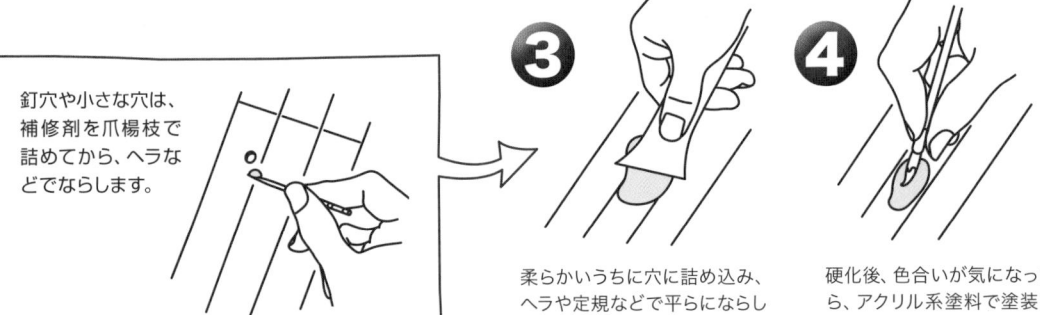

カーペットの傷みを目立たなくする

あの手コノ手で敷き替えずにすませる

カーペットは、パイル（立ち上がるように織られた毛足）のスタイルによって2つに大別されます。

先がループ状になった、毛が密集するループパイルと、毛先をカットして一本一本が起毛したカットパイルです。

ループパイルの方が、弾力性に富み、復元性にも優れているので、人に踏まれる機会の多い居間や廊下などによく使われています。

部屋一面に敷く一枚敷きの大きなカーペットは、床にそのまま敷く「置き敷きタイプ」と、工事が必要な「グリッパー式」があります。

置き敷きは、簡単に敷き替えできますが、グリッパー式は工事が必要なので、気軽に敷き替えられません。小さな損傷は、ここに記した補修方法でこまめに手当てをする方が経済的と言えます。

最近、一般家庭用でもよく使われるようになったタイルカーペットは、汚れた部分だけを洗濯したり交換できるので経済的です。

カーペットの構造

ループパイル

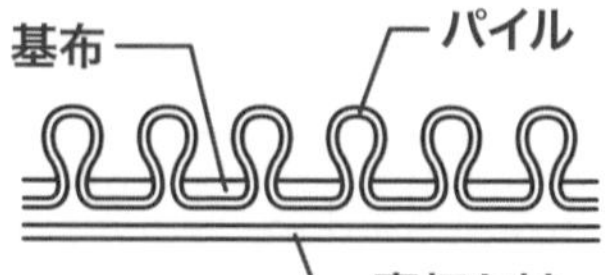
基布
パイル
裏打ち材

パイルの毛先がループしており、毛が寝にくくなっています。

カットパイル

人肌に優しい柔らかな感触があります。

こんな敷き方もあります

一枚敷きカーペット グリッパー工法

端が床下に巻き込まれているので、きれいな壁際処理が特徴です。

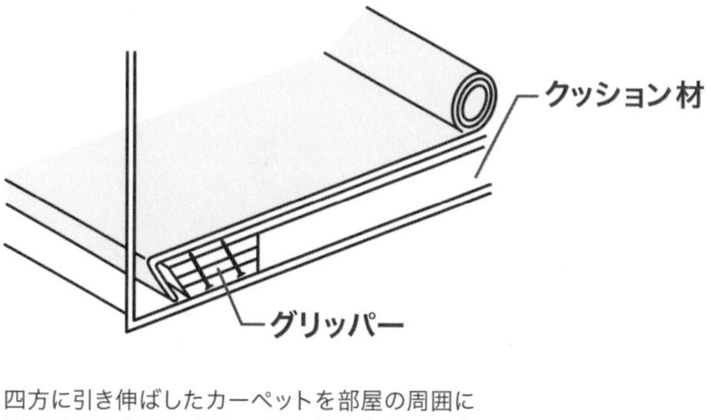
クッション材
グリッパー

四方に引き伸ばしたカーペットを部屋の周囲に打ち付けた木製のグリッパーに引っかけて固定する工法です。グリッパー上面に短いピンが逆目に出ており、そこに引っかけて固定します。

タイルカーペット

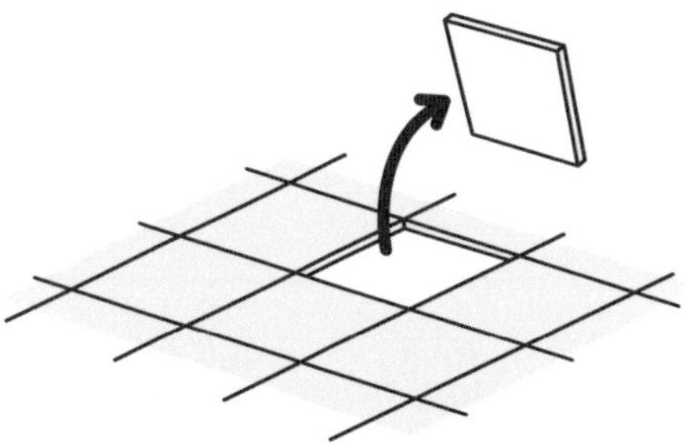

オフィス向けタイルカーペットは、塩ビの裏打ち材なので通気性がありません。一般家庭で使うとカビが発生しやすくなるので注意が必要です。

小さな焼け焦げ跡を修復する方法

ウールのような自然素材は、火元がなくなると火も消える自己消火性があり、たとえタバコを落としても、表面が黒く焦げるだけですむことがほとんどです。

ところが合成繊維のカーペットは、タバコを落として放置すると、黒く焼けると同時に熱で繊維が溶けてしまいます。

ウールカーペットの場合

火が燃え広がらないので、表面の局所的な焦げでおさまることが多く、ブラシで焦げた部分を落としたら、掃除機をかけるだけで目立たなくなります。

合成繊維カーペットの場合

1 焦げを刈り取る

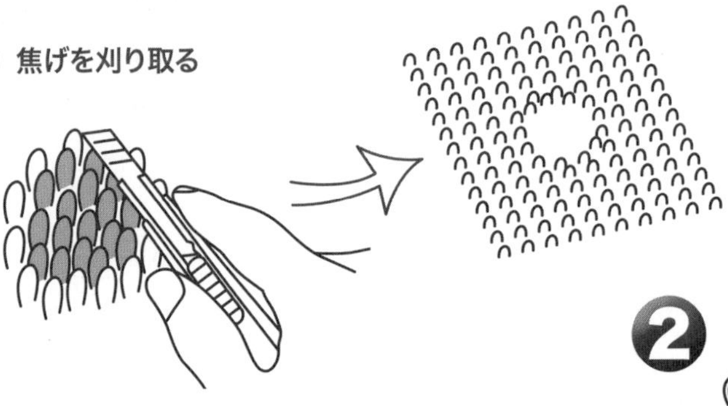

カッターやハサミを使って、焦げたり溶けた繊維を刈り取ります。この時、基布を傷付けないよう注意します。

2 目立たない所の繊維を刈る

部屋の隅や家具の下など目立たない場所から、きれいな繊維を刈り取ります。カッター刃を寝かせるようにして、根元から刈り取るようにします。

3 繊維を植えて完成

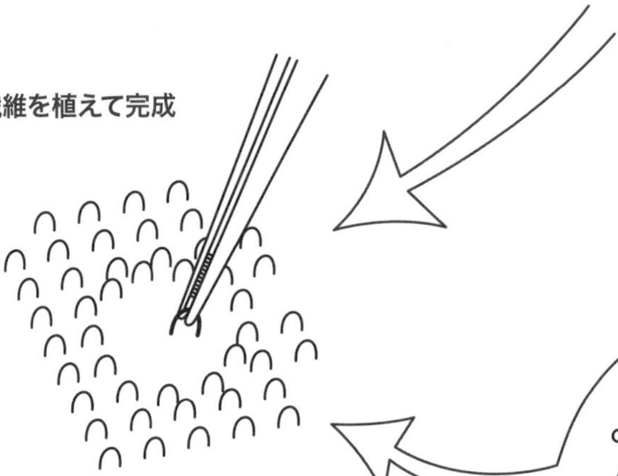

乾くと透明になる木工用ボンドを塗り、跡が目立たなくなるまで、ピンセットなどで繊維をていねいに植え付けます。

手軽にすませるなら

植えるのが面倒なら、繊維をこま切れにして、塗ったボンド上に乗せます。周囲になじむよう、押さえ付けずにふっくらとした感じに乗せるのがコツです。

大きな焼け焦げ跡や広いシミなどを修復する方法

前ページの植え付け手法は、大きくても１～２センチ程度の修復が限界です。それ以上の大きなシミや、焼け焦げ跡は、その部分だけの張り替えで対処します。

張り替える新しいカーペットは、同じ物がまだ売られていればお店で買えますが、手に入らなければ家具の下などから切り出してきます。

施工時に、端切れを残しておくと、このような補修時に重宝します。

1 交換用カーペットを用意する

端切れが手に入らなければ、家具の下などから交換用の端切れを切り出します。

2 汚れに合わせて切り出す

汚れを隠すように乗せる

汚れの上に端切れを当てて、下のカーペットと一緒に切り抜きます。切る際にズレるようならピンなどで仮止めします。

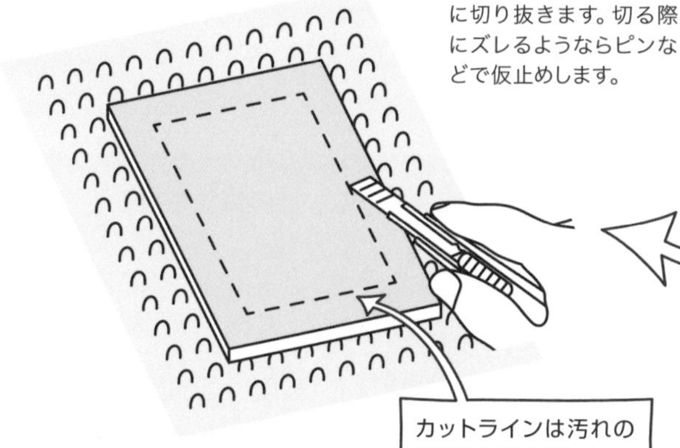
カットラインは汚れの外側を囲むように！

フローリング床の場合

カーペット下の床材が傷付くのを防ぐため、段ボールや厚めのボール紙を下敷きにします。

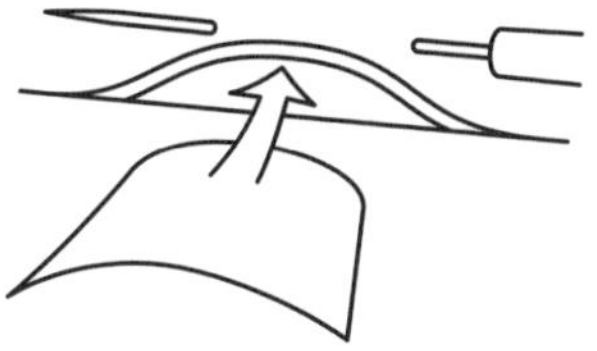

千枚通しで汚れ部分を部分的に浮かせたら、床を傷付けないように注意しながらカッターで切れ目を入れます。そこから丸めた下敷きを差し込み、カットラインの下に敷きます。

3 はめ込んで完成！

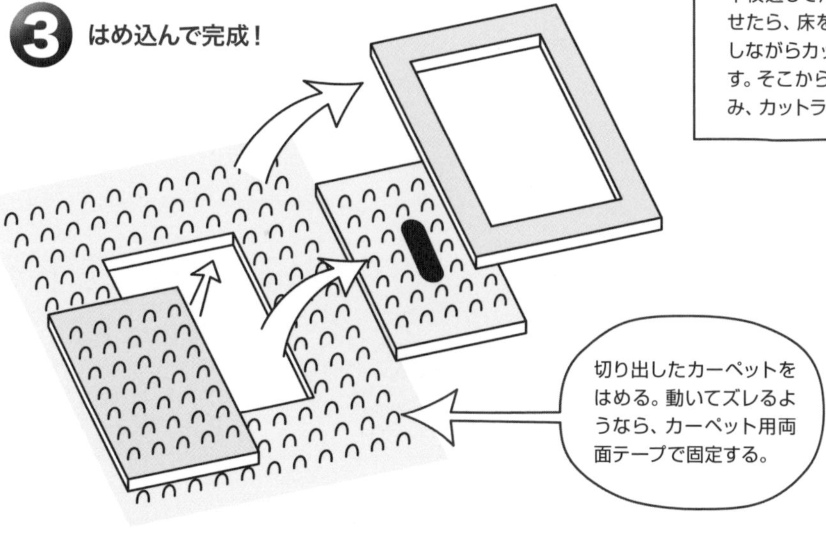
切り出したカーペットをはめる。動いてズレるようなら、カーペット用両面テープで固定する。

へこみ跡を元に戻す

カーペットに家具を乗せていると、そこだけパイルが押さえ付けられて跡が残ります。

寝たパイルは、水分と熱を与えると元に戻る性質がありますが、撥水加工や防汚加工されたカーペットは、水分がしみ込まないのでドライヤーなどで熱を加えるだけにします。

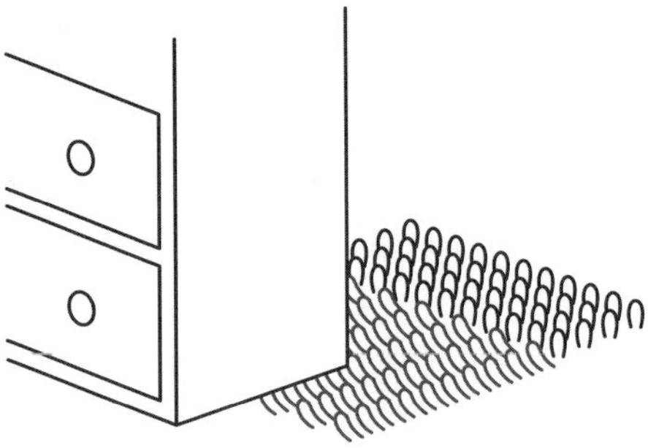

1 水分を与える

パイルが湿る程度に霧吹きで水をかけます。

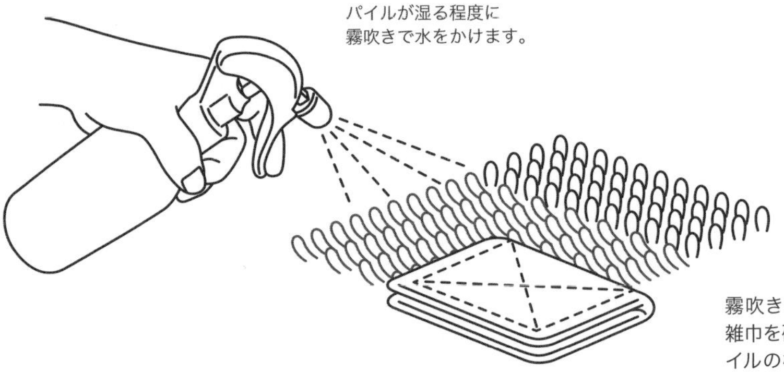

霧吹きがなければ、お湯に浸けた雑巾を硬く絞って跡に当てます。パイルの根元に水分がしみわたるまでしばらく当てておきます。

2 加熱しながら毛を立てる

ドライヤーで乾かすと毛がふくらんできます。硬い歯ブラシやヘアーブラシなどで、毛を立てながらドライヤーを当てると、さらに効果的です。

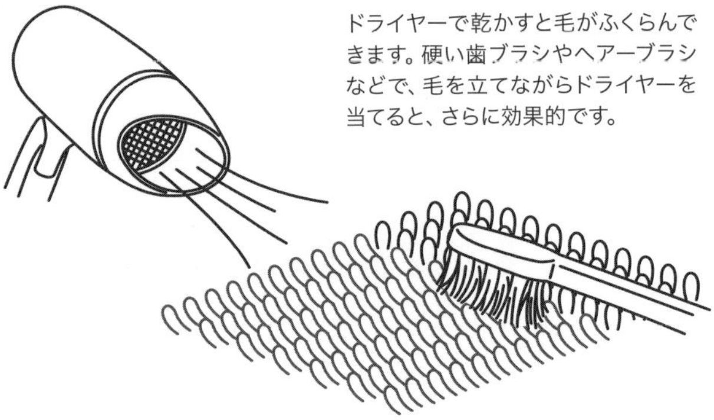

ドライヤーの代わりにスチームアイロンも使えます。特にウールのカーペットはスチームを当てると繊維が元に戻りやすくなります。

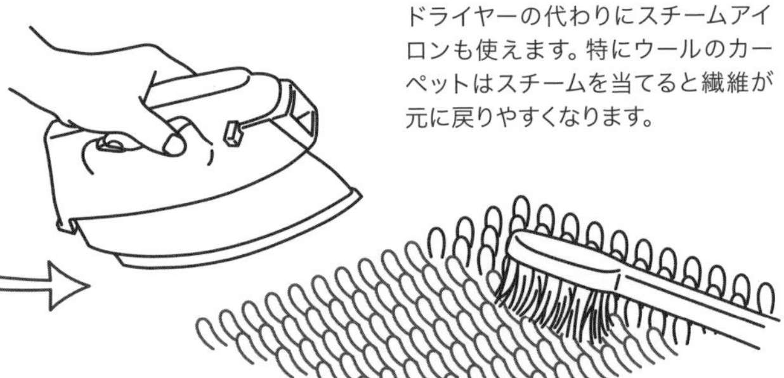

一度で戻らなければ時間をかけて何度か繰り返すと、毛が立ってきます。ある程度戻ってきたら、あとは時間が経つと自然に目立たなくなります。

防犯性能の高い鍵に交換する

ピッキングに弱いドアを強いドアにする方法

玄関扉などに使われている鍵は、シリンダー錠が一般的で、それも鍵開け工具などでは簡単に開けられない、耐ピッキング性の高いタイプが主流になっています。

しかし、古い建物では、ピッキングで簡単に開けられてしまう古い鍵も、いまだに残っています。

業者に頼むと高くつくシリンダー交換ですが、比較的簡単な作業で交換できますから、自分で行えば5000円程度から購入できる部品代だけですみます。

ピッキングに対しては、シリンダーを最新の複雑な物に交換すれば、錠前本体は既存のまま使えます。

複数社から交換用シリンダーが売られており、よほど古いタイプの錠前でなければ、交換用シリンダーを入手できます。

交換作業も、シリンダー交換だけなら単純な作業なので、素人にもできます。

シリンダーには、耐ピッキング性能と、耐カギ穴壊し性能の2つが公表されています。いずれも、5分以上や10分以上の性能であれば、泥棒は諦めてくれる性能と考えてよいでしょう。

ドア錠前の原理（模式図）

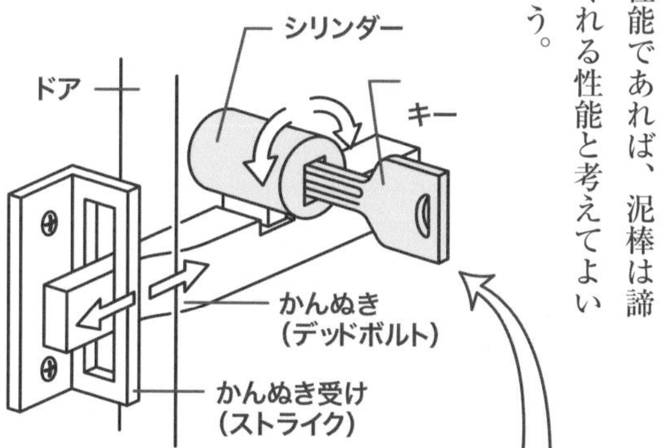
シリンダー
ドア
キー
かんぬき
（デッドボルト）
かんぬき受け
（ストライク）

今の錠前は、この部分だけを簡単に換えられます。
その他の部分は既存のまま、最新の鍵に交換できます。

ドアの錠にはさまざまなタイプがありますが、どれも原理は「かんぬき」（デッドボルト）で扉を開かないようにしています。かんぬきは回転する円筒（シリンダー）のツメに引っかけられて左右に動きます。しかしシリンダーの中は、キーを挿さないと回らない機構が組み込まれているので、キーがなければかんぬきがはずれない仕組みになっています。

ほとんどの泥棒は、解錠に5分以上かかると侵入をあきらめます

ピッキング禁止法により、鍵には防犯性能（耐ピッキング性能・耐かぎ穴壊し性能・耐こじ破り性能・耐サムターン回し性能など）が表示されるようになりました。いずれも、5分間耐えられるかどうかで性能を分けています。

対策済シリンダーの例

ディンプルキーシリンダー錠

キーの刻みの凸凹が多い

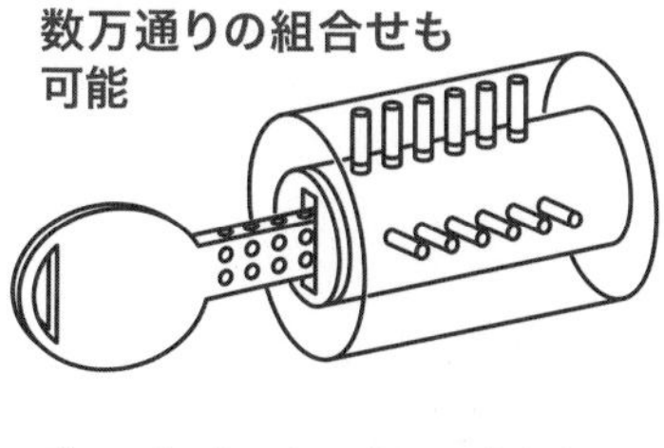
ピン数が多く
数万通りの組合せも
可能

ディンプルキータイプなら、多方向からの数多くのピンで回転機構をロックするので、ピッキング耐性はかなり強くなります。

ロータリーシリンダー錠

鍵穴が横向き

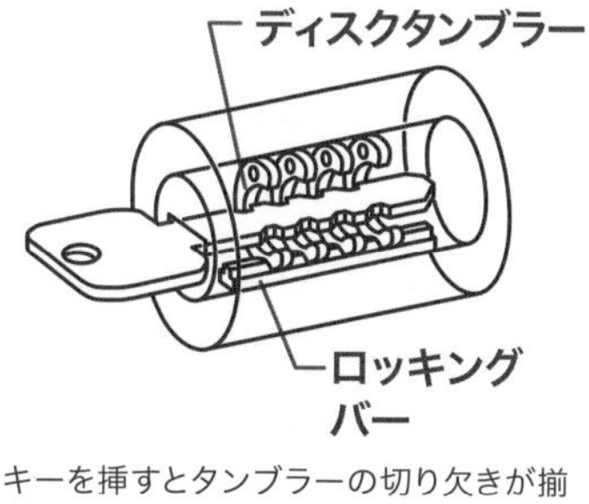
ディスクタンブラー
ロッキング
バー

キーを挿すとタンブラーの切り欠きが揃い、ロッキングバーが内筒に入るので、回るようになります。ピッキングに強いとされてきましたが、専用の道具が出回るなど、安全性は低下傾向にあります。

ピッキングに無防備なシリンダー

ディスクシリンダー錠

縦の鍵穴が特徴

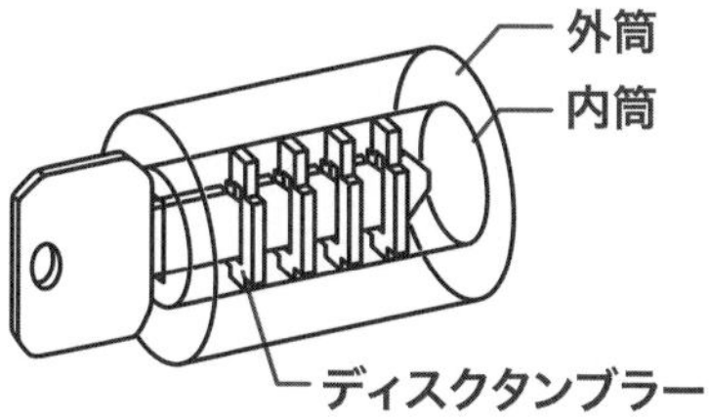
外筒
内筒
ディスクタンブラー

薄いディスクの突起で内筒をロックします。構造が簡単で安価なため、昭和30年代から現在まで広く使用され続けています。精度が低く、摩耗した鍵でも使えてしまいます。

錠前タイプを見分ける

錠前のタイプによって、交換するシリンダーの形も方法も異なるので、最初に錠前のタイプを把握しなければなりません。

家庭で使われる錠前のほとんどは、ここに図示したタイプのどれかが使われています。ドアノブがレバーになっているなどの差異はあっても基本的な構造は同じで、外観を見るだけで簡単に判断できます。図とよく見比べて、見わけてください。

面付け箱錠

（詳細は62～63ページ）

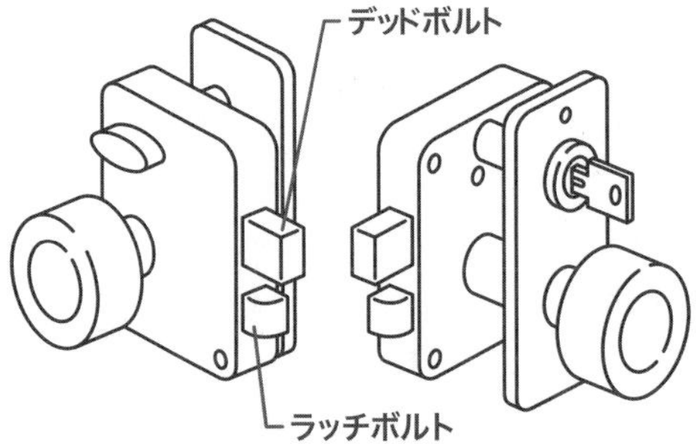

箱錠と構造は同じですが、ケースがドアの中ではなく、室内側に露出しています。ドアの隙間からデッドボルトが見えない点から、安全性が高いとされてきましたが、ピッキング犯罪の常態化で、その信頼性は消えました。古くから集合住宅の鉄製玄関ドアに多く使われてきたので、現在もなお数多く使われています。ノブと鍵穴が一体になったタイプ（63ページ）もあります。

箱錠（ケースロック）

（詳細は60ページ）

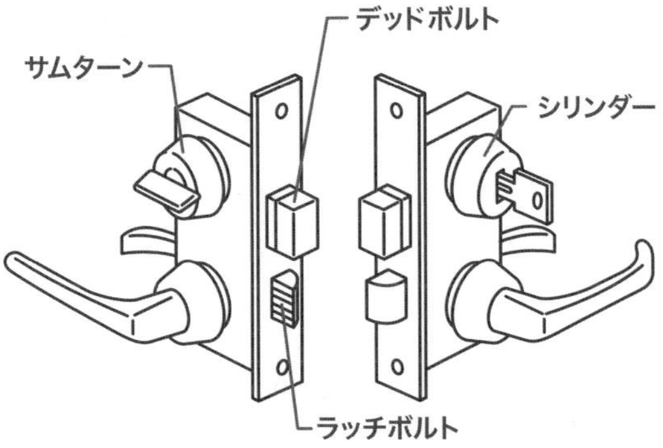

外観はノブ（またはレバー）と鍵穴（シリンダー）に分かれていますが、丈夫な箱形ケースに一緒に収められており、ケースはドアに内蔵します。デッドボルトとシリンダーが連動し、外からはキーで、内側からはサムターンを回して施錠・開錠します。ノブ（レバー）は仮締め用のラッチボルト（空締めボルト）を動かします。種類が豊富で、玄関ドアによく使われています。

円筒錠

（詳細は64ページ）

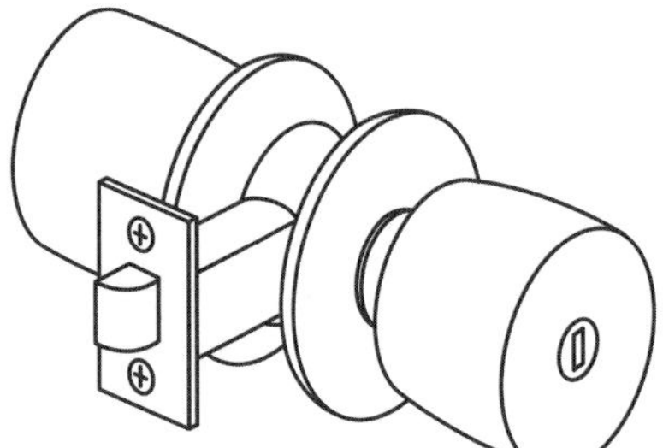

扉に丸穴を開けるだけで簡単に取り付けられますが、デッドボルトがないので、防犯性はかなり劣ります。ドアノブにシリンダー錠が組み込んであり、ノブの真ん中に鍵穴があります。室内側はプッシュボタン（またはサムターン）で、これを押すと室外側ノブが固定されて、ラッチボルトが動かなくなります。
屋内ドア用の錠前によく使われますが、勝手口に使われるケースもあります。

インテグラル錠

（詳細は61ページ）

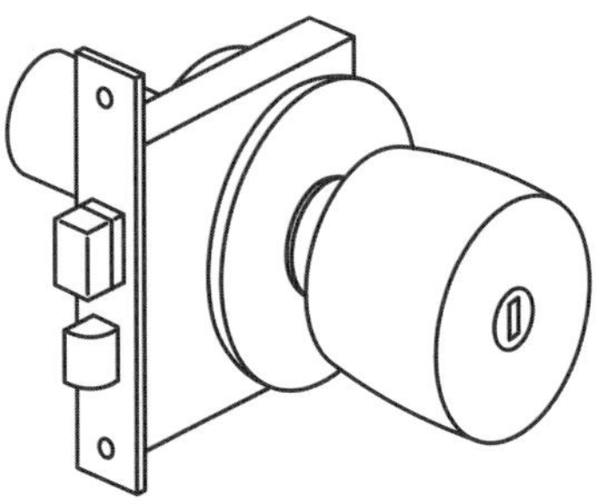

デッドボルトとラッチボルトは別機構で動きますが、鍵穴はノブと一緒になっているので、デザイン性を重視する場面で使われています。屋内側の施錠ツマミ（サムターン）もノブの中心にあります。ケースの強度は箱錠と同じですが、ノブをもぎ取られると、シリンダーごと取れてしまうので、箱錠よりも防犯性能は劣ります。屋外に面したドアでもよく使われています。

箱錠のシリンダー交換

箱錠の構造

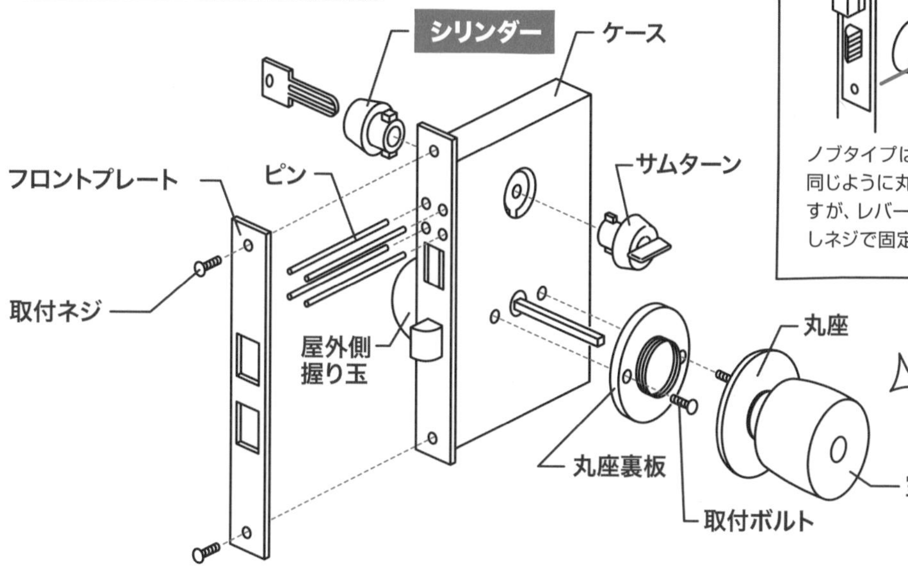
シリンダー
ケース
フロントプレート
ピン
サムターン
取付ネジ
屋外側
握り玉
丸座
丸座裏板
室内側握り玉
取付ボルト

レバータイプもあります

ノブタイプは、インテグラル錠と同じように丸座とともにはずせますが、レバーの場合は、小さな隠しネジで固定されています。

シリンダーの取りはずし方

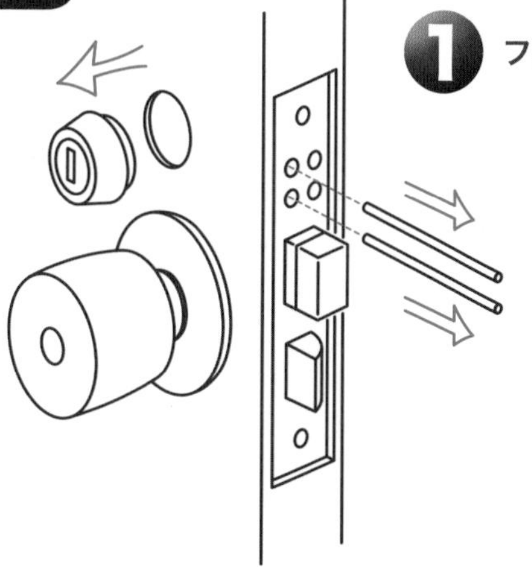

1 フロントプレートをはずす

2 ピンを抜く

刺さっているだけなので、簡単に抜けます。一部の錠前は、ピン方式でなく、ネジ止め方式のものもあります。

3 シリンダーをはずして交換

そのまま引いて抜くタイプと、左に回して抜くタイプがあります。抜いたら、新しいシリンダーをセットし、逆の手順で元に戻せば完了です。

シリンダーだけを換えられる

このタイプは、シリンダーだけを取りはずして交換できるので、交換後の外観もほとんど変わりません。

シリンダーはピンで固定（一部の錠前ではネジ固定）されているだけなので、ピンを手で抜けば、簡単に取りはずせます。

交換用シリンダーは、いろいろなメーカーから出ていて、ホームセンターでも1万円以下から売られています。

サムターン回しにも要注意

箱錠を狙う独特の手口として「カム送り解錠」（65ページ参照）があります。交換の際はカム送りにも対応したシリンダーか、別売りのカム送り対策金具と一緒に取り付けてください。

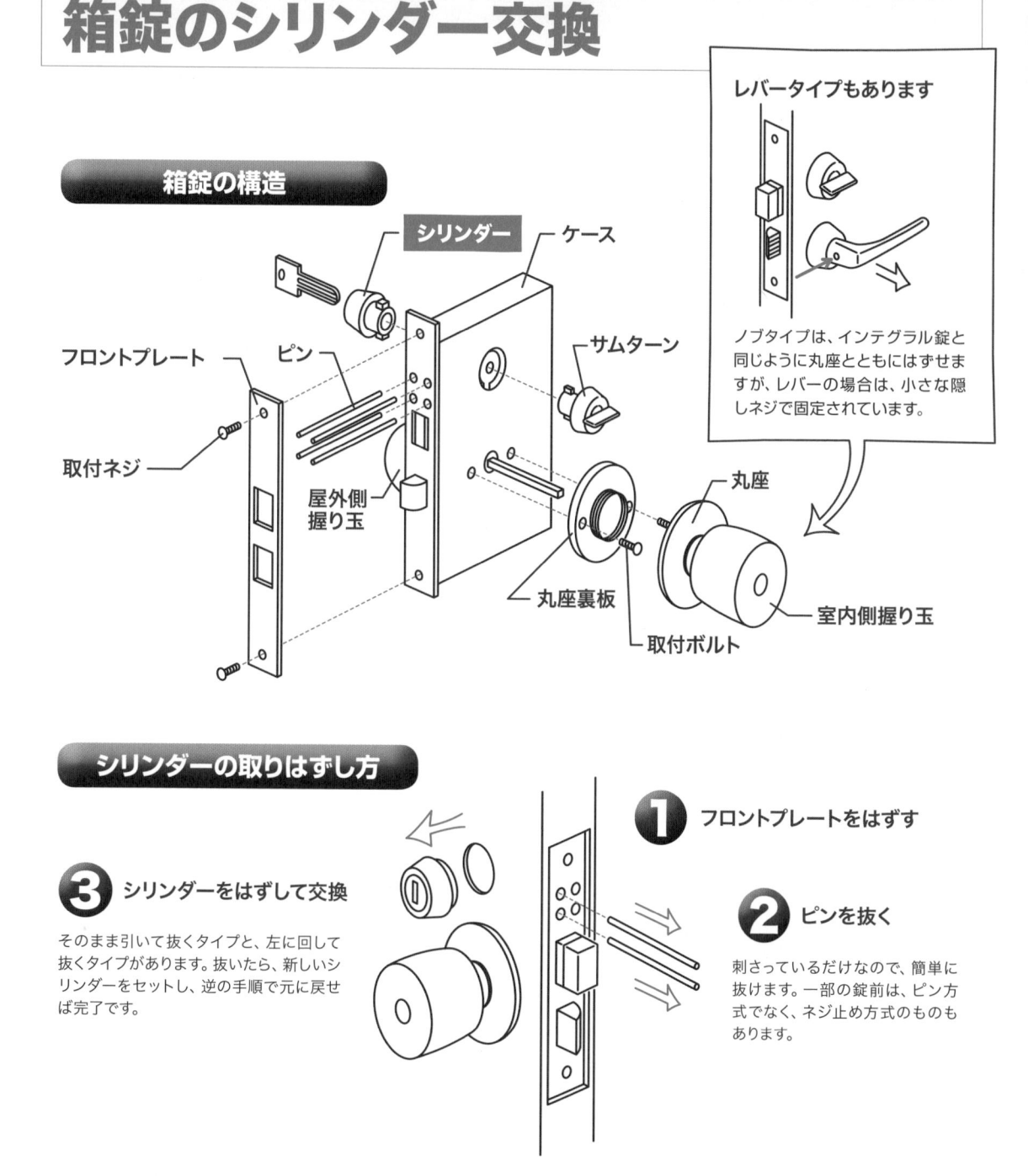

防犯性能の高い鍵に交換する

インテグラル錠のシリンダー交換

インテグラル錠の構造

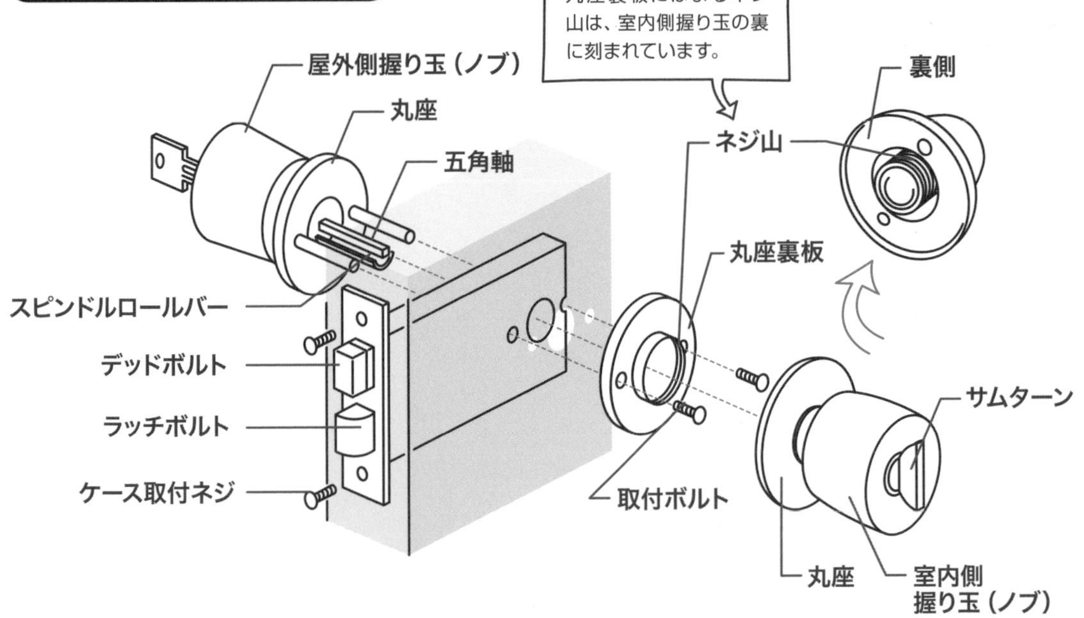
丸座裏板にはまるネジ山は、室内側握り玉の裏に刻まれています。
屋外側握り玉（ノブ）
丸座
五角軸
スピンドルロールバー
デッドボルト
ラッチボルト
ケース取付ネジ
ネジ山
裏側
丸座裏板
取付ボルト
サムターン
丸座
室内側握り玉（ノブ）

シリンダー（ノブ）の取りはずし方

手のひら全体を当てるようにして丸座をつかみ、左に回します。滑る時は、ゴム手袋をはめると滑り止めになります。
❷ ビスをはずして丸座裏板を取る
❸ 外側のノブもはずれる
❷でビスをはずすと、外側ノブも同時にはずれます。
❶ 室内側丸座を回してノブをはずす
ピッキング対策ノブを付ける時は、錠前まではずす必要はありません。新しいノブは、取扱説明書をよく見て既存の穴にそのままはめ込みます。

ノブごと交換する

シリンダーはノブに内蔵されているので、交換の際は、シリンダーだけでなくノブごと交換します。

交換ノブは1万円くらいから入手可能ですが、数万円クラスの高価なものは、もぎ取り対策やサムターン回しにも対応しているので、インテグラル錠でも防犯性能の高い錠前にすることができます。

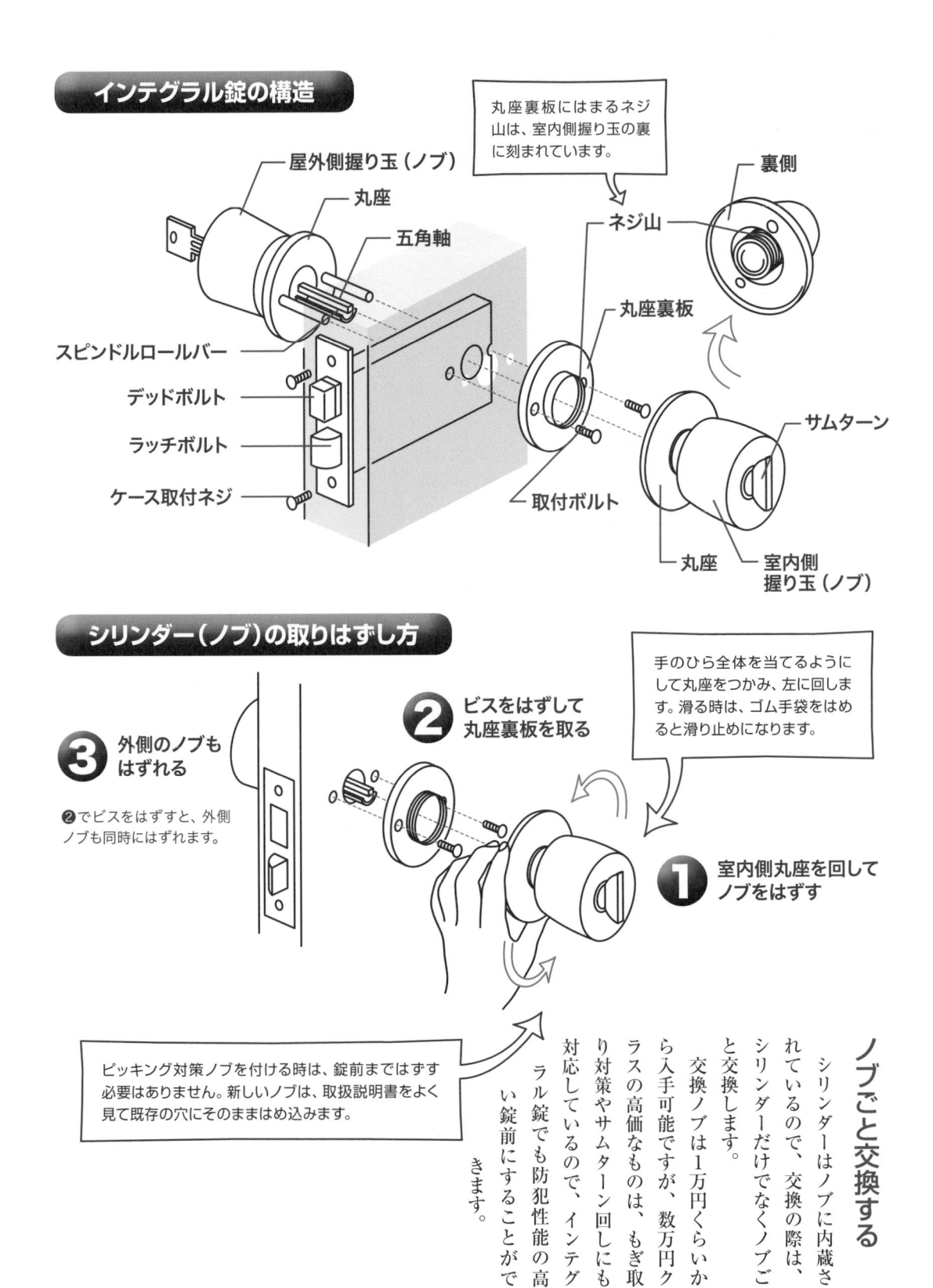

面付け箱錠のシリンダー交換①

(シリンダーとノブが別れているタイプ)

面付け箱錠の構造

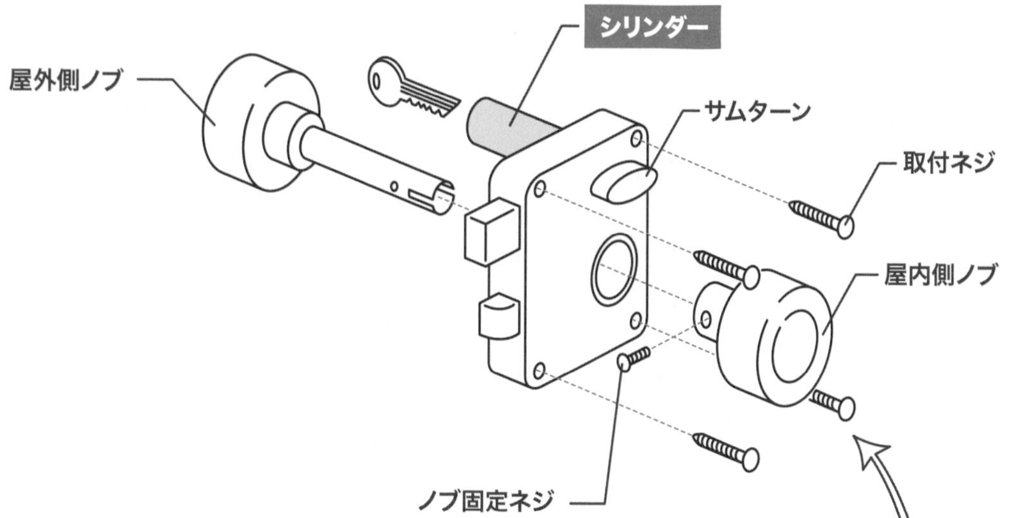
シリンダー
屋外側ノブ
サムターン
取付ネジ
屋内側ノブ
ノブ固定ネジ

シリンダーの取りはずし方

1 ノブ固定ネジをはずして屋内側ノブを抜く

2 ケースの取付ネジをはずす

3 シリンダー取付板のネジをはずす

ネジをはずすと、シリンダーもはずれます。

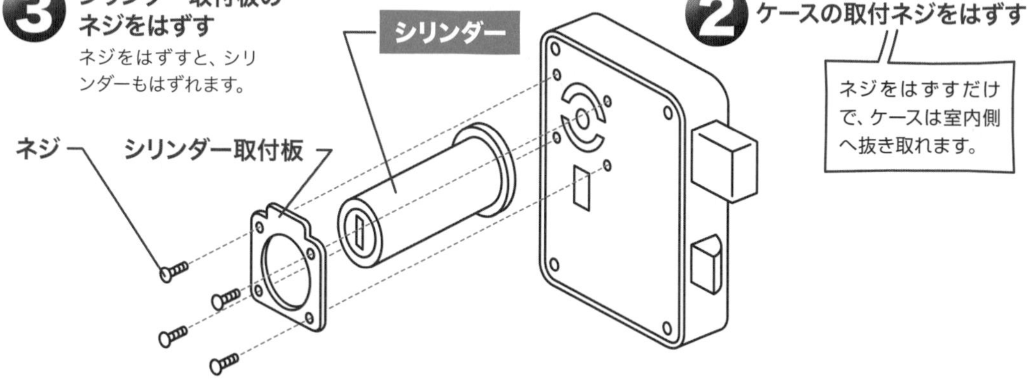
シリンダー
ネジ
シリンダー取付板
ネジをはずすだけで、ケースは室内側へ抜き取れます。

4 シリンダーを交換したら元に戻して完了

新しいシリンダーに付け換えたら、逆手順で元に戻します。

箱錠の親戚

箱錠のケースをドア内から室内側に出した形式です。シリンダーは、ドア板を貫通して、外側に面しています。

防犯性能には定評があるタイプの錠前ですが、元から付いているシリンダーはピッキングに弱いので、必ずシリンダーは交換しておきましょう。交換用シリンダーは、複数のメーカーから出ていて、ホームセンターでも5000円前後で売られています。

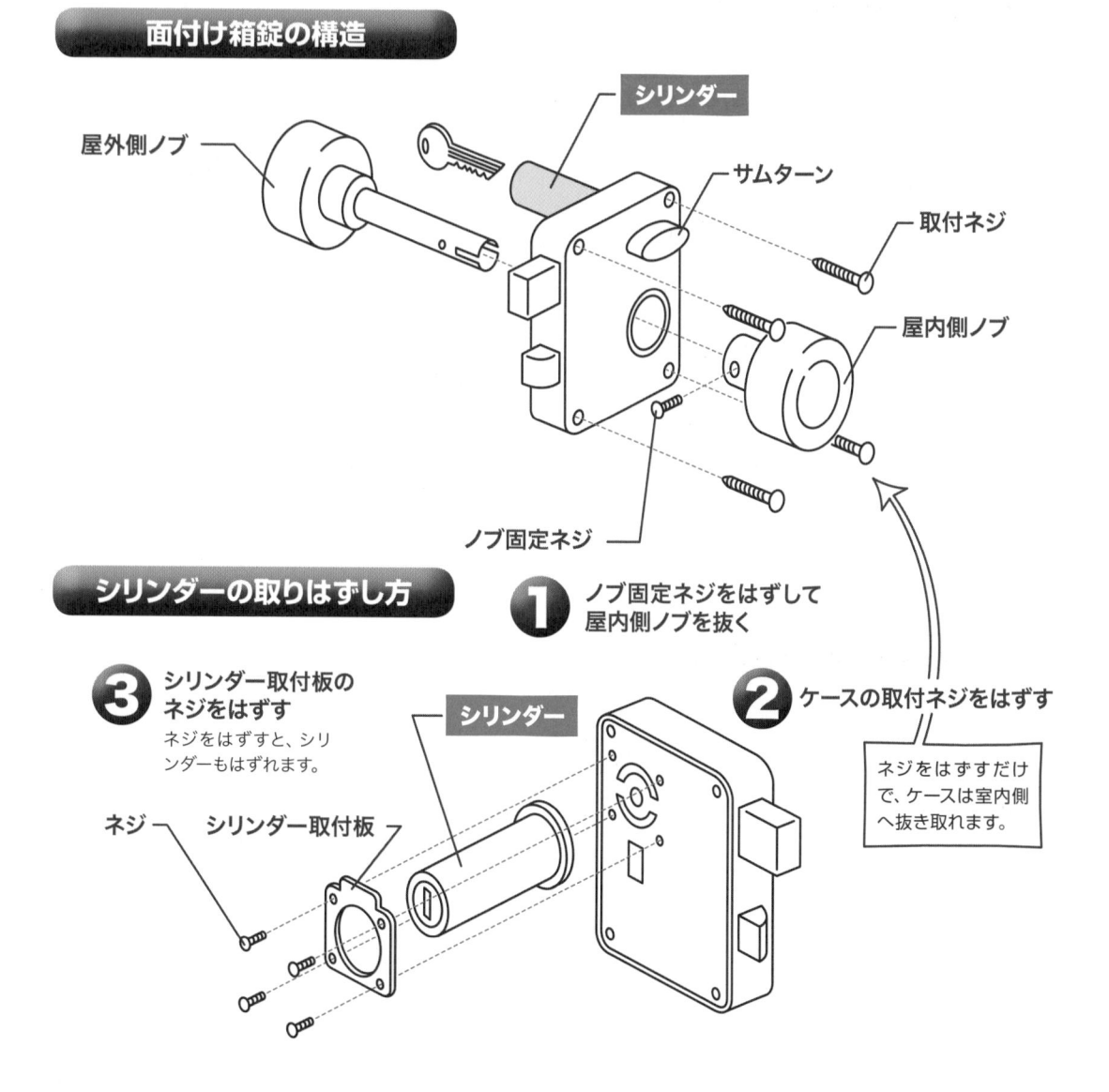

面付け箱錠のシリンダー交換②

（ノブにシリンダーが組み込まれるタイプ）

面付け箱錠の構造

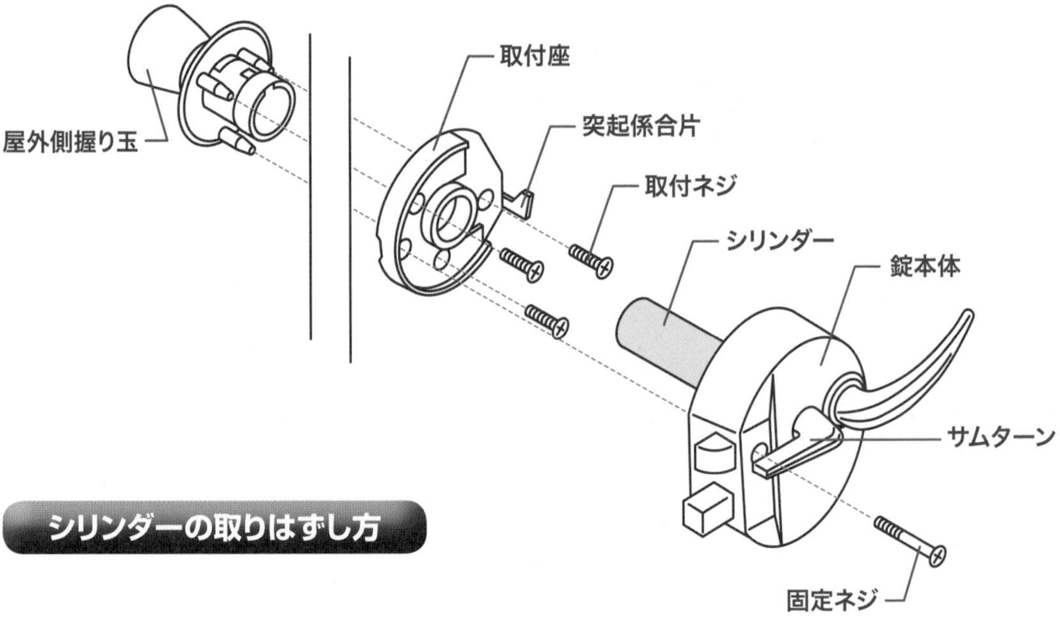
屋外側握り玉
取付座
突起係合片
取付ネジ
シリンダー
錠本体
サムターン
固定ネジ

シリンダーの取りはずし方

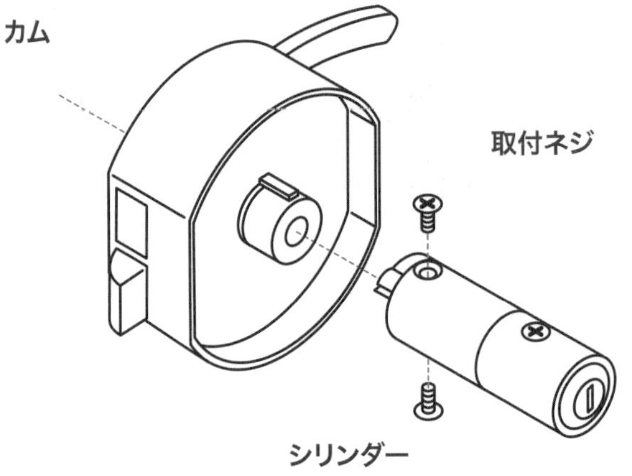
カム
取付ネジ
シリンダー

1 固定ネジをはずす

ネジをはずしたら、本体を左へ回すと突起係合片からはずれ、シリンダーごとドアから抜き取れます。

2 シリンダー取付ネジをはずす

シリンダーは、ケース側のカムにネジ止めされています。このネジをはずすだけで、簡単にシリンダーを交換できます。

3 シリンダーを交換したら元に戻して完了

中空ノブを貫くシリンダー

面付け箱錠には、インテグラル錠のように鍵穴がノブの中心にあるタイプがあります。

外観（屋外側）からは見分けがつきませんが、インテグラル錠との違いは屋内側にケースが露出しているかどうかで、簡単に見分けられます。

シリンダーとノブが一体化されているインテグラル錠と違って、中空のノブにシリンダーが差し込まれているだけなので、シリンダーも分離しやすくなっています。

円筒錠の交換

円筒錠の構造

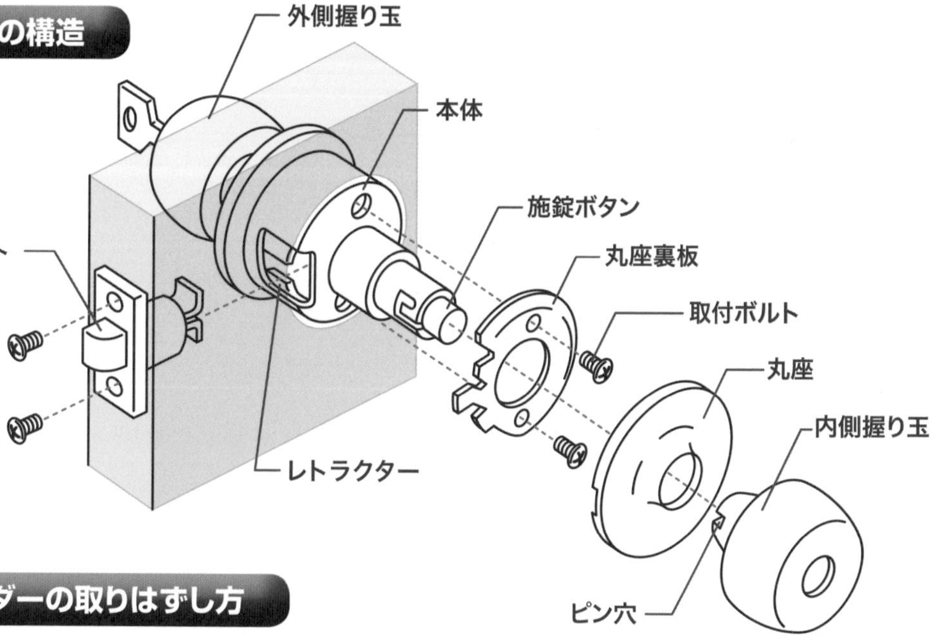
外側握り玉
本体
施錠ボタン
丸座裏板
取付ボルト
丸座
内側握り玉
ラッチボルト
レトラクター
ピン穴

シリンダーの取りはずし方

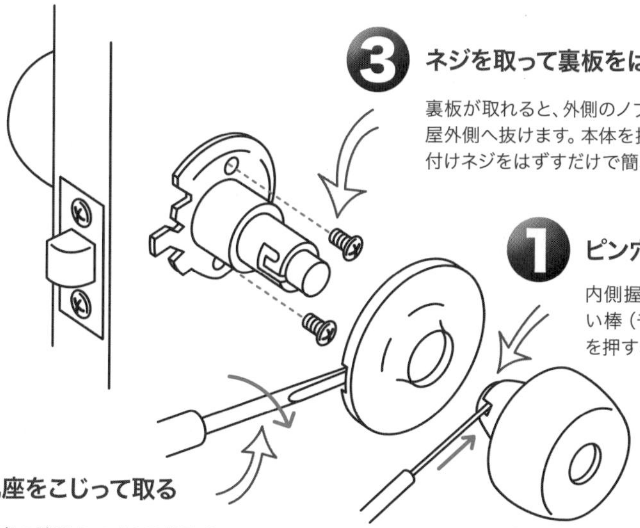

3 ネジを取って裏板をはずす

裏板が取れると、外側のノブと一体になった本体が、屋外側へ抜けます。本体を抜けばラッチボルトも取り付けネジをはずすだけで簡単に抜き出せます。

1 ピン穴からストッパーをはずす

内側握り玉の根元にある小さな穴から、細い棒（千枚通しなど）を入れて、ストッパーを押すと、握り玉が抜けます。

2 丸座をこじって取る

丸座の隙間をマイナスドライバーでこじると、はずれます。

屋内用途に限ればピッキングに有効

シリンダーは、本体に内蔵されているので、全体をそっくり交換することになります。少数ですが、ディンプルキー式円筒錠が製造されていますから、これに換えるとピッキング対策になります。

ただし、円筒錠は構造上、もぎ取りが簡単にできますから、基本的には屋内用です。外部からの侵入には無力と考えてください。

勝手口や玄関ドアに円筒錠を使っていたら、すぐにでも補助錠の取り付けか、他タイプへの付け換えをお勧めします。円筒錠の取り付け穴には、面付け箱錠が付けられますから、鍵屋さんに相談してください。

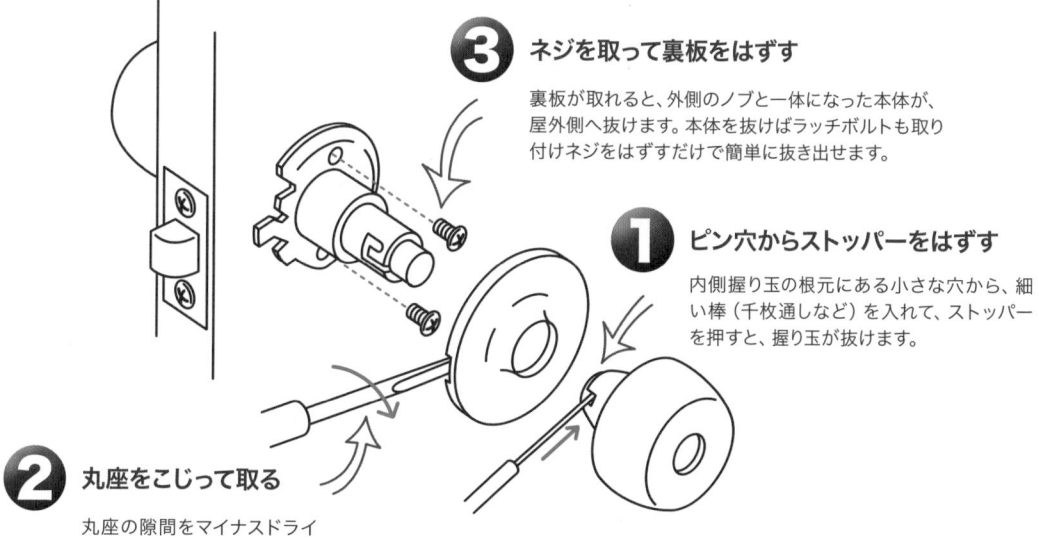

ピッキング以外にもある ドロボウのいろいろな手口

サムターン回し

小さな穴で足りるため、金属ドアでもドリルで簡単に穴を開けられてしまいます。

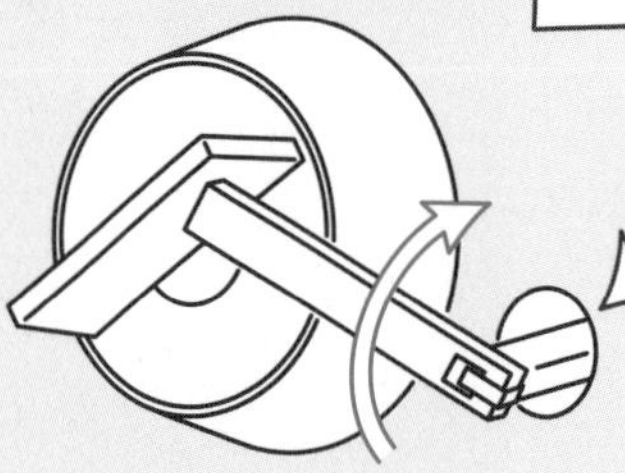

ドアとドア枠のわずかな隙間や郵便受けの穴などから細い棒を室内に入れて、サムターンを回す手口です。隙間がなければ、のぞきレンズを割ったり、ドアにドリルで穴を開ける荒っぽい手口もあります。

これに対応した交換用錠前も鍵屋さんで売られているし、ホームセンターでもサムターン回し対策グッズが各種並べられています。要はサムターンを棒で突けないようにするか、突いても回らないようにすればいいだけなので、簡単なカバーや、単に丸いつまみに替えるだけのアダプターなどですが、数百円程度で買えて、効果はバッチリです。

カム送り

実際に引っ張ってみれば、該当する鍵かどうか、すぐに分かります。

一部の箱錠が、この被害に遭います。

シリンダーの化粧リングを引っ張って、開いた隙間から特殊な工具を差し込み、鍵ケース本体内のカムを直接動かします。シリンダーを介さずにロックボルトを動かすのでバイパス解錠とも呼ばれています。

対処方法は、対策済みシリンダーに交換するか、隙間ができないようにする金具を取り付けるだけ。いずれにしろシリンダーをはずす作業が伴いますが、難易度は、シリンダー交換とさほど変わらないので簡単にできます。

力ずくの手口

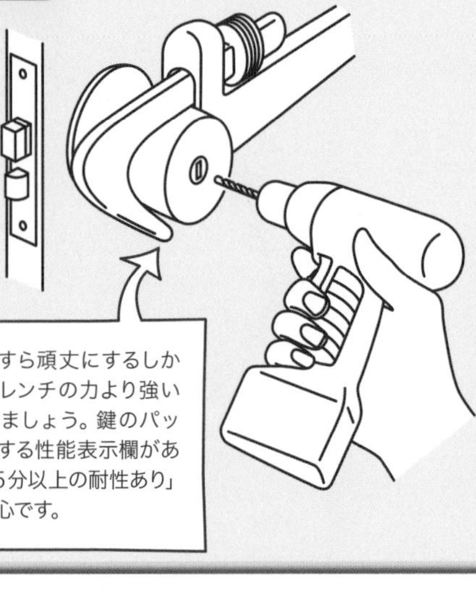

力ずくに対しては、ひたすら頑丈にするしかありません。ドリル刃やレンチの力より強い金属を使った鍵を選びましょう。鍵のパッケージには、各手口に対する性能表示欄があります。そこがいずれも「5分以上の耐性あり」となっていれば、まず安心です。

鍵穴にドリルで穴を開けたりドライバーを突っ込んで強引に回すと、中のピンが折れて回ってしまうシリンダーがあります。これは、比較的新しいタイプにもあります。

円筒錠やインテグラル錠は、大きなレンチで力任せにノブをもぎ取られると、簡単に開けられてしまいます。

特に円筒錠は、デッドボルトがないので、ドア枠の隙間からラッチボルトが見えていたら、細いドライバーでラッチボルトを送って、はずす手口もあります。そうでなくとも、単にハンマーで強い衝撃を与えるだけでも開いてしまうほどの無防備な錠前ですから、屋外に面したドアでは、まったく意味がありません。

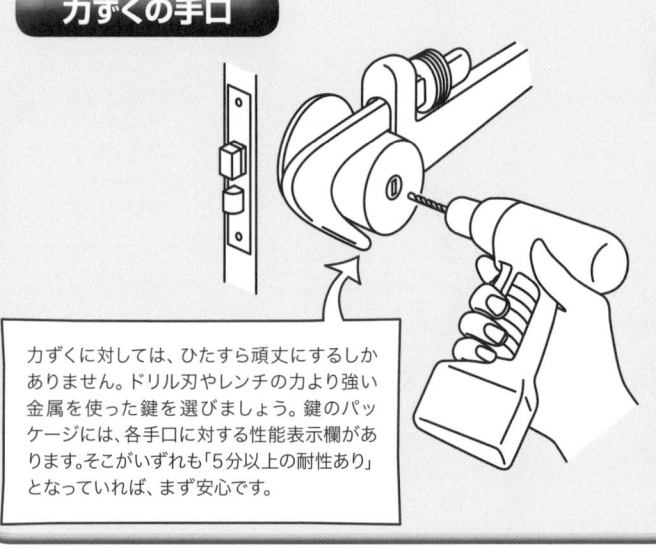

障子を張り替える

外出できない雨の日は
障子張りにうってつけ

破れていなくても、古い障子は焼けて黄色くあせてきます。そうなると全面張り替えるしかありませんが、それは決して難しい作業ではありません。

今ではのりを使わずアイロンで貼り付ける障子紙も開発されました。それを使えば、もっと簡単にすませることができます。

紙は湿気を吸うと少し伸びるので、雨の日に張れば多少たるみが残っていても、晴れると「ピン」となります。

障子の構造

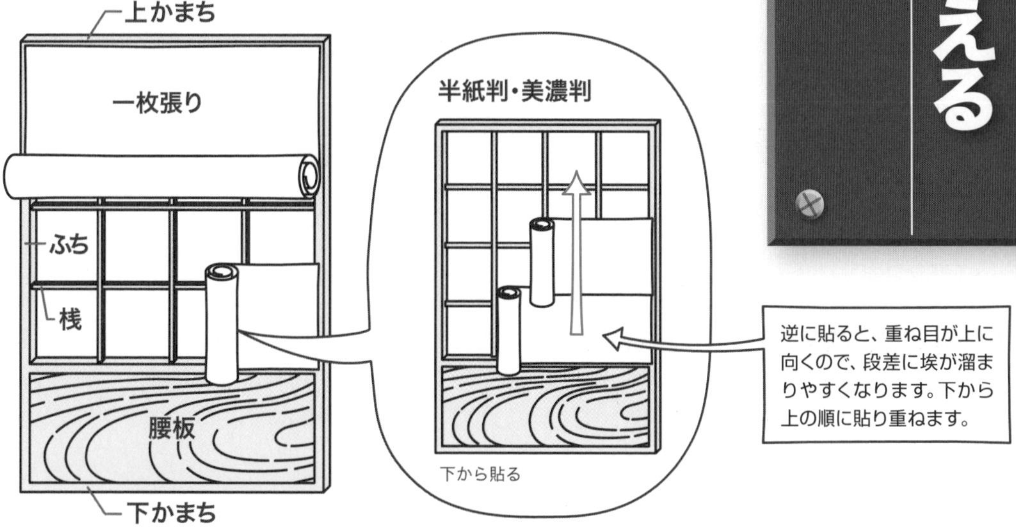
上かまち
一枚張り
ふち
桟
腰板
下かまち
半紙判・美濃判
下から貼る
逆に貼ると、重ね目が上に向くので、段差に埃が溜まりやすくなります。下から上の順に貼り重ねます。

障子紙の種類

一枚張り

最近は桟の間隔が広くなり、昔ながらのサイズ紙では貼れない障子が多くなりました。そのため、今は一度に全面を貼れて便利な一枚張りタイプが主流になっています。

半紙判・美濃判

紙幅は、桟2コマ分としてJIS規格で25センチ（半紙判）と、28センチ（美濃判）と決まっています。規格外の障子は、大きめの紙から切り出すか、一枚張りで一気に貼ります。

のり張りの下準備

1 桟を濡らす

障子の裏から濡れたタオルやスポンジ、ハケなどで障子紙越しに、垂れない程度にたっぷりと水を付けます。

2 紙を剥がす

2～3分経ったら、端の方からゆっくり剥がしていきます。のりの残りが付いていたら、竹やプラスチックのヘラなどでこすり落とします。割箸でこすってもかまいません。

きれいに落としたら、濡れ雑巾で汚れを拭き取り、さらに乾いた雑巾で水気を取ります。

3 乾かす

濡れたまま障子紙を乗せると紙に染みが付いてしまうので、陰干しで乾かします。

先のスポンジから液が出てくるので、ハケも雑巾もいりません。
注意：図は説明のため「濡らす」と「剥がす」を一緒に表していますが、実際は、桟全体を濡らしてから、剥がします。
専用の障子紙剥がし剤は、容器からそのまま塗れるので便利です。

のり張りタイプの貼り方

アイロン張りタイプは、次のページです。

1 位置決め

寝かせた障子枠の上に紙を広げ、桟と平行になるように紙の位置決めをしたら、上端の数カ所をテープで止めます。

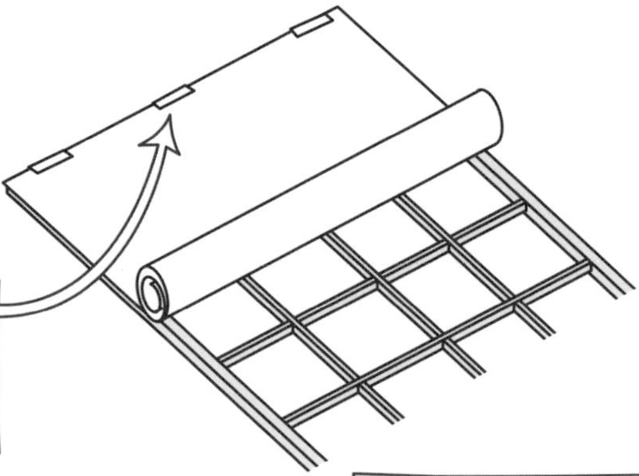
紙の中央と桟の中央を合わせて仮止めすれば、多少貼る時にズレても、左右に余裕があるので安心です。

2 のりを塗る

いったん紙を巻き戻したら、のりを塗ります。のりは溶かしてハケ塗りするタイプと、容器から直接出して塗るワンタッチタイプがあります。

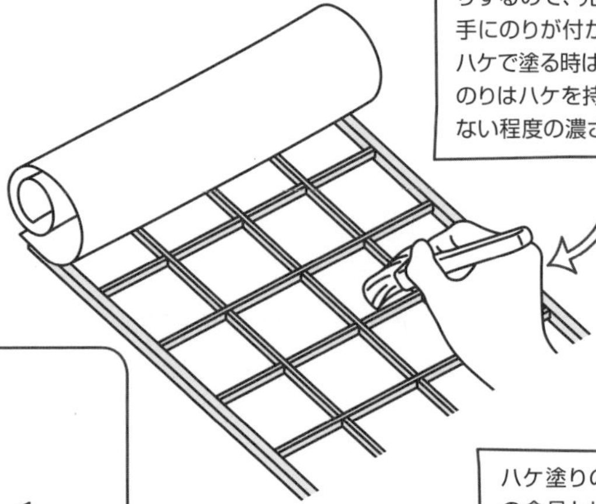
桟を塗る時は、手が枠に触れたりするので、先に桟を塗れば、手にのりが付かずにすみます。ハケで塗る時は軽く叩くように、のりはハケを持ち上げても垂れない程度の濃さに溶きます。

こんな便利な物もあります

チューブ入りのワンタッチタイプのりは、口にガイドが付いているので、チューブからそのまま桟に塗れます。塗る量が多すぎると紙を乗せた時にはみ出るので、桟の中央に、少な目に盛ります。

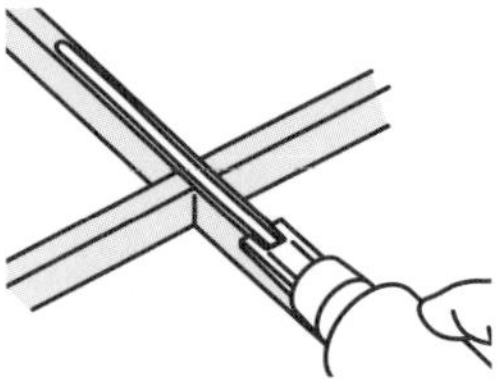

ハケ塗りの皿は、スーパーの食品トレイを使えば、そのまま捨てられるので、後片づけが楽になります。

3 紙を貼る

巻いた紙を桟の上に転がして、伸ばしながら貼ります。のりが乾いてしまっている個所があれば、濡れタオルかスポンジで紙の上から水分を与えます。少々のたるみは後で消せますが、この段階でできるだけシワやたるみを出さないよう、紙を少し引っぱり気味にしながら貼ります。のりの付きが悪い箇所は、上から乾いたスポンジかタオルで軽く押さえます。スポンジがなければ、指でそっと押さえます。

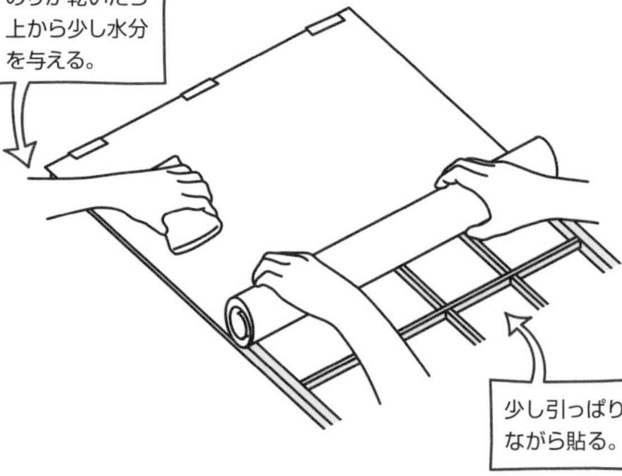
のりが乾いたら上から少し水分を与える。
少し引っぱりながら貼る。

4 仕上げ（69ページ）へ進む

アイロン張りタイプの貼り方

❶ 位置決め

寝かせた障子枠の上に紙を広げ、桟と平行になるように乗せます。紙が大き過ぎたら、枠の内側から1センチぐらい大きなサイズになるよう、おおまかに切っておきます。

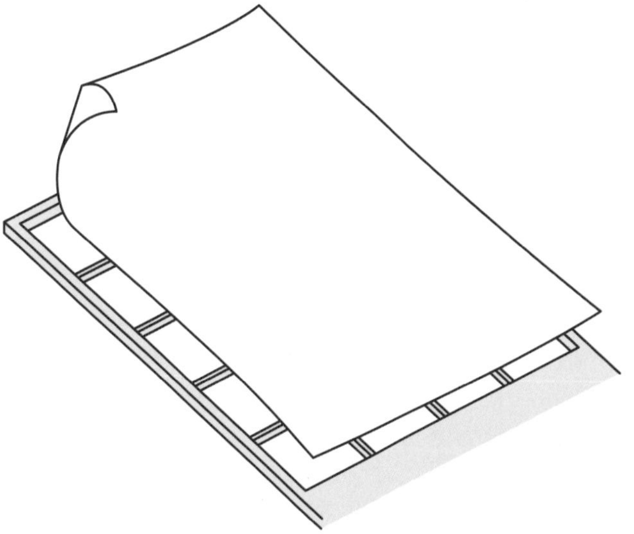

❷ 仮止め

ドライの中温にセットしたアイロンの先端を使って、紙の四隅を番号の順に点状に仮止めします。曲がりぐせが強かったり、大きな障子の場合は、四隅に加えて中央付近（❺❻❼❽）も止めます。

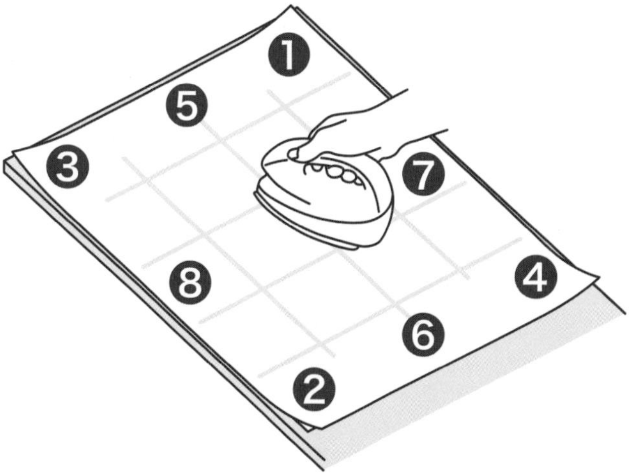
❶
❺
❸
❼
❽
❹
❻
❷

❸ 紙を貼る

アイロンは、中央から外側に向けて、順にすべての桟の上をゆっくりと当てていきます。しわが出ても、再度アイロンを当てれば剥がせるので、修正できます。

桟を貼り終えたら、続いてふちを貼ります。余分なふちは、後で切り取るので、アイロンの幅を太く当てると、はずしにくくなります。
枠に紙じゃくり（次ページ参照）があれば、その内側を、なければ5ミリ程度の太さで、アイロンの先を使って、細く当てていきます。

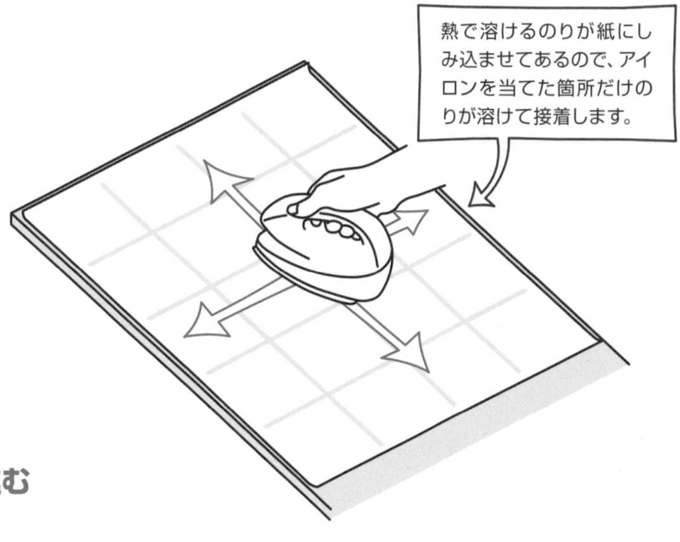
熱で溶けるのりが紙にしみ込ませてあるので、アイロンを当てた箇所だけのりが溶けて接着します。

❹ 仕上げ（69ページ）へ進む

仕上げ

紙のふちを切り揃える

定規を当てて、ふちの余分な部分を切り落とします。

カッター刃は、常に鋭い状態にし、寝かせ気味で切れば、きれいに切れます。

紙じゃくりがあれば、それに沿って切りますが、なければ枠の上に紙が5〜6ミリほど乗るように紙を残して、その外側を切り落とします。

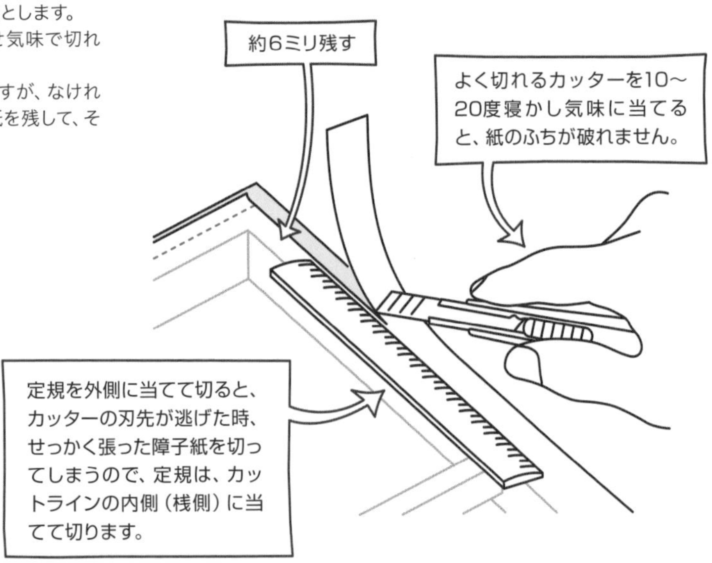
約6ミリ残す
よく切れるカッターを10〜20度寝かし気味に当てると、紙のふちが破れません。
定規を外側に当てて切ると、カッターの刃先が逃げた時、せっかく張った障子紙を切ってしまうので、定規は、カットラインの内側（桟側）に当てて切ります。

のり張りの場合

のりが完全に乾く前に、切り落として、剥がします。既にのりが乾いてしまった部分があれば、カッターを入れて切った後、絞った濡れタオルの角をよじって先を細くして当て、剥がす部分だけを濡らしてのりを溶かします。

しわ取り

しわが残ったら、のりをよく乾かしてから、全体に軽く霧吹きで湿り気を与えます（のりが溶けない程度に軽く湿らせる）。水分が乾くと、紙が縮んでしわが取れ、ピンと張るようになります。

アイロン張りの場合

アイロン張りの場合は、カッターを入れてから、捨てる部分に上からアイロンを当てると、きれいに剥がせます。

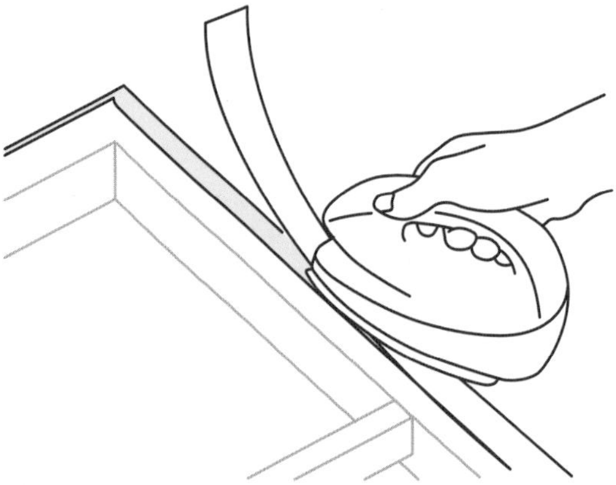

紙じゃくりとは…

紙を貼る場所につけた、一段低い段差（0.5ミリほどの段差）のことを「紙じゃくり」と言います。

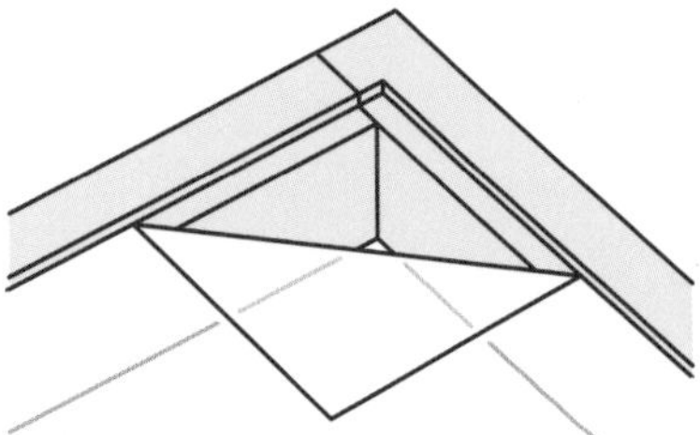

ふすまを張り替える

面倒なら今のふすまの上から重ね張りもできます

本格的なふすま紙は、水で溶き伸ばしたのりを紙にハケ塗りして貼ります。

しかし、今では切手のように裏面ののりを水で戻すのり付きタイプや、アイロンの熱とスチームでのりを溶かして貼り付けるアイロンタイプも、DIY用として数多く売られています。ここでは、手軽なDIY用ふすま紙を使った張り替えを取り上げます。

昔のふすまは木格子に紙を貼っていましたが、今では新建材のふすま（ベースが発泡スチロールやベニヤ板、段ボールなど）も多く、枠がはずせないタイプ（板ぶすま）や、枠をはずすと次にうまく固定しにくくなることもあります。

本ぶすま（枠がはずせるふすま）は、枠をはずした方がきれいに仕上がりますが、はずし方が分からない時は、無理にはずさず、そのまま張り替えた方が無難です。アイロン張りタイプは、基本的に枠をはずさないで貼るようになっています。

発泡スチロール製のふすまは、アイロンを当てると溶けますから、のり付きタイプを使い、枠をはずさず貼ります。

ふすま張りの下準備

1 引き手金具をはずす

引き手は、小さな釘で打ち付けられています。この釘をびょう抜き（先の細いラジオペンチでも可）で引き抜きます。

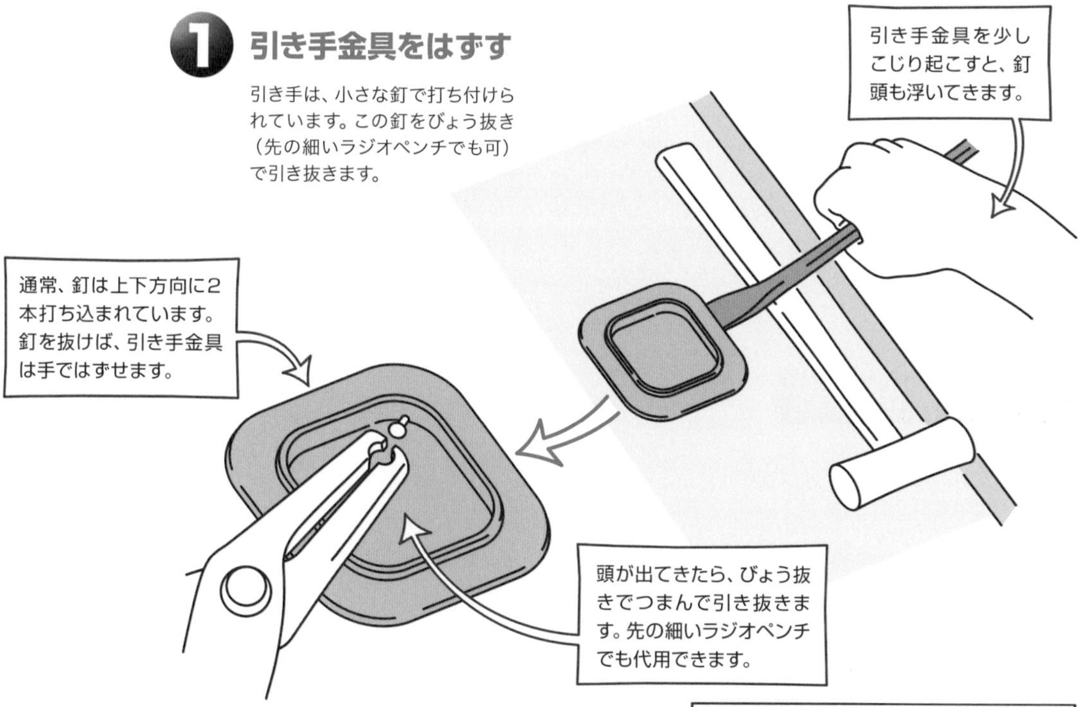

引き手金具を少しこじり起こすと、釘頭も浮いてきます。
通常、釘は上下方向に2本打ち込まれています。釘を抜けば、引き手金具は手ではずせます。
頭が出てきたら、びょう抜きでつまんで引き抜きます。先の細いラジオペンチでも代用できます。

2 古い紙を剥がす（必要時のみ）

ふすまは、古い紙の上からでも、2〜3枚は重ね張りできます。もし既に重ね張りを繰り返していたら、古い紙を剥がして、下地を出してから作業します。古いふすま紙がビニール質であったり、撥水加工された紙の場合は、のりが付かないので必ず剥がします。

剥がす必要がある下地

撥水加工のふすま紙・ビニールふすま紙
下地紙・水分が染み込まない面

上からそのまま貼れる下地

普通のふすま紙・ベニヤ板・チリ紙
水分が染み込む面

枠（本ぶすま枠）のはずし方

本ぶすま（折れ合い釘式）

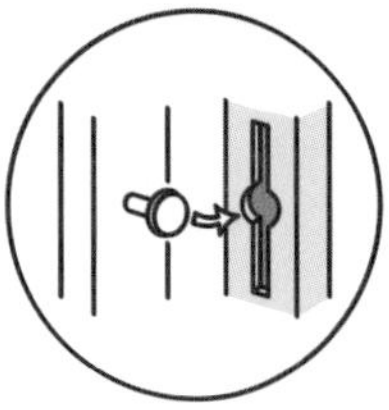

スライド式の枠には、折れ合い釘を使わなくても、大きな釘の頭や木ねじ頭をはめ込んでスライドさせるタイプもあります。

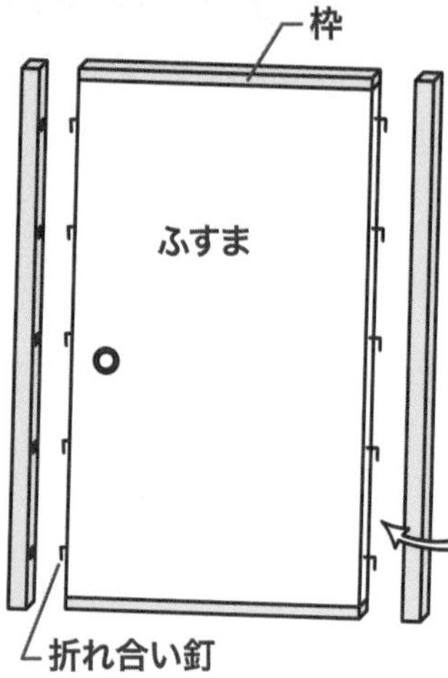
枠
ふすま
折れ合い釘

枠をスライドさせると折れ合い釘が抜けて、枠がはずれる。

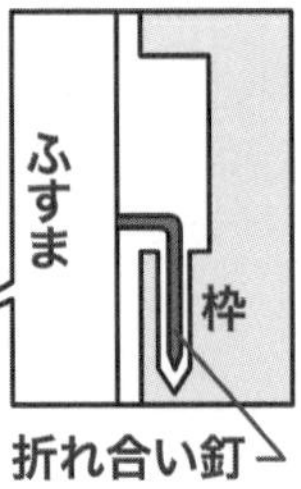
ふすま
枠
折れ合い釘

ふすま張りに便利な工具

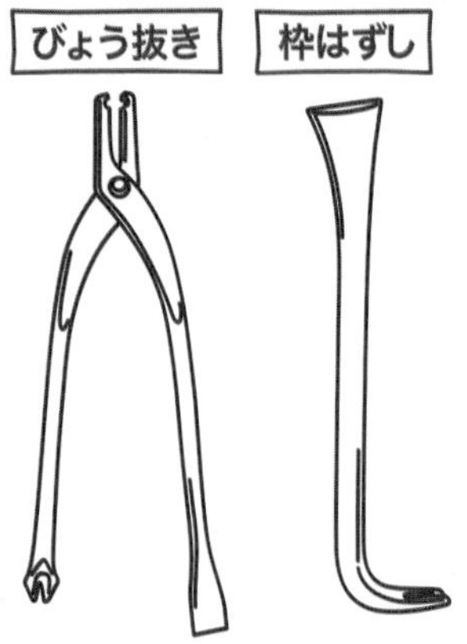
びょう抜き
枠はずし

折れ合い釘式のはずし方

枠を傷付けないよう、当て木をして叩くと、スライドさせることができます。普通は上から下向きに叩くとはずれますが、下から上に向けてスライドさせるように作られている場合もあります。

図のように、上下枠より先に左右枠をはずす時は、ホゾをはずして当て木をします。当て木を当てる面積が狭い時は、上下の枠を先にはずしてもかまいません。

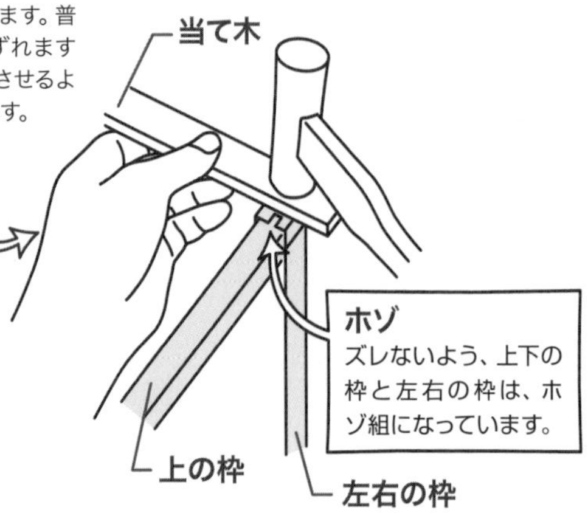
当て木
ホゾ
ズレないよう、上下の枠と左右の枠は、ホゾ組になっています。
上の枠
左右の枠

上下枠のはずし方

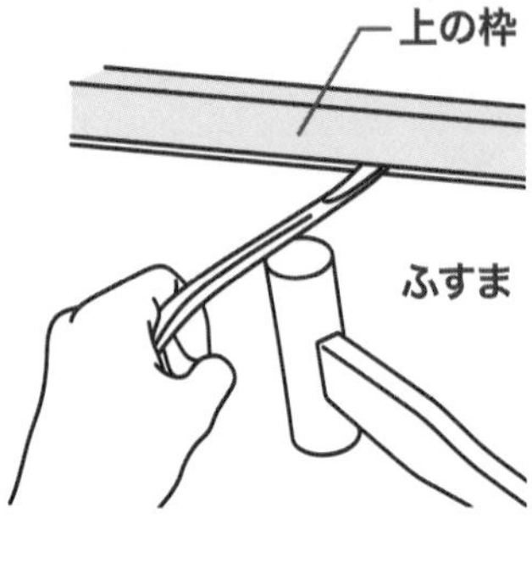
上の枠
ふすま

枠とふすまの間に、マイナスドライバーやバールを差し込んで、こじ起こします。固い時は、金槌で叩くとはずれます。

本ぶすま（釘打ち式）

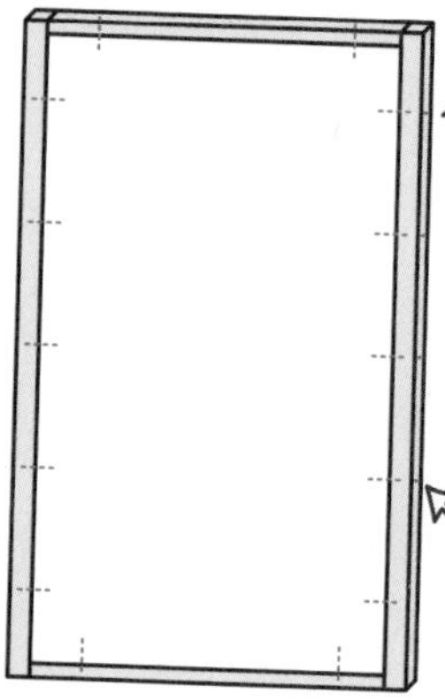

上下枠のはずし方と同じ方法で、左右枠もはずせます。

このタイプは、左右の枠にも釘頭があります。

本ぶすまの上下枠は、釘で止められているだけなので、バールやマイナスドライバーで簡単にはずせます。また枠はずしと呼ばれる専用工具（1000円ほど）も売られています。

左右枠は、釘止めになっている場合もありますが、折れ合い釘式やスクリューネジ（木ネジ）式といった、いったんスライド（多くの場合、下方向）させてはずす仕組みのものもあります。

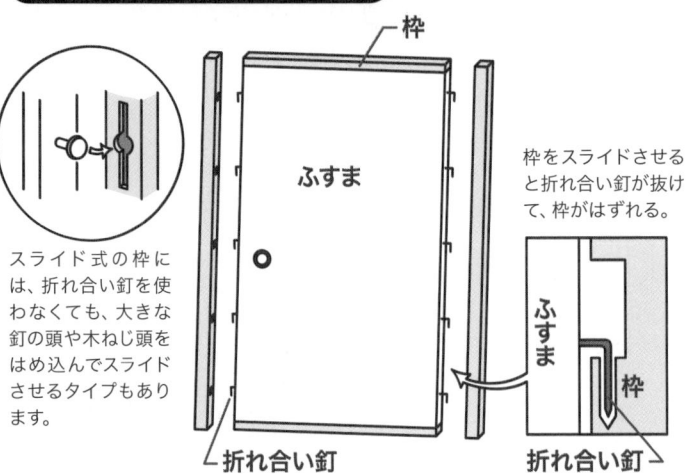

ふすまの貼り方

1 下地作り

古いふすま紙の上からでも、2～3枚は重ね張りできます。重ね張りを繰り返したふすまは、古い紙を剥がして、下地を出します。
のりで貼るふすま紙は、重ね張りすると下の模様や汚れなどが透けて見えることがあり、その時は、茶チリ紙を貼って下地を整えます。また、穴が開いたふすまは、新しい紙をそのまま貼ると、表面に凸凹ができますが、下地に茶チリ紙を貼ると、きれいに仕上がります。
古い模様や汚れ・破れが透けて見えない場合は、この工程を省いてもかまいません。

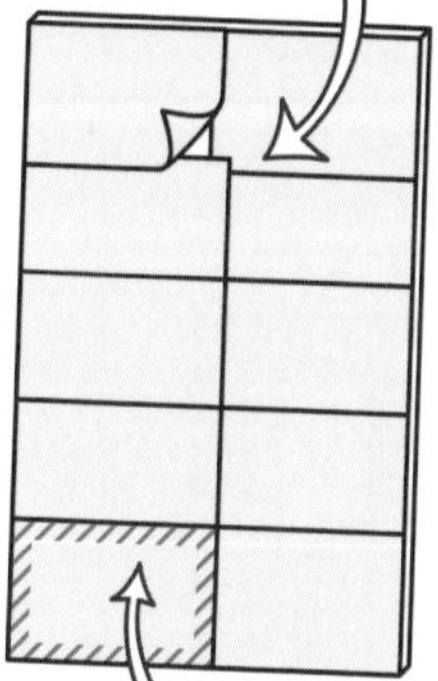
このように重ね張りして、隙間を開けないように貼ります。
チリ紙の中央部はのり付けしません。ふち（斜線部裏側）にだけのりを付けて重ね張りします。

2 ふすま紙をカット

ふすまをふすま紙に当てて、作業しやすい大きさに紙のふちを切ります。柄入りの紙で何枚ものふすまを張り替える時は、紙の柄を揃えて重ね、同時に切ります。

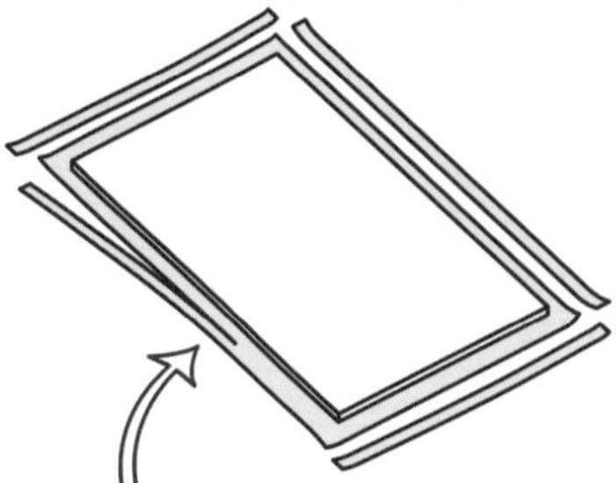
上下左右とも、1～2センチほど大き目にカットします。

3 貼り付け

のり付きタイプの場合
（枠をはずしてから貼る方法）

枠をはずす手間は必要ですが、ふすま紙のふちが、枠の中にしっかり折り込まれるので、きれいな仕上がりになります。

1. 紙を濡らしてのりを溶かす

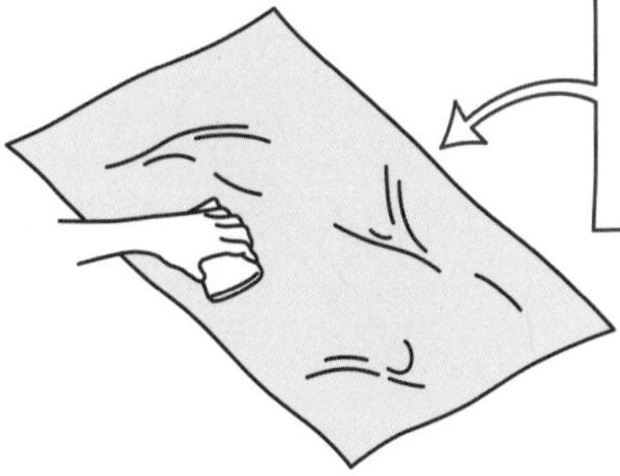
ふすま紙の裏面に、スポンジでたっぷりと水を塗ります。濡れると伸びてシワが出ますが、これは乾くと消えます。

2. ふすまを裏向きにして乗せる

2人がかりでふすま紙に乗せます。まず1人目が、一辺の位置を決めて下ろし、続いてズレないように、2人目がふすまを乗せます。

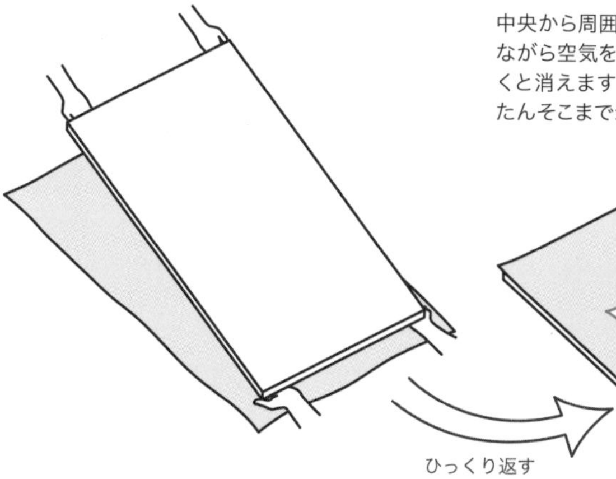
ひっくり返す

3. きれいに貼り付ける

中央から周囲に向かって、押さえバケでなでながら空気を追い出します。多少のシワは乾くと消えますが、大きなシワが出たら、いったんそこまで剥がして貼り直します。

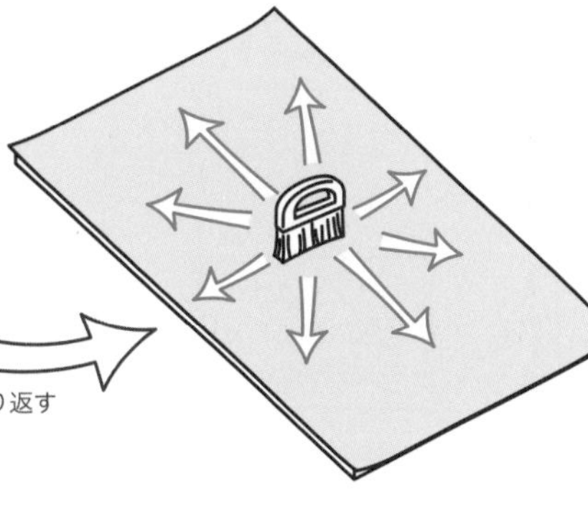

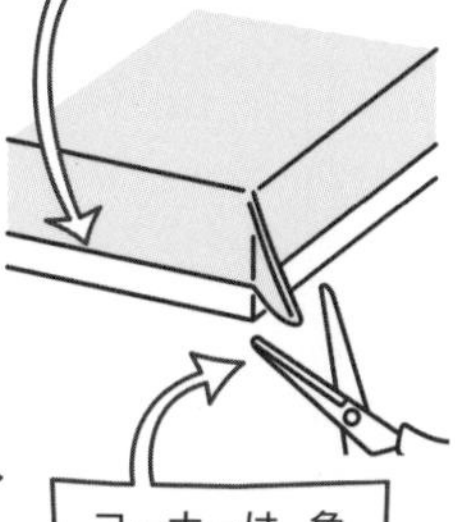
ふちも、ふすまの側面に折って貼り付けます。ふすまの下に余った紙がはみ出るようなら、厚みの半分か、それよりやや長めにカッターで切り揃えます。
コーナーは、角をつまみ出して切り取ります。

アイロン張りタイプの場合
（枠をはずさずに貼る方法）

アイロン張りタイプの紙でも、枠をはずしての張り替えができます。のり貼りの工程をアイロンに置き換えて作業をします。

1. マスキングテープで枠を保護する

ふすま用マスキングテープが売られています。これは、のりが枠に付かないようにする他に、アイロンのスチーム熱が枠の塗装に影響を与えにくくする役割もあります。

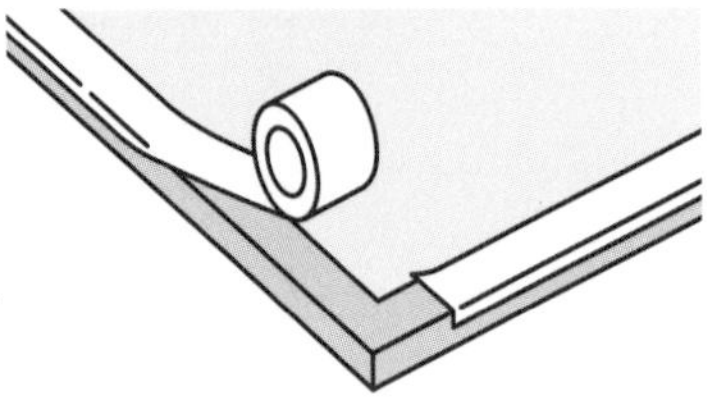

2. アイロンを当てる

アイロンは、高温のスチームにセットし、中央から左右にゆっくりと動かしながら、下から順に上へと当てていきます。
のりが溶けきらないうちにアイロンが通過してしまわないよう、ゆっくりと当てるのがコツです。
ふちは、枠に沿ってアイロンの先端を丹念に当てて、しっかりと止めます。

3. いらない部分をカットする

竹ベラで、枠との境をしっかりと押し込み、スジを付けます。

スジに沿ってカッティング定規（なければ、できるだけ薄い定規）を当てて、いらない部分をカッターで切ります。マスキングテープも、この時一緒に剥がします。

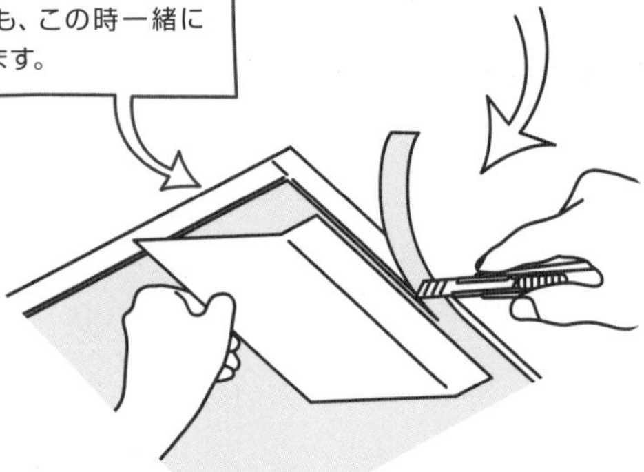

カッター刃の当て方

板ぶすまの場合

約45度の角度で刃先を枠に刺すようにして、紙を切ります。

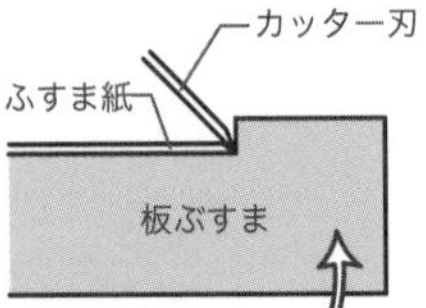

板ぶすまは、ふすま本体と枠が一体になっています。

本ぶすまの場合

ふすまと枠の間に刃先を入れて、紙を間に押し込むようにして切ります。

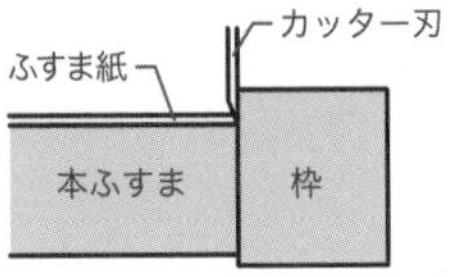

❹ 引き手金具付け

ふすま紙の上から、手探りで引き手の穴を探し、カッターで切れ目を入れたら、引き手金具をはめ込みます。

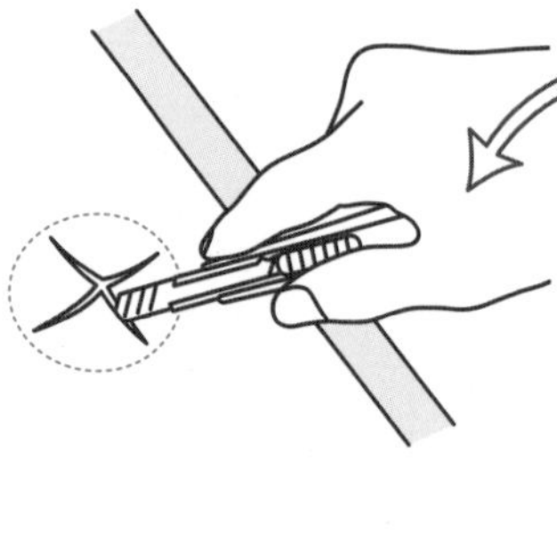

引き手金具を釘で止めます。引き手金具が邪魔をして、最後まで打ち込めない時は、釘締めやドライバー、大きな釘の先などを使って、打ち込みます。

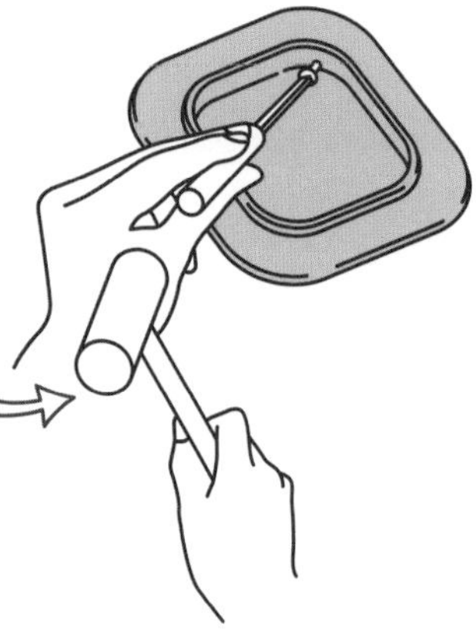

枠をはずして張り替えた場合は、はずした時の逆の手順で、枠も取り付けたら完了です。

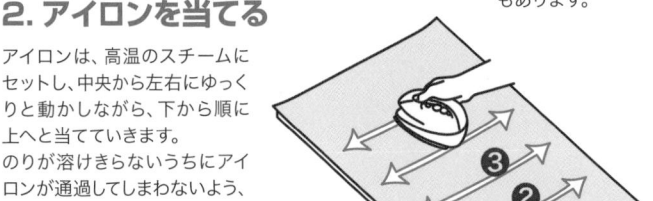

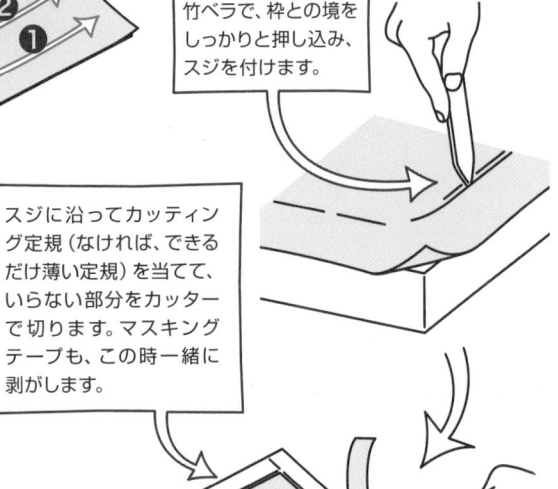

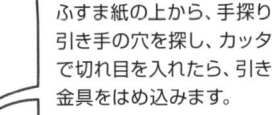

網戸を直す

小さな穴一つでもふさがないと役に立ちません

網戸は、長い時間日光に当たったり外気にさらされていると必ず劣化するし、古くなくても何かを引っかけただけで、穴ができます。

網糸がズレただけの穴は、爪楊枝で網糸の間隔を元に戻せば直りますが、網糸が切れてできた穴は、張り替えなければ元には戻りません。

すぐに張り替えられない時は、小さな穴なら応急処置として、切れた網糸にビニール用接着剤（なければマニキュアも利用可）を盛ったり、両面からビニールテープを貼る手があります。ビニールテープの代わりとなる専用シール（網目が印刷されています）も売られています。

しかし、応急処置は見た目が良くないので、いずれ張り替えの必要に迫られることになります。次ページからの全面張り替え方法を参照して、早いうちに網を張り替えましょう。

穴の応急処置

小さな穴の応急処置

小さな穴は、2枚のビニールテープで穴をはさんで、貼り合わせます。補修跡が目立つのが欠点です。

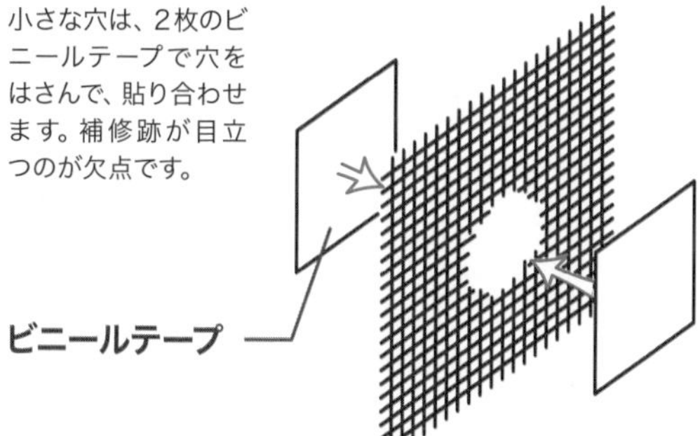

網目が印刷された、網戸専用の修復テープ（シート）も、市販されています。これを使うと、ビニールテープのように補修跡が目立たずにすみます。

大さな穴の応急処置

網の交換をした時に切れ端を残しておけば、手近にテープがなくても、すぐに応急処置ができます。屋外側に網糸が飛び出るので、あくまで急場しのぎの方法ですが、網の切れ端とハサミさえあれば、あとは何もなくても、すぐにできます。

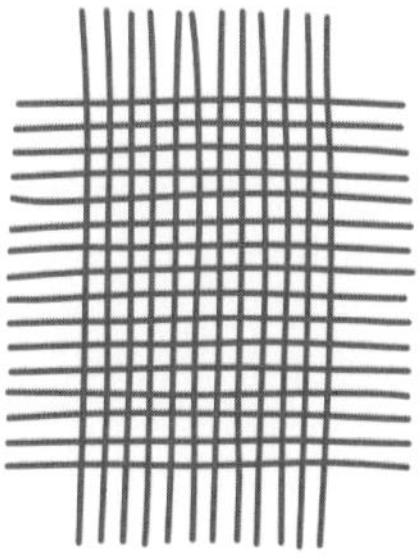

網を穴より大きめのピースに切り出し、端の網糸を5～6本抜きます。

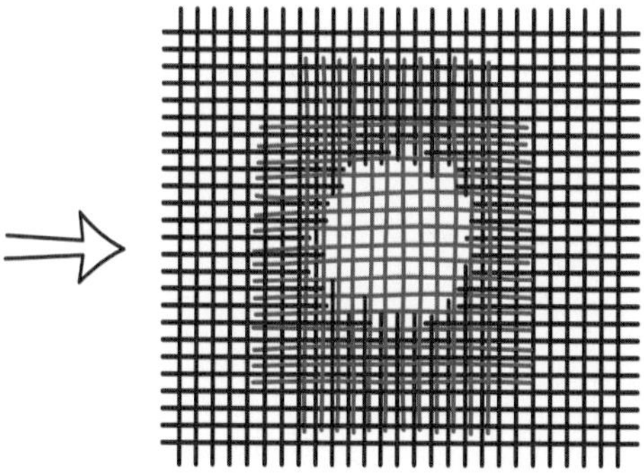

室内側からピースを穴にかぶせ、周囲の長く出た網糸を網戸の網目に差し込んで止めます。ピンセットを使えば整然とはめられますが、指先で大雑把に差しておくだけでも、上下さえはまっていれば案外落ちません。

全面を張り替える

1 網戸をはずす

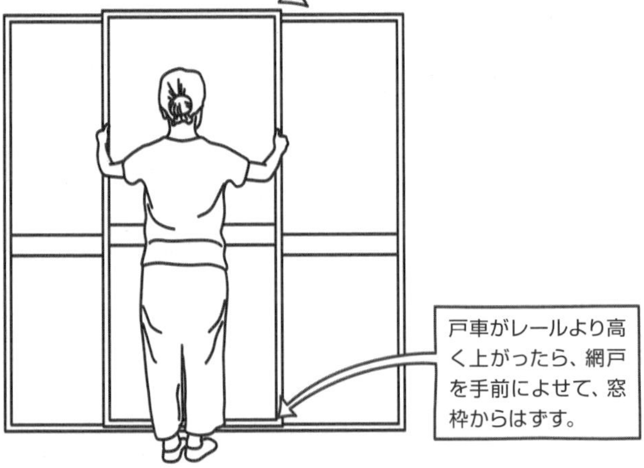
戸車がレールより高く上がったら、網戸を手前によせて、窓枠からはずす。

網戸全体を上に持ち上げると、下の戸車がレールから浮いて、サッシの枠からはずせるようになります。戸車が充分に浮かない時は、網戸の上部にあるはずれ止めを下に下げると、網戸をより高く上げられるようになります。

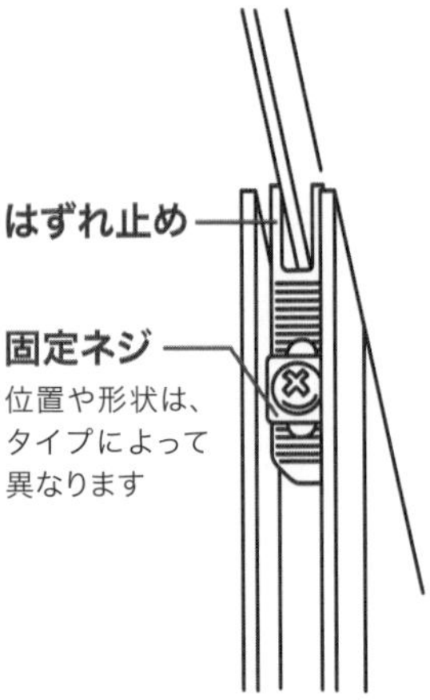
はずれ止め
固定ネジ
位置や形状は、タイプによって異なります

普通、固定ネジは上部の左右両端にあります。これを緩めてはずれ止めを下げると、網戸全体をより高く持ち上げられるようになるので、戸車が浮くようになります。

2 古い網をはずす

網は押さえゴムで網戸枠に固定されています。押さえゴムは、枠の屋外側にある溝の中にはまっているだけなので、手で簡単にはずせます。

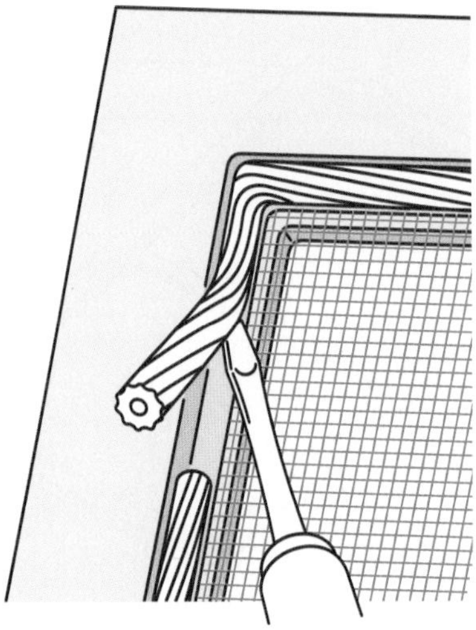

押さえゴムの端をドライバーなどで溝から出して手で引っ張れば、ゴムがはずれてきます。ゴムが取れれば、網も自然にはずれます。

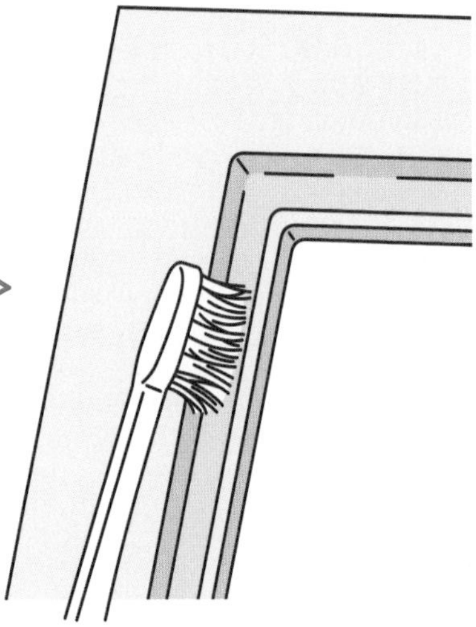

溝の中は、砂ぼこりなどが溜まっているので、古い歯ブラシなどできれいに掃除します。

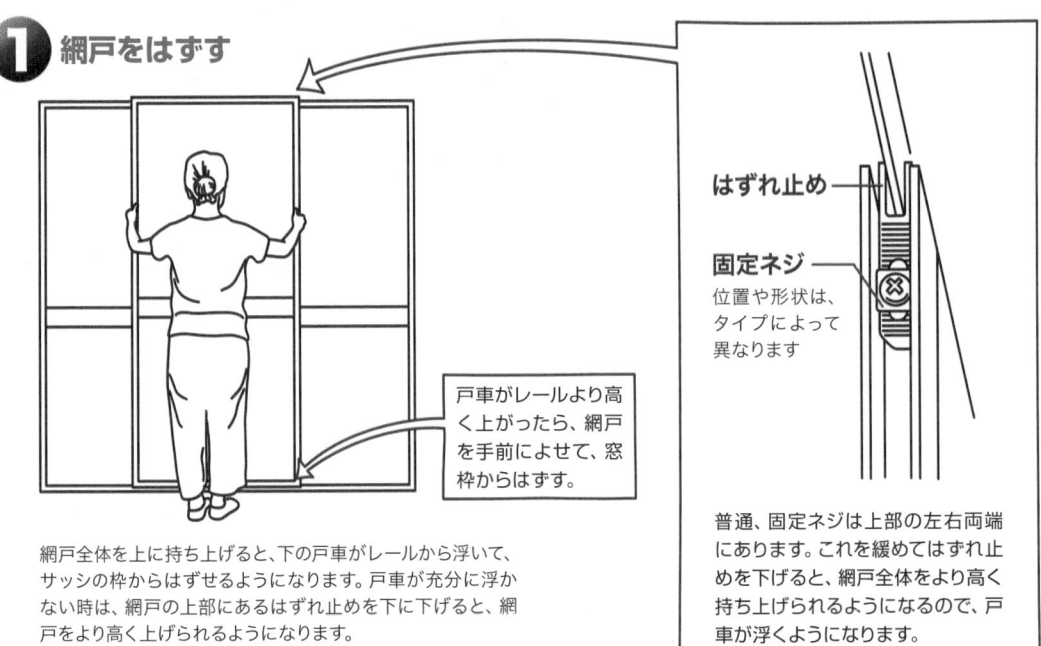

❸ 網を仮止めする

網と枠が平行になるように、また左右は、両側にはみ出す網の長さが同じになるよう中央に置いて仮止めします。

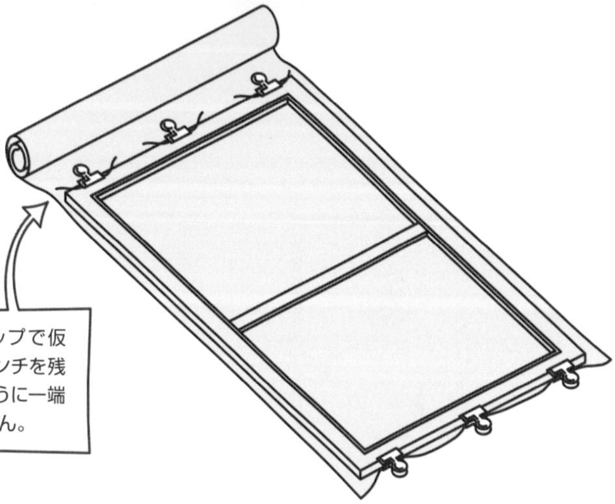

上と下を数カ所ずつ、大きなクリップで仮止めします。余った網は、5～10センチを残して切ってもかまわないし、図のように一端に巻いて残しておいてもかまいません。

これらも忘れず買っておきましょう

メガローラー

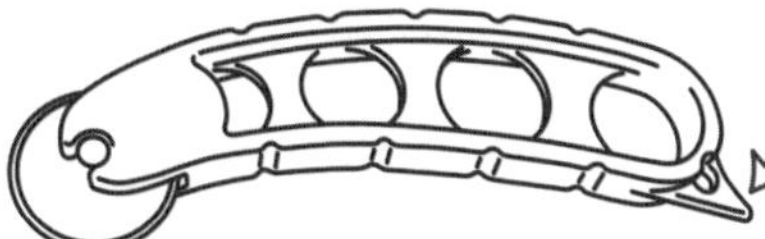

ここで溝の曲がり角にゴムを押し込みます

直線部は、このローラーで押し込みます

押さえゴムを枠の溝に押し込むための網戸張り専用ローラーです。

押さえゴム

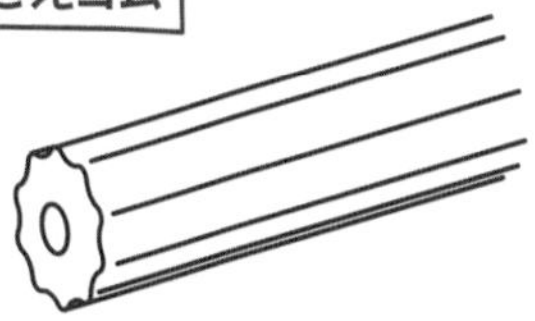

断面が星型をしたゴム。ビートとも呼びます。いろいろなサイズ（太さ）があるので、古い押さえゴムを持って行き、同じ太さの物を買ってくるようにします。

❹ 押さえゴムで固定する

まず①（長い辺）の押さえゴムをはめます。続いて②の辺を張ります。このとき、できるだけシワが出ないように、網を少し引っ張りながら張ります。長い辺を張り終わったら、今度は短辺（③④）を長辺と同様に、シワが出ないように張っていきます。慣れないうちは、網が斜めに曲がったりして、やり直しが必要なこともありますが、何度もはめたりはずしたりしていると網が傷みます。DIY ですから、多少曲がったり網目が歪んだぐらいは、気にせず進めましょう。全体をピンと張りさえすれば、網目の斜めや歪みは、まったく目立たなくなります。

押さえゴムは、図のように2本に切って使います。

右利きの人は、右回りの方向になるように張ります（左利きの人は、この図とは逆の方向に張っていきます）

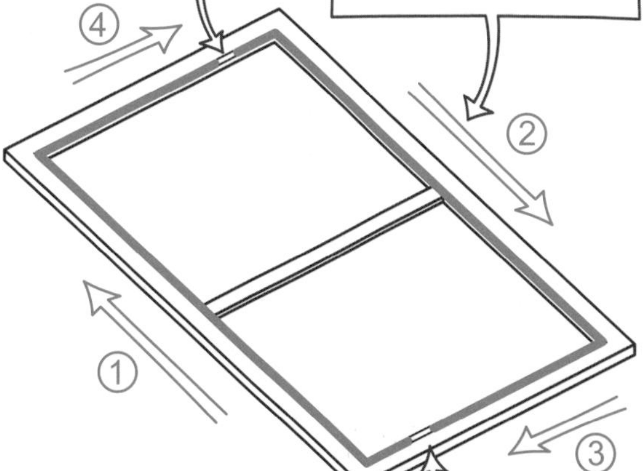

角から3～4センチ回り込ませる

ゴムは経年劣化で縮みます。その時継ぎ目が角にあると、角の両辺が共に縮んだ場合、網が浮いてきてしまいます。それを避けるために、継ぎ目は必ず角から数センチ回り込ませます。

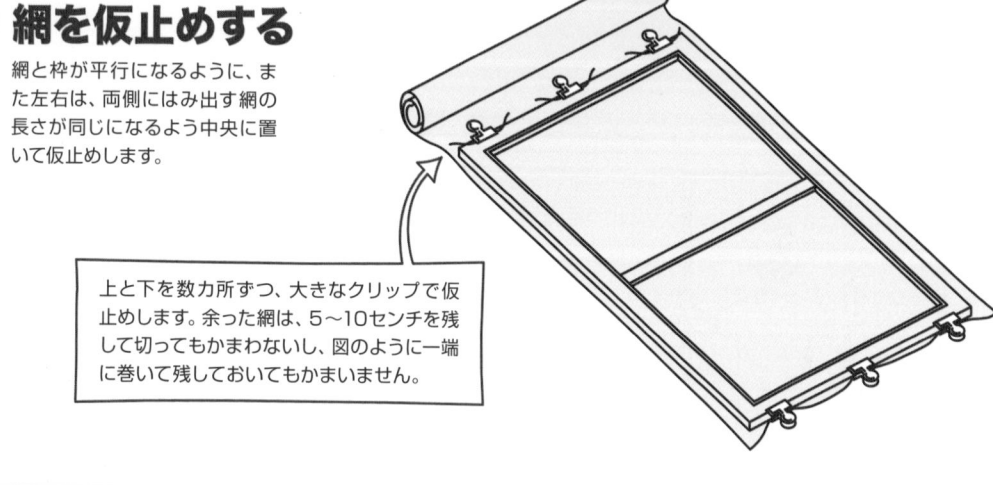

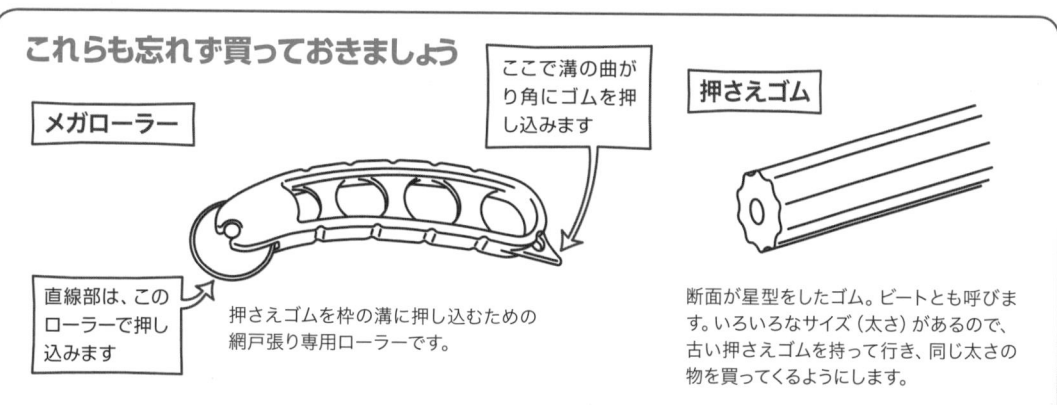

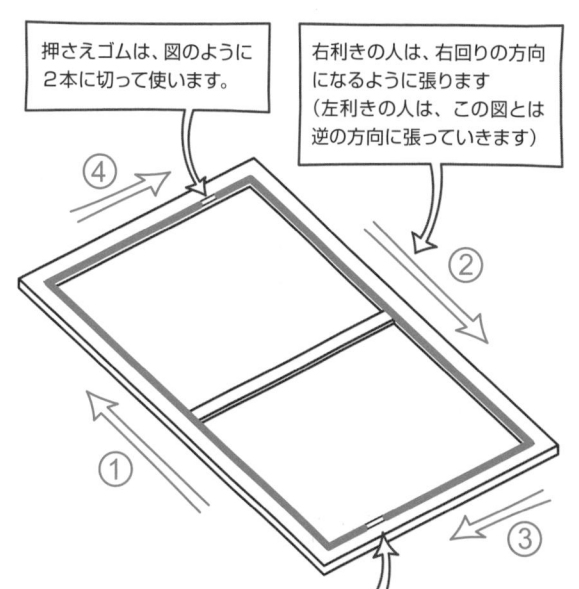

メガローラーの使い方

直線部分はローラーを使う

溝の上に押さえゴムを置き、その上から力を入れながらローラーを転がすと、ゴムが連続して押し込まれます。ローラーのツバの向きは、図を参考にしてください。

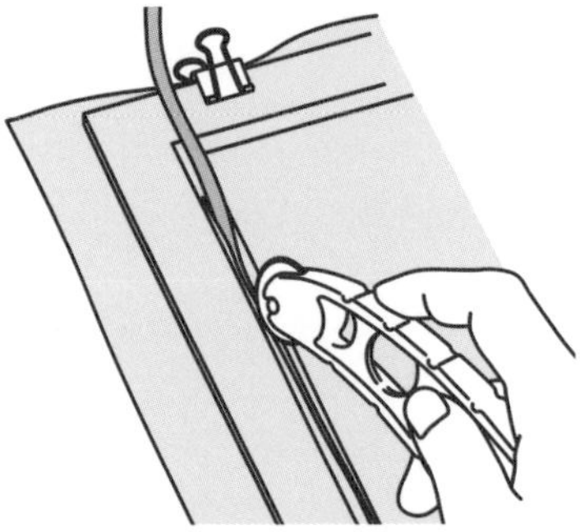

角は突起を使って押し込む

直前までローラーで押し込んできたら、お尻の突起の先で、少しずつ角を押しこんでいく。

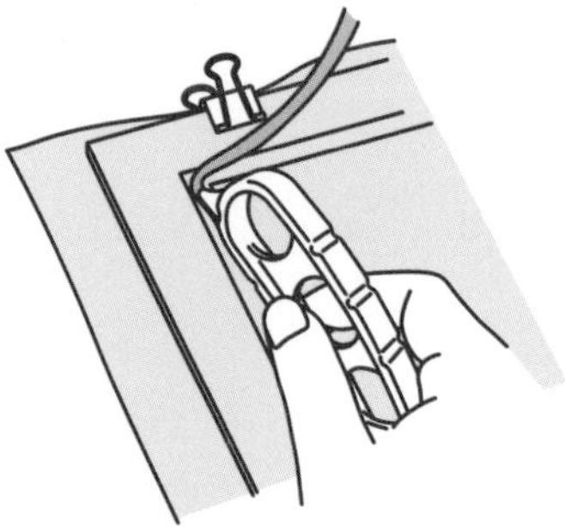

ローラーのツバを使い分ける

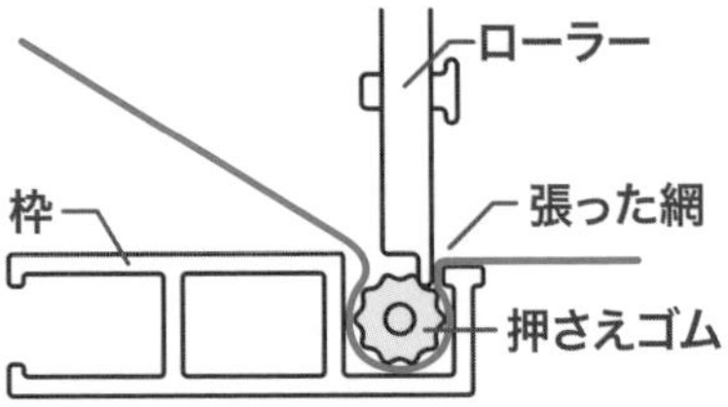
ローラー
張った網
枠
押さえゴム

張った網の側（図では右側）に、より強い張引力がかかるので、強いテンションで網を張れます。ピンとした張りの強い網になる代わりに、網糸が細いと、張りの方が強くて網が裂けることもあります。

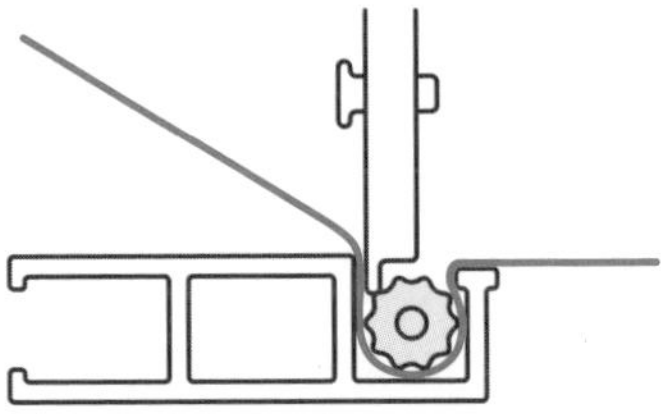

張った網には、さほど強い力はかかりません。細い網糸のときは、ツバはこの向きで使います。

5 余った網をカットする

押さえゴムと枠の間にカッター刃を差し込んで、余分な網を切ります。あとは元通りに窓枠にはめれば完了です。はずれ止めを動かした場合は、それも元の位置に戻しておきます。

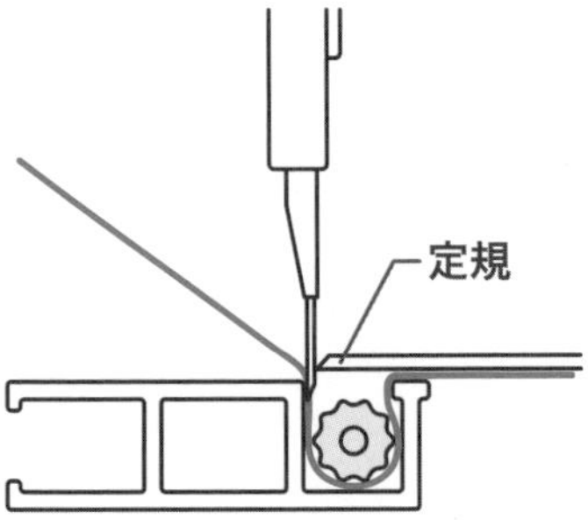
定規

カッターは刃の方へ傾けるとよく切れます。勢い余って刃先が溝から飛び出すこともあるので、張った網の上に定規を当てて切れば、刃先が網を傷付ける恐れはなくなります。

左の方法は正攻法ですが、刃の滑りが悪く、刃先も刃こぼれしやすいので、力加減のコツをつかまないと、なかなかうまく切れません。切り損ねた網糸が、方々でヒゲのように残ることもあります。しかし DIY は、プロではないので正攻法に縛られる必要はありません。長く伸ばしたカッター刃のしなりを利用して、下図のように刃を当ててカッターを走らせれば、網は一気に切り落とせます。仕上がりは、網の切り口が溝の中に見えるようになりますが、見苦しいヒゲが残ることはありません。

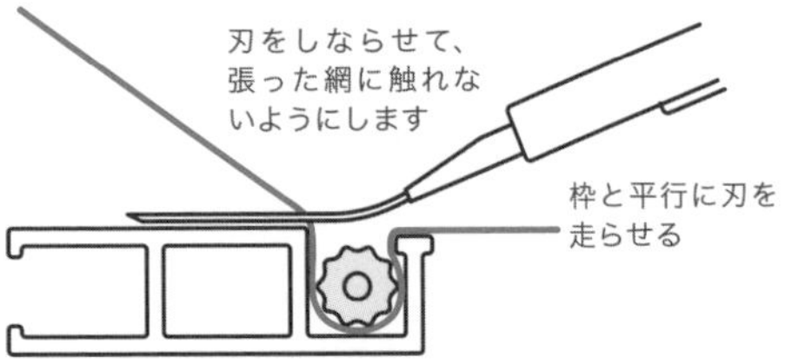
刃をしならせて、
張った網に触れないようにします
枠と平行に刃を走らせる

注意：この方法は銀色のサッシだけで使うこと！

サッシのような押し出し形成素材は、表面に細かなヘアライン傷が無数にあります。カッター刃は、このヘアライン傷と同じ方向に走るので、銀色のアルミ地素材サッシでしたら、多少傷がついても気になりません。しかし、茶色のブロンズ仕上げになっているサッシや、塗料などでコーティングされている場合は、コーティングに傷が付くので、絶対にやめてください。

あきらめていませんか?

網戸が使えない家

サイズの合う網戸がない窓

既成の網戸には、さまざまなサイズが用意されていますが、そのサイズ構成には、少なからず空白域が存在します。そんなサイズの合わない窓に、網戸を付けようとすると、オーダーメイドのアルミ網戸を注文することになりますが、価格は、既製品の2倍も3倍もします。

ところが、ノコギリさえまっすぐに引ければ、誰でもアルミのきれいな網戸を既製品とさほど変わらない値段で作れるのです。

切ってはめるだけの簡単網戸キット

アルミ網戸の枠を自作するためのキット(組み立て網戸)がホームセンターで売られています。

窓サイズに合わせてアルミの棒をノコギリで切れば、あとはコーナー部のパーツをはめ込むだけの単純工作ですから、ノコギリさえ使えれば誰でも作れます。アルミは金属の中でも柔らかい部類に入るので、金切りノコギリを使えば、木を切る感覚で簡単に切れます。そのためのノコギリもキットには同梱されています。

価格も、既製品とほとんど変わらないので、これまでサイズが合わずあきらめていた窓にも、手軽に網戸をはめることができます。

組立アミド

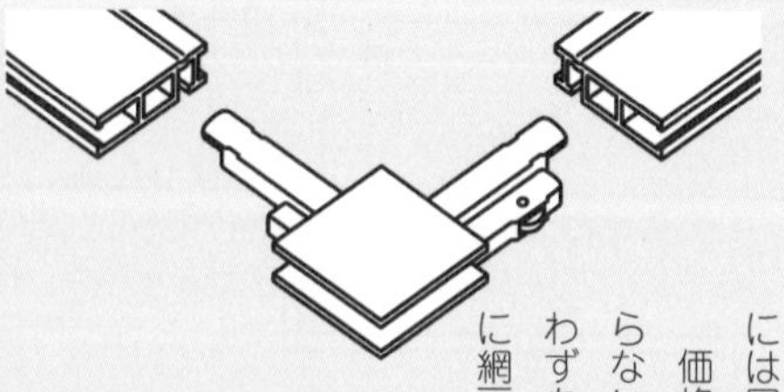

コーナーパーツには戸車が組み込まれており、切り出した枠も、直角にしか付きませんから、切り出しの寸法さえ間違わなければ、どんな作り方をしても、必ずちゃんとした四角の網戸枠ができます。

網戸を付けられる構造になっていない窓

アルミサッシの網戸は、ガラス戸と網戸レールの間が7ミリ以上開いていなければ付けられません。ところが公団住宅などで使われている建具には、3ミリ程度しかないケースがあります。

その時は、網戸をレールの外側に付けるための戸車金具(持出し金具と呼びます)が役に立ちます。

わずか数百円の小さな金具が、構造上、網戸をあきらめるしかなかった窓に、救いの光を射してくれます。

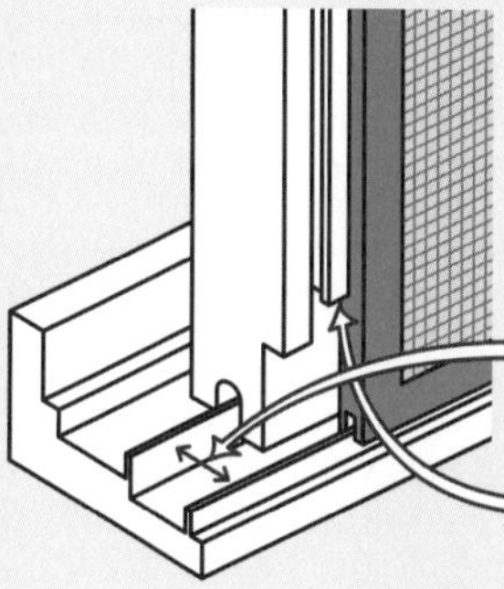
ここが7ミリ以上あっても…。
ガラス戸が網戸に干渉する場合もあります。

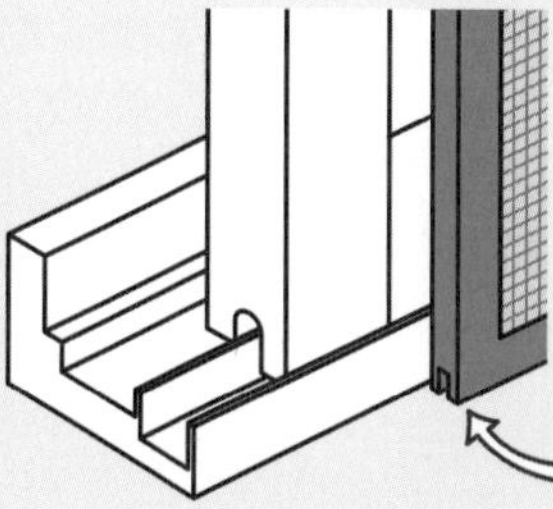
このように網戸がレールの外側に持ち出されます。

7ミリ以上の間隔があっても、ガラス戸の一部がレール上にせり出している窓は、一般の網戸の取付けには不向きな窓です。無理に網戸をはめると、窓が開放できなくなりますが、持出し金具を使えば、普通に開閉できるようになります。

網戸上部のはずれ止め

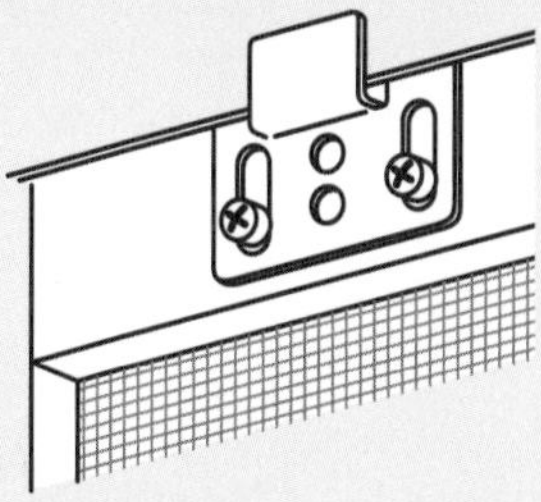

網戸下部の戸車

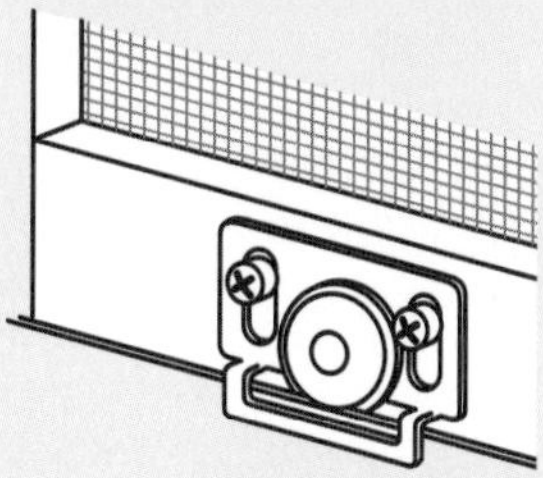

網戸を屋外側へ持ち出すところから名付けられた持出し金具。このようにレールを外側から支えます。タッピングビス(ドリルネジ)で網戸枠に取り付けるので、ドライバー1本あれば付けられます。

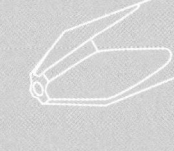

Part 3

使い慣れた「身のまわり」を補修する

- ●割れたプラスチックを補修する
- ●折れたプラスチックを補修する
- ●キャスター付き家具に作り変える
- ●愛着のある傘を修理する
- ●腕時計の電池を交換する

身のまわりのモノの簡単な修理は、
市販されている修理グッズを使うのがベスト。
使い慣れた品々をちょっと壊れたからといって捨てないで、
修理していつまでも使うようにしましょう。

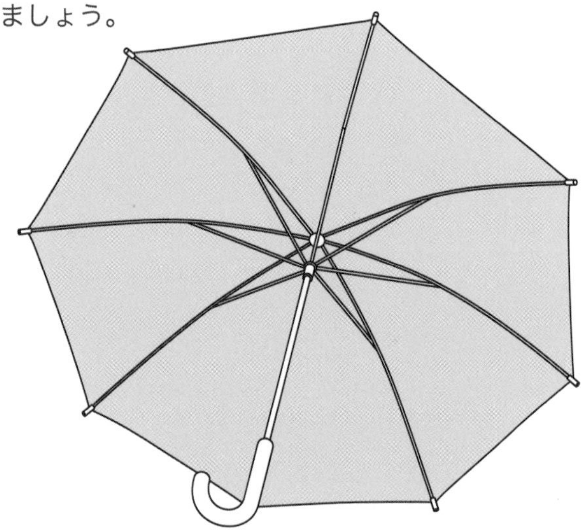

割れたプラスチックを補修する

割れたプラスチック用の補修テープがある

ゴミ箱や衣装ケースなどに使われるプラスチックの薄板は、割れると接着剤ではうまく補修できません。接着面が細く狭いため、接着剤の効果が充分に発揮できないのです。そのために、プラスチック専用の補修テープが売られています。プラスチックと相性のいい粘着剤が使われているので、強力に接着できます。

プラスチック補修テープ

プラスチックの
ヒビ割れをなおす
強力プラスチック補修テープ

300〜400円ほどで購入できます。

このようなヒビ割れの修理に、補修テープを使います。割れ目に沿ってテープを貼るだけなので簡単です。

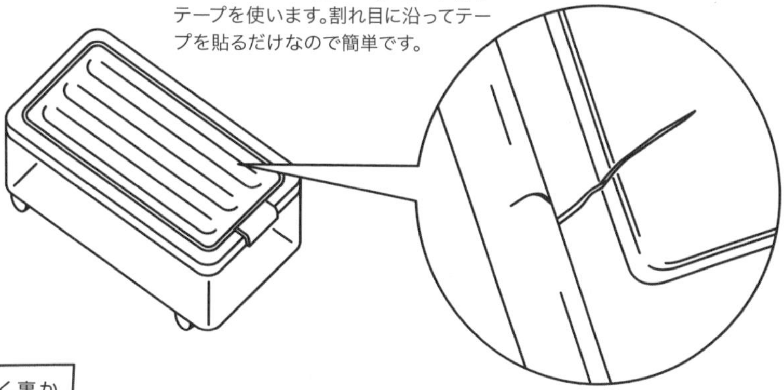

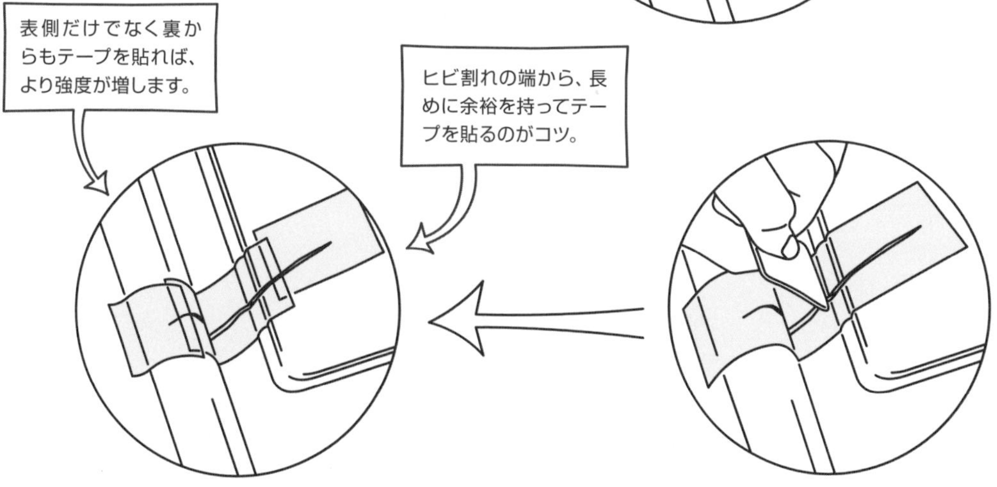
表側だけでなく裏からもテープを貼れば、より強度が増します。
ヒビ割れの端から、長めに余裕を持ってテープを貼るのがコツ。

凹凸面では、テープを長く切り出して一度に貼ると、隙間ができやすいので、密着させやすい箇所ごとに短く分けて貼れば失敗しません。ヒビ割れ線が曲がっている場合も、テープの中央にヒビがくるよう、短く分割して貼ります。

テープと貼付け面との間に空気が入ったり隙間ができたりしないよう、ピッタリと貼るのがコツです。凹凸がある面では、テープと貼付け面との間に隙間ができないよう、ヘラで押さえ込みながら貼ります。

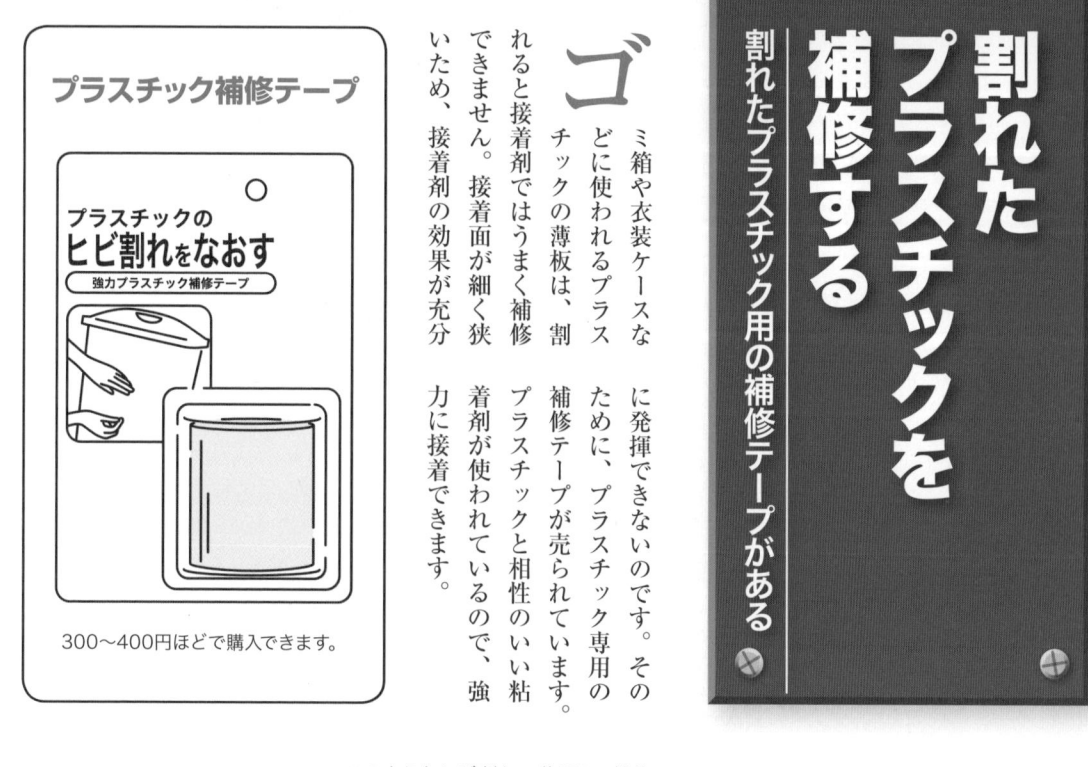

折れたプラスチックを補修する

テープが使えない場所を修復する方法

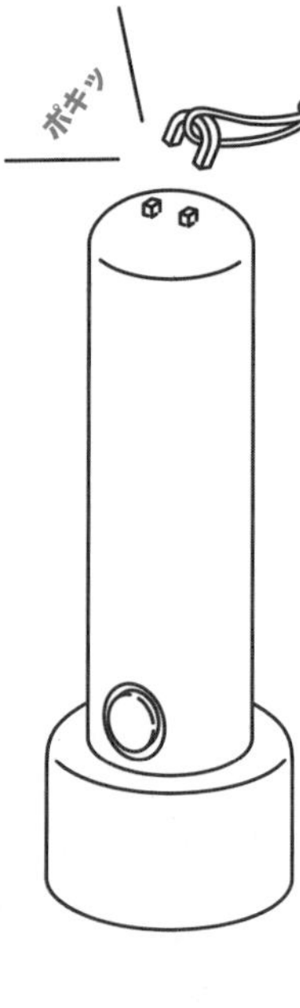

左の絵のように、小さなプラスチック部品が折れたり割れたりした場合、補修テープでは修復できません。接着剤も、接する面積が狭いので、強い力がかかる場所では強度が不足します。

このような場合は、プラスチック同士を溶かしてくっつける、溶着という技法を使って修理をします。

接着による補修

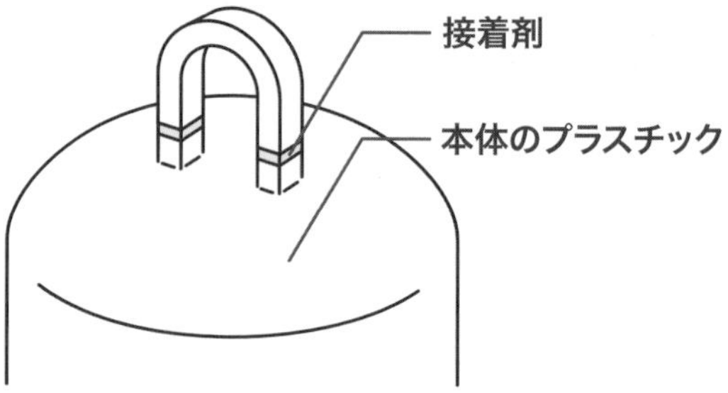

接着剤は、プラスチックと材料が異なるので、どうしても材質的に境界ができます。
そのため接着力よりも強い力が加わると、簡単にはずれてしまいます。

溶着による補修

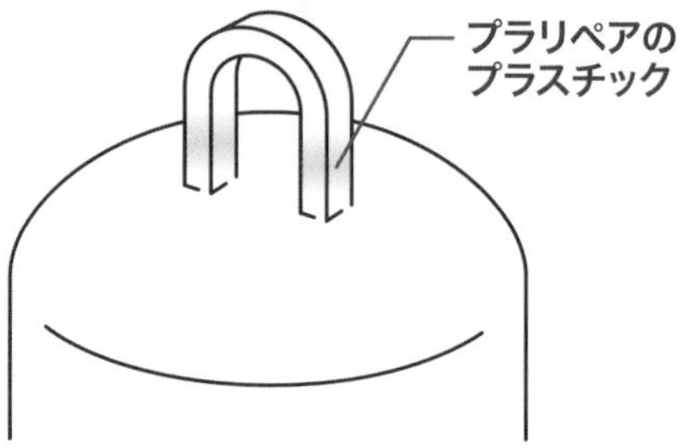

プラリペアのプラスチックパウダーと、本体のプラスチックが溶剤で溶けて混じり合うので、明確な境界がなくなり、本体と一体化します。破断するだけの強い力がかからない限りプラスチックは壊れないので、強い耐性ができます。

熱も機械も使わず、家庭でも簡単にできる溶着技法として、溶剤溶着があります。

原理は、プラスチックを溶剤で溶かしてくっつけるだけ。それが固まると、材質的にはつなぎ目がなくなるので全体が一体化し、接着よりはるかに強くつきます。

家庭向けの小規模修理を用途として、必要な材料を全てセットにしたキット（商品名：プラリペア）が、一部の大手ホームセンターや自動車用品のチェーン店、あるいは模型店などで売られています。近所で手に入らなければ、インターネット上の通販ショップからも入手できます。

キットの内容は、プラスチックのパウダーと溶剤、スポイト状の溶剤用容器で構成されており、買ったその日から作業ができます。

プラリペアは元々、歯科で歯の欠けを埋める素材として開発されたものです。

溶着の効果を充分に引き出すため、下準備として、接合部がＶ字型に接するように、本体のプラスチックをヤスリやカッターで前もって削っておきます。

　こうすることで、溶着部分の面積が広がり、また接合剤となるプラスチックパウダーをたっぷり流し込めますから、融合するプラスチックの分量が多くなります。

　これは、鉄板の溶接でも使われる技法で、強固な接合効果が得られます。

1 材料をV字型に削っておく

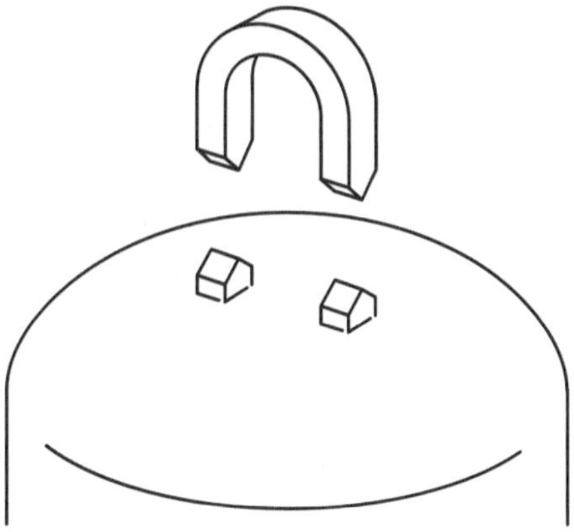

なぜV字型に削る必要があるの?

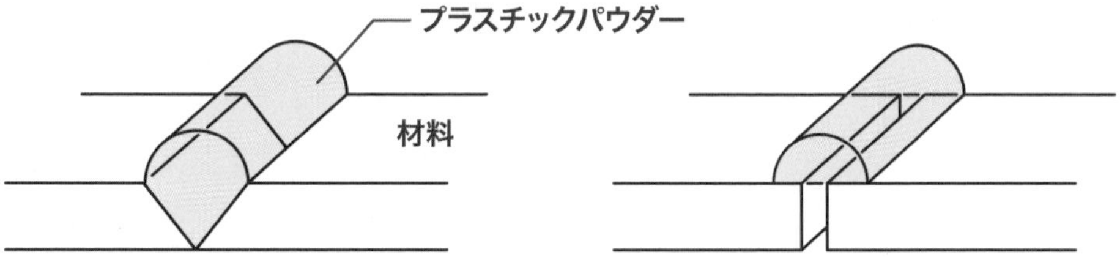

V字型の溝にして流し込めば、材料の厚み全体にわたって溶着できる上に、溶着する面積も増え、強度を出す接合剤も厚く盛れます。

折れた材料をそのまま突き合わせただけでは、接合剤が破断面に充分流れ込まず、表面しか溶着できません。接合剤も薄くしか盛れません。

2 接合剤を作る

カップに入れたパウダーに、溶剤を数滴、滴下します。溶剤に触れたパウダーは、溶けて液状のプラスチックになりますが、粘性があるので流れず、パウダーの上で丸く玉状にまとまります。

3 接合剤の玉を材料まで運ぶ

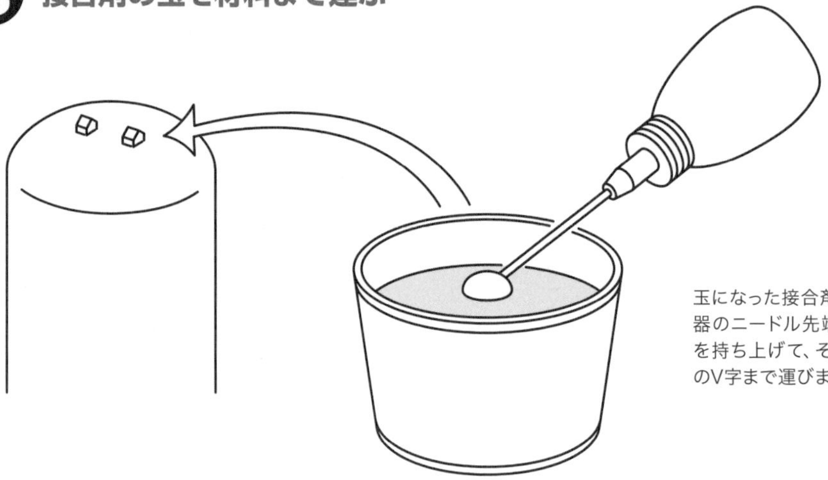

玉になった接合剤に、溶剤容器のニードル先端を挿し、玉を持ち上げて、そのまま材料のV字まで運びます。

4 接合剤を充填する

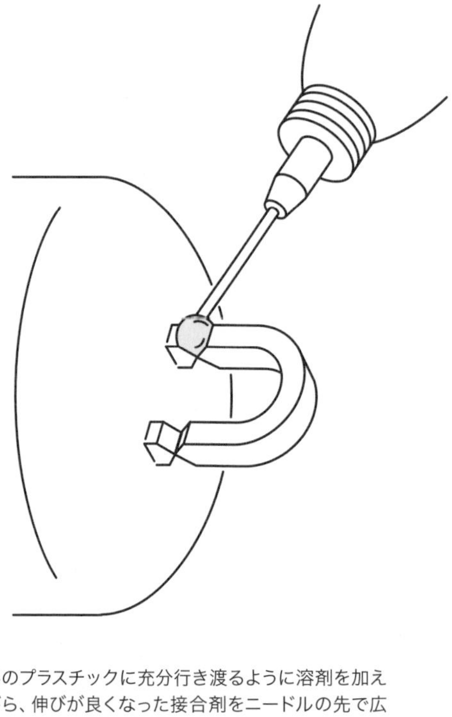

材料のプラスチックに充分行き渡るように溶剤を加えながら、伸びが良くなった接合剤をニードルの先で広げ、V字の中全体に充填します。5分ほど待てば、溶剤が気化して硬化し溶着が終わるので、他の箇所も順に溶着していきます。

5 硬化が終われば修復完了

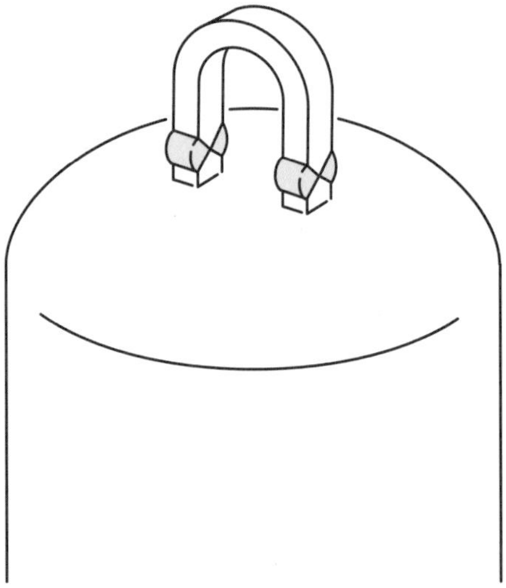

硬化すれば、接合部は互いに溶けて固まったものなので、プラスチックと同等の強度があります。盛り上がった部分は、必要に応じて、ヤスリやカッターなどで削ることもできます。

注　意

プラリペアの溶剤は、ポリエチレン・ポリプロピレン・フッ素樹脂・ナイロン・エンプラ系樹脂等は溶かしませんので接着しません。利用を検討される際は、材料の材質を確認してください。

キャスター付き家具に作り変える

車輪付き家具の修理から学ぶ車輪取付のコツ

家具のキャスター（車輪）はプラスチック製が多く、割れたり埃を巻き込んで動きが悪くなることがあります。

車輪の交換は、元の車輪と同じものが入手できたとき以外は、4輪同時に交換します。ステムタイプの家具は、同じステムの車輪が入手できればいいのですが、そうでなければ、他のタイプに交換しなければなりません。このページでは、入手の容易さを考えて平付けタイプへ交換する時のコツを説明します。

2個のナイロン車輪で作られた双輪は、小さいと弱そうに見えますが、1個の車輪にかかる重量が分散されるので、3センチ径の車輪でも20kgの耐荷重性を持つものがあります。

一方、自在に旋回する単輪で同等の耐荷重を持たせるには、ひと回り大きな車輪サイズを用いなければなりません。

単輪の耐荷重は、材質がゴム、ナイロン・ウレタン、鋳物の順に強くなるので、強い材質を選べば、それだけ車輪を小さくできます。また、車輪には、ストッパー付きタイプがあります。操作しやすい前側の2輪に使えば、不用意に家具が動くのを防げます。

主な車輪のタイプ

平付けタイプ

これが入手しやすい！

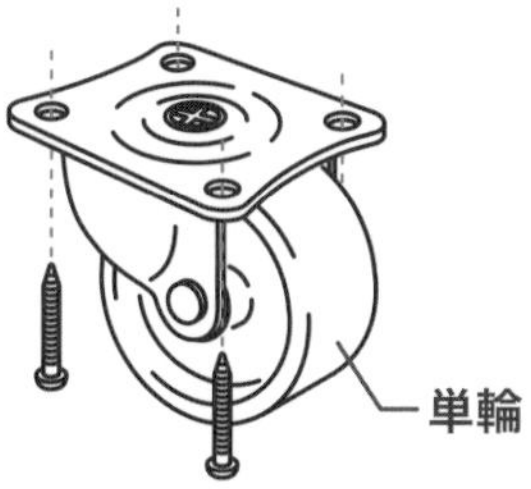
単輪

木ネジで固定するので、家具の底に平らな部分さえあれば、固定できます。ほとんどのホームセンターで、容易に入手できます。

ねじ込みステムタイプ

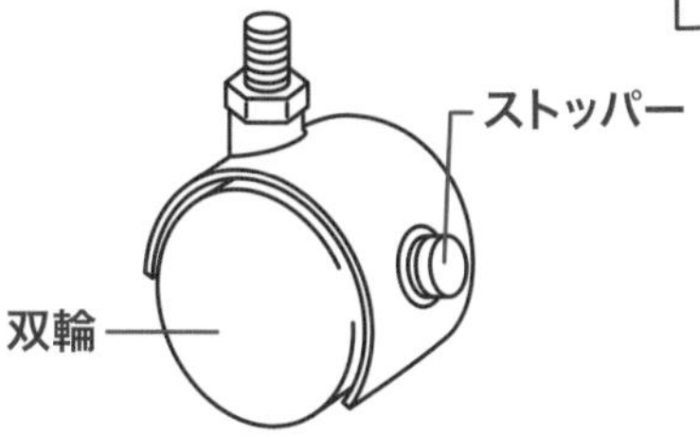
ストッパー
双輪

ネジ山を切れる金属製の脚か、穴金具を付けた家具に使われます。どこのホームセンターでも売られているとは限りません。

差し込みステムタイプ

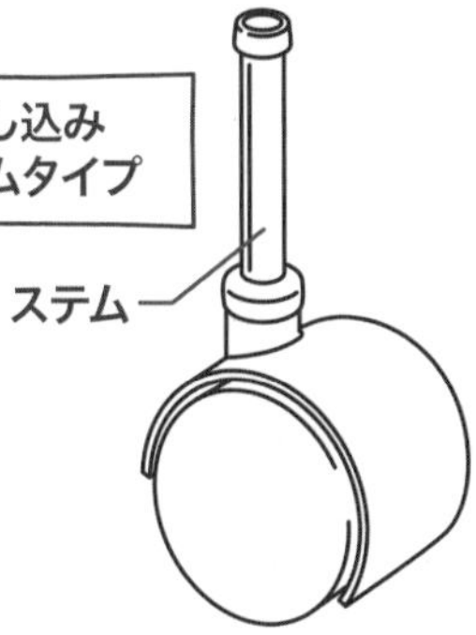
ステム

家具の穴に差し込むだけなので、軽量の組み立て家具でよく使われます。どこのホームセンターでも売られているとは限りません。

特性で選ぶ車輪の材質

※どのタイプにも、ストッパー付きと、ストッパーのない製品があります。

その他の車輪

ナイロン車

初動抵抗が最も低く、操舵性も良い車輪ですが、床が凸凹していると動かしにくくなります。

鋳物車

耐荷重が大きい上に、耐熱性・耐化学性のどれをとっても他を凌駕しますが、高価なので厳しい環境下で使う場合以外は、家庭用途としてあえて選ぶ必要はありません。

ウレタン車

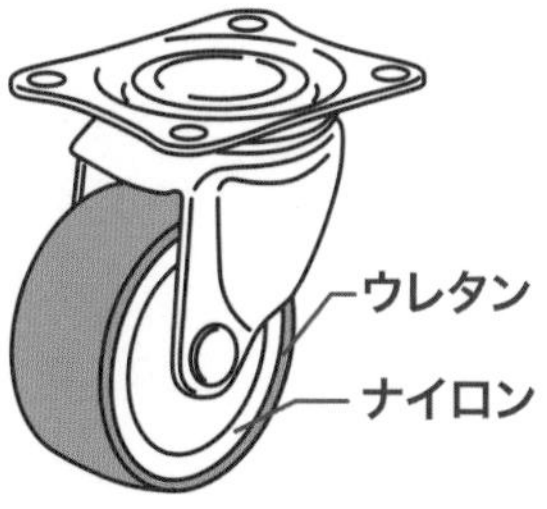
ウレタン
ナイロン

ゴム車、ナイロン車の長所を合わせ持っており、走行抵抗が少なく、摩耗も少ないので長寿命の車輪です。

ゴム車（ストッパー付き）

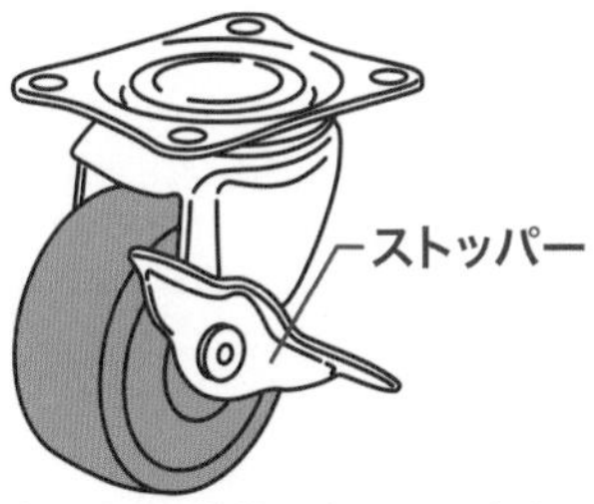
ストッパー

高いクッション性能を生かして、多少凸凹のあるフロアーでも走行性は静かで安定しています。他の車輪に比べて、走行時の抵抗は若干大きくなります。

※実際の荷重は、適正荷重以下にします。適正荷重は、耐荷重の8割になります。
例）耐荷重20kgの車輪を4つ使うと適正荷重は、20kg×4×0.8＝64kgとなります。

このコツを知れば 邪魔な家具も移動式家具にできる

板の構造に注意

新しい平付け車輪は、元々車輪が付いていた場所にネジ止めするのが理想的です。しかし、穴が開いて弱くなっていたり、元の車輪用金具が取れないといった場合は、別の場所を探します。

キャスター付き家具は、重量を抑えるため厚い一枚板はめったに使いません。化粧板が貼られているので板のように見えますが、実は板でなく、桟で重量を支える枠組み構造になっています。

新しい車輪は、桟の通っている場所に付けないと、板が割れて使い物にならなくなります。

重厚なテレビ台も実は…

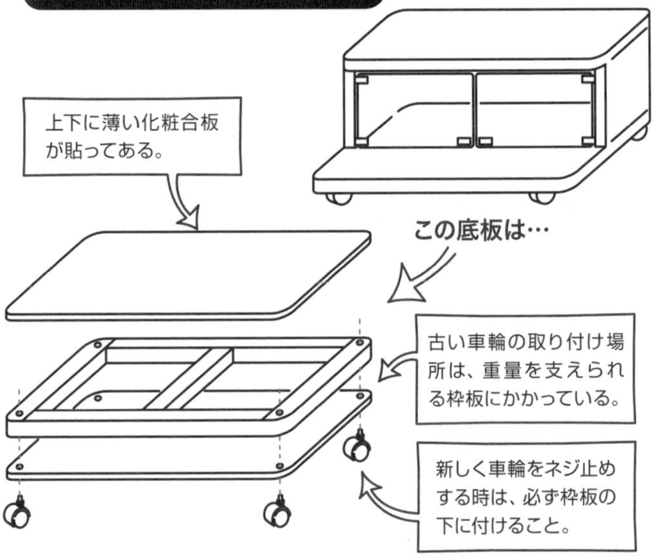
上下に薄い化粧合板が貼ってある。
この底板は…
古い車輪の取り付け場所は、重量を支えられる枠板にかかっている。
新しく車輪をネジ止めする時は、必ず枠板の下に付けること。

他の家具にも枠構造を応用

置き場所に困るようになった家具も、板の中の桟を探して平付けキャスターを付けて移動式にすれば、捨てずにすみます。

また、キャスターなしの押し入れケースのように、簡単に車輪を付けられないような家具でも、枠組み構造をヒントに、材木で枠を作れば、便利なキャスター付き押し入れ収納に作り変えられます。

車輪を付けられない家具も枠を作れば乗せられます

厚さ1センチほどの材木（ラワン材が加工しやすくて安価）で上手に枠を作れば、50kg以上の重さでも支えられます。コツは、荷重を面もしくは線で受けとめるように作ること。点で支える構造にすると、不安定で壊れやすくなります。衣装ケースの例では、枠の短辺でなく長辺側でケースの荷重を受け止めます。

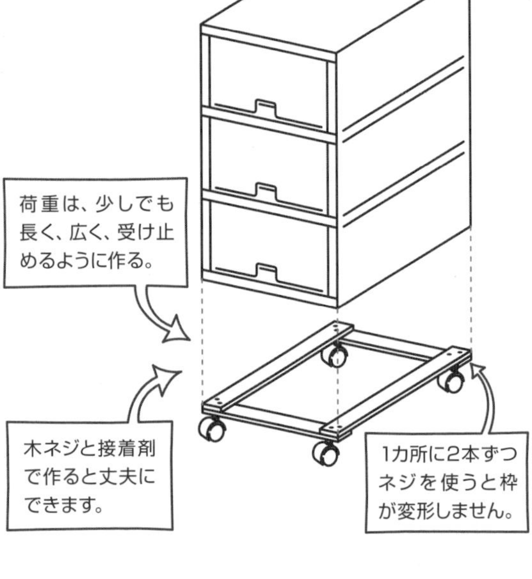
大きな板材に車輪を付けてもかまいませんが、細い板を組んだ方が材料費は安くあがります。
荷重は、少しでも長く、広く、受け止めるように作る。
木ネジと接着剤で作ると丈夫にできます。
1カ所に2本ずつネジを使うと枠が変形しません。

叩けば分かる桟の場所

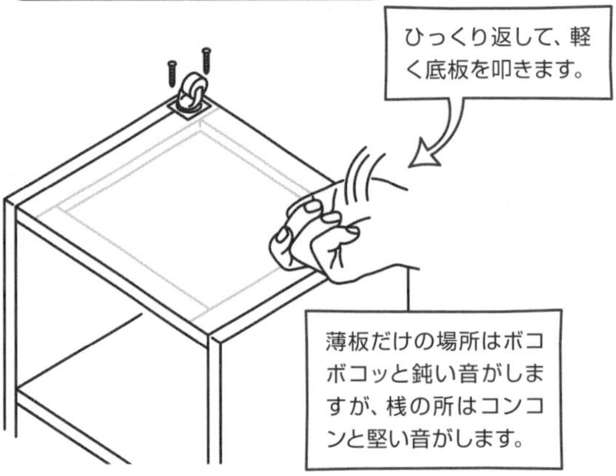
ひっくり返して、軽く底板を叩きます。
薄板だけの場所はボコボコッと鈍い音がしますが、桟の所はコンコンと堅い音がします。

愛着のある傘を修理する

思い出の一本を長く使う方法

濡れたまま乾かさずに傘をしまうと、骨にサビが出て、寿命が短くなってしまうので、大切な傘は家に帰ったら必ず広げて、乾かしてからしまいます。

それでも、長く使っていると、必ず傷んだ箇所が出てきます。下の図で、名称が赤い文字のところは、特に傷みやすい箇所をあらわしています。

それらの修理方法を次のページから紹介しています。思い出の傘を自分の手で修理すれば、よりいっそう愛着のわく傘になります。

傘の構造と各部の名称

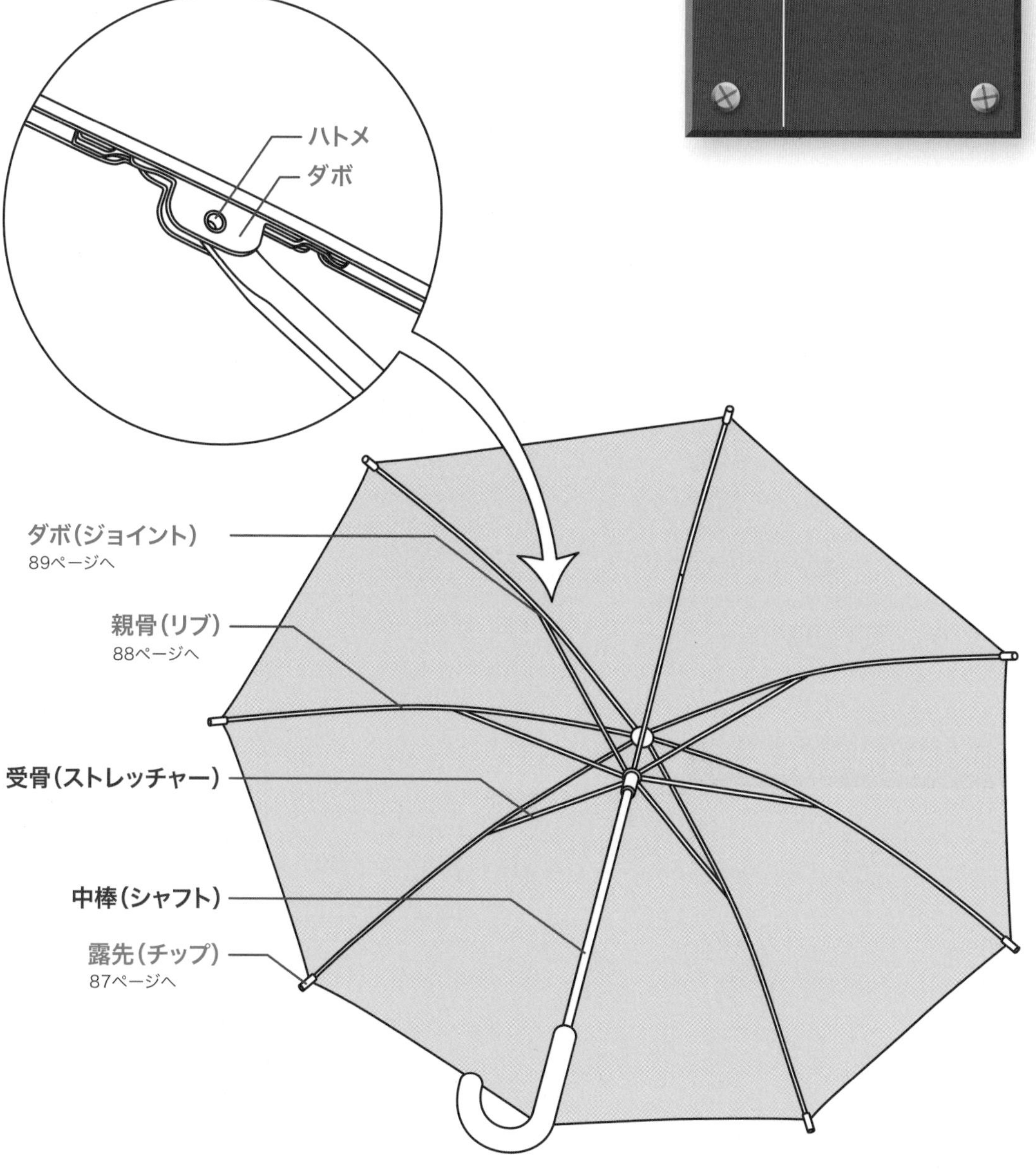
ハトメ
ダボ
ダボ(ジョイント)
89ページへ
親骨(リブ)
88ページへ
受骨(ストレッチャー)
中棒(シャフト)
露先(チップ)
87ページへ

露先が取れた

糸がほつれて取れただけなら、縫い直しだけですみます。布地が傷んでいた場合は、そのまま縫い付けても取れやすいので、内側に小さな当て布を縫い付けてしっかりと補強します。

当て布は、いらないハンカチや古いスカーフなどの端を切って、まつり縫いします。縫い終えたら、露先を付ける前に防水スプレーをひと噴きしておきます。

縫い糸にも、ロウソクのロウをすり込んでおくと、長持ちします。

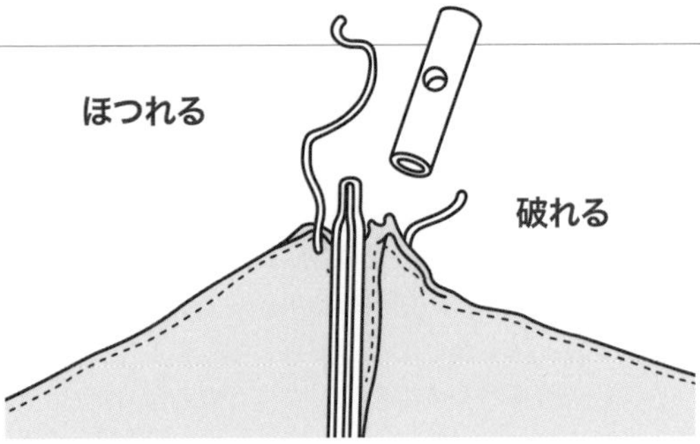

布を張る強い力が露先の縫い目にかかるので、ここは糸が切れたり布が破れたりしやすい場所です。

1 補強する

布地の角に形を合わせた布を縫い付けます。

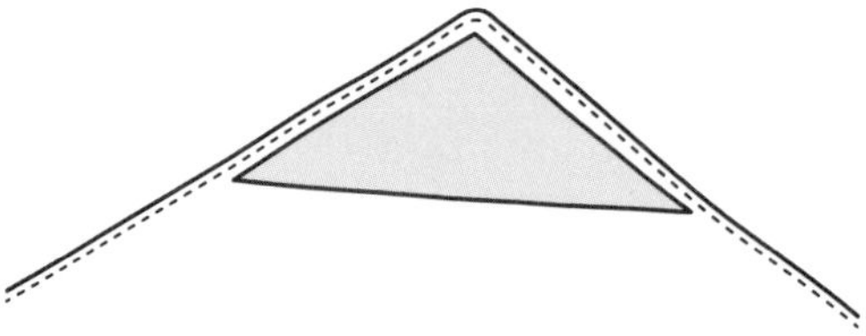

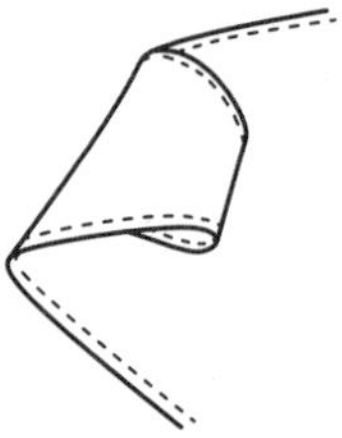

布の傷みがひどくない時、手軽にすませるには、先端を二重に折りたたんで、当て布の代わりにすることができます。

2 露先の穴に縫い付ける

当て布ともども露先に縫い付けますが、ここでは、外側へは針を出さず、内側に折り返した布にだけ針を通します。

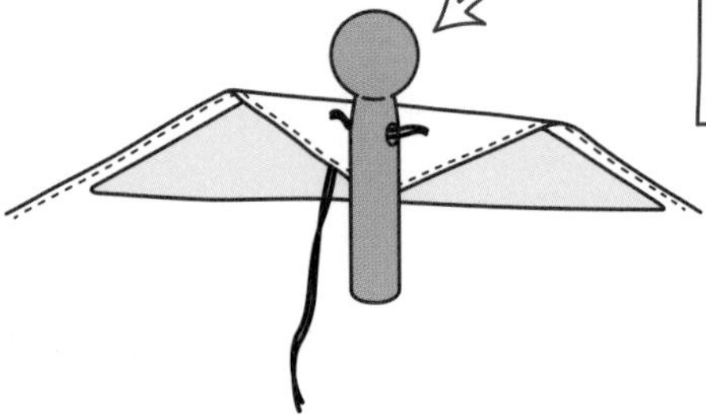

先端を5ミリほど内側に折り曲げ、折った布と露先の穴の間を3～4回、糸を通して縫います。

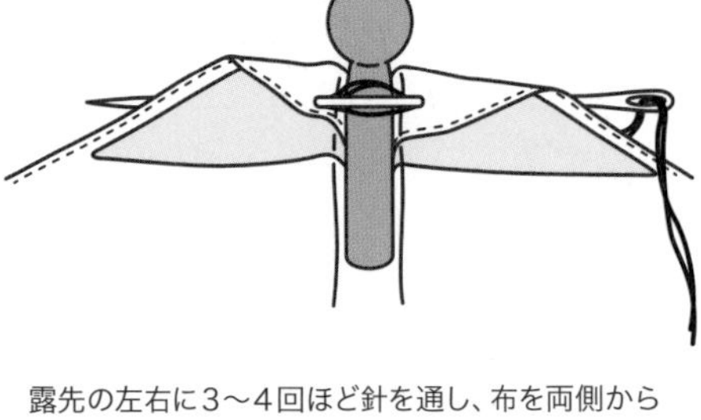

露先の左右に3～4回ほど針を通し、布を両側から引き絞るようにして露先を包み込みます。

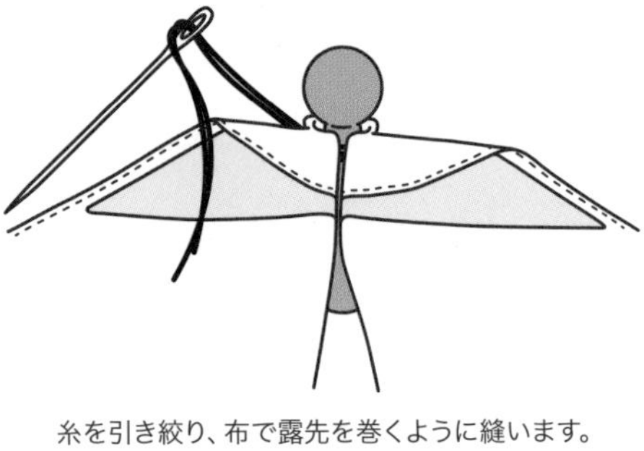

糸を引き絞り、布で露先を巻くように縫います。

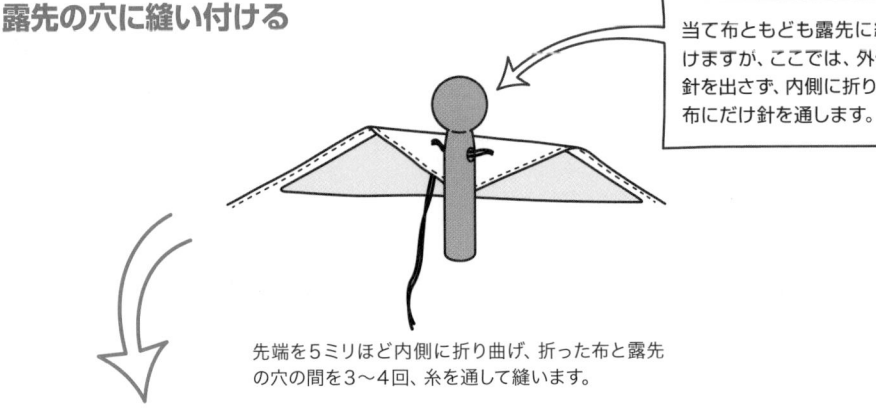

骨が折れた

丸棒を使った親骨なら強く、曲がっても手で伸ばせば元に戻せます。しかし、多くの傘は、安価な細いプレス鋼板（断面がU字型になっている）を親骨に使っています。

この骨はいちど曲がるとU字構造が壊れ、その強度は著しく低下するため、少しの力が加わっただけでも破断することがあり、元に戻そうと手で曲げただけで折れてしまったりもします。ですからプレス鋼板の骨の場合は、少しでも曲がったら修理金具を当てて補強しておきます。

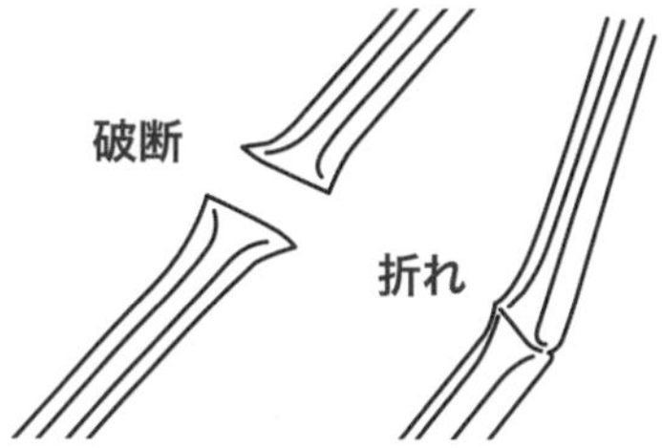
破断
折れ

U字鋼が曲げに強いのは一方向のみ。それ以外の方向へは簡単に曲がります。でも通常は布地に縫い付けられているので、曲がりやすい方向へ簡単に曲がることはありません。

これを使います

骨の太さに合わせて、大小のサイズがあります。サイズを間違わないように。

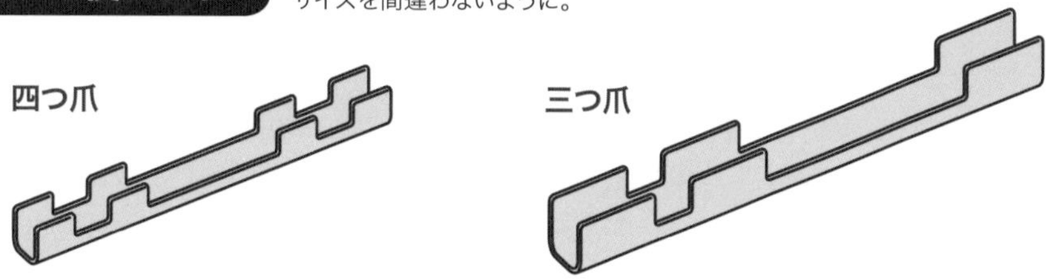
四つ爪
三つ爪

1 骨を伸ばす

曲がったり切れたりすると、U字型の上側開口部が広がって、そのままでは補修金具がはまりません。先の細いラジオペンチで、矯正してできるだけ真っすぐに、そして断面がきれいなU字型になるようにします。

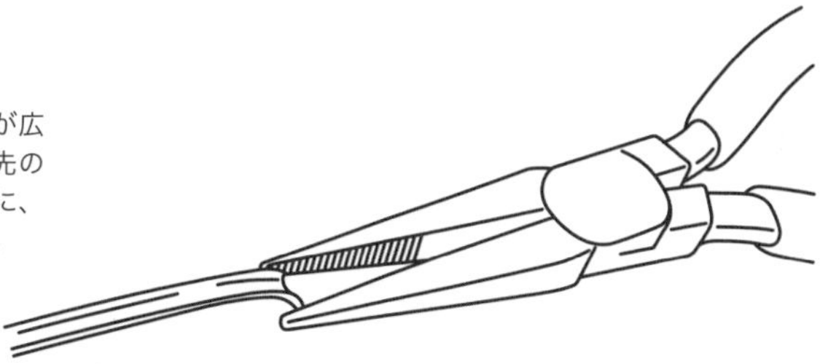

2 金具をかしめ付ける

四つ爪の使い方

外側（①②）を先に折り、続いて内側（③④）の順で折ります。

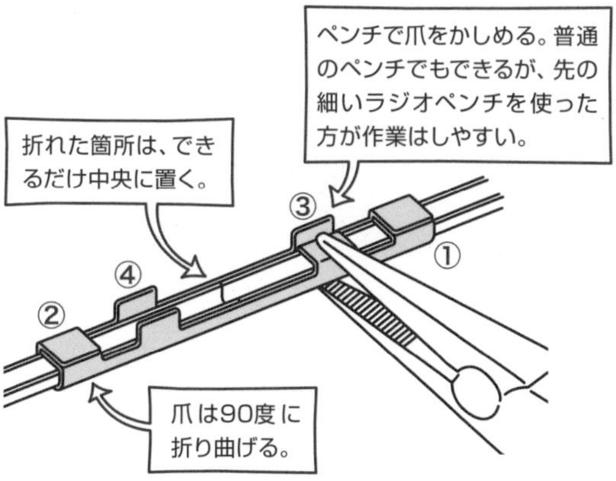
ペンチで爪をかしめる。普通のペンチでもできるが、先の細いラジオペンチを使った方が作業はしやすい。
折れた箇所は、できるだけ中央に置く。
③
①
④
②
爪は90度に折り曲げる。

三つ爪の使い方

ダボのそばで、四つ爪が付けられないときなどに使います。

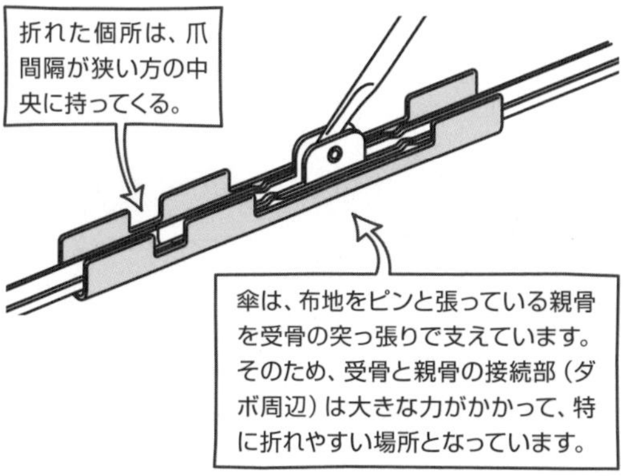
折れた個所は、爪間隔が狭い方の中央に持ってくる。
傘は、布地をピンと張っている親骨を受骨の突っ張りで支えています。そのため、受骨と親骨の接続部（ダボ周辺）は大きな力がかかって、特に折れやすい場所となっています。

ダボが壊れた

接続部が錆びて、ハトメが抜けたりダボの穴が切れたりすると、親骨と受骨がはずれてしまいます。

ダボの修理には、四つ爪や三つ爪と同じ要領で取り付けられる金具が売られているので、これを使って新たなダボとします。ハトメの代わりに、同梱されている針金で、親骨と受骨をつなぎます。

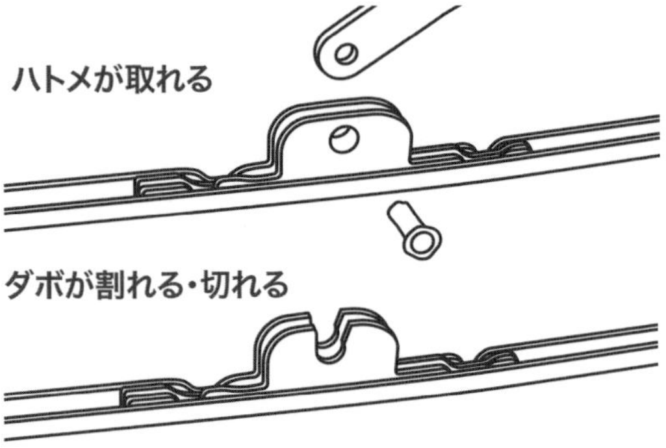
ハトメが取れる
ダボが割れる・切れる

ダボは開閉のたびに擦れるので、メッキが取れやすい箇所です。傘を濡れたまましまっておくとサビが出て弱くなり、少し力が加わるだけで、切れたりはずれたりするようになります。

これを使います

ダボ(関節用角心とも言います)

同梱されている針金がなかったら、18番ぐらいの太さの針金を4〜5センチほど用意します。

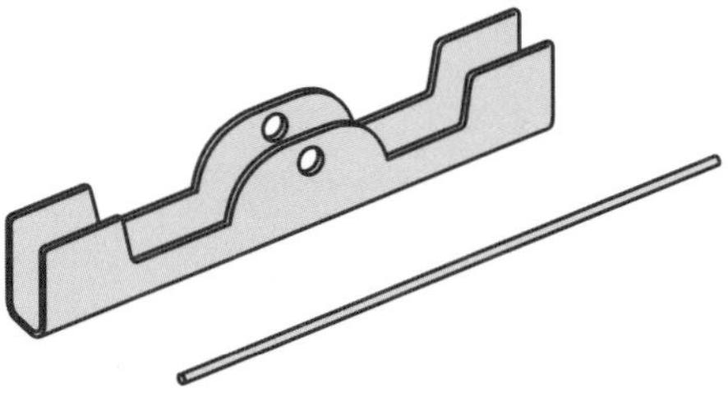

1 骨を伸ばす

受骨の先が曲がっていたら、ダボにはまりません。ペンチで真っすぐに矯正しておきます。

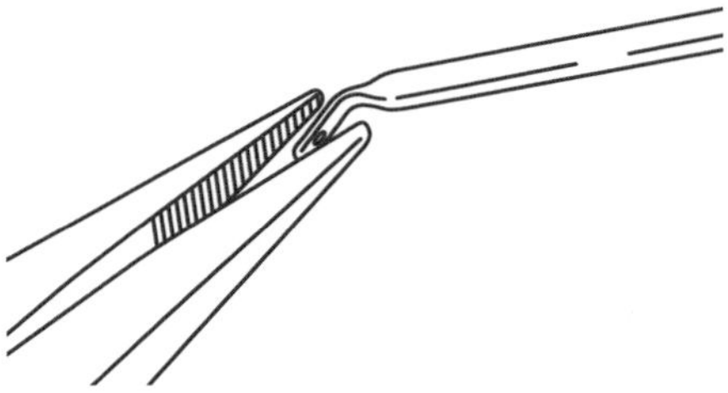

2 新しいダボをかしめ付ける

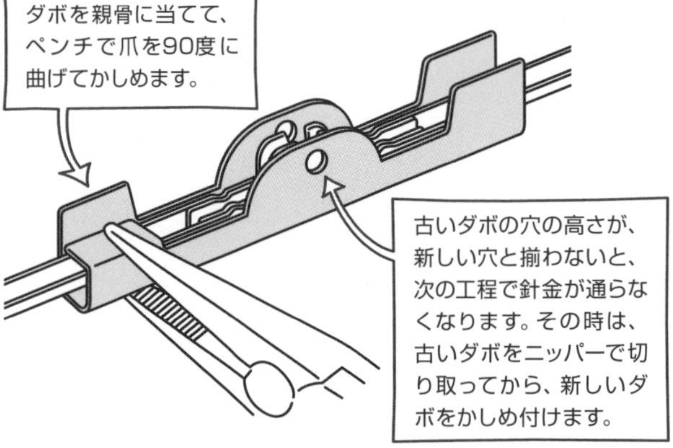
ダボを親骨に当てて、ペンチで爪を90度に曲げてかしめます。
古いダボの穴の高さが、新しい穴と揃わないと、次の工程で針金が通らなくなります。その時は、古いダボをニッパーで切り取ってから、新しいダボをかしめ付けます。

3 針金で固定する

受骨をダボの内側にはめ込み、穴を重ねたら針金を通します。針金の先をペンチでよじって固定し、余分な針金を切れば完成です。

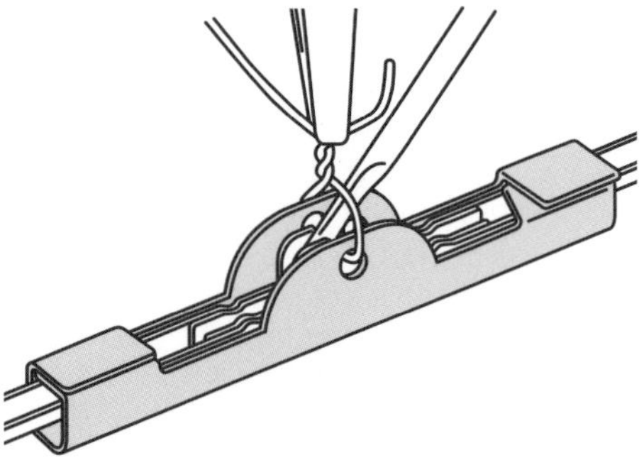

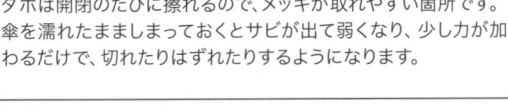

腕時計の電池を交換する

人に頼む必要のない簡単な作業

高い防水性能があるダイバーズウォッチは、パッキングが精巧なので専門業者でなければ無理ですが、生活防水のクオーツ腕時計であれば、裏ぶたさえはずせれば、自分で電池を交換できます。

腕時計の裏ぶたには「スクリューバック式」と「はめ込み式」「ネジ止め式」があります。

普通の精密ドライバーで開けられる「ネジ止め式」以外は、専用の工具が時計店で売られています。「はめ込み式」は先の尖ったヘラ状のものがあれば、専用工具がなくても開けられます。

ここでは、簡単に開けられる「はめ込み式」を紹介しますが、他の方式でも、裏ぶたをはずせば、電池の交換作業自体は同じなので、簡単にできます。

スクリューバック式

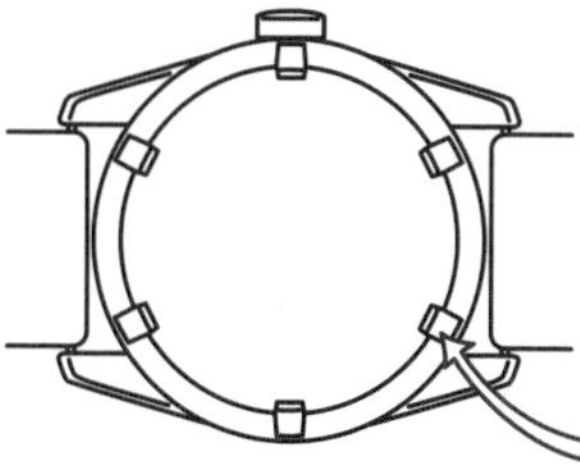

裏ぶたに切り欠きがあり、専用工具のツメを引っかけ、回転させてはずします。

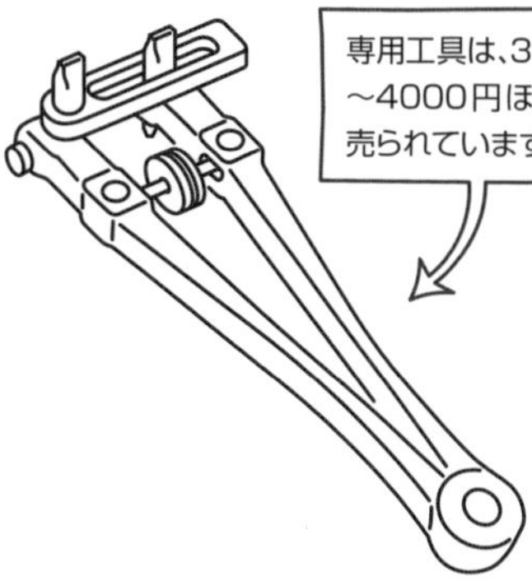

専用工具は、3000〜4000円ほどで売られています。

はめ込み式の工具

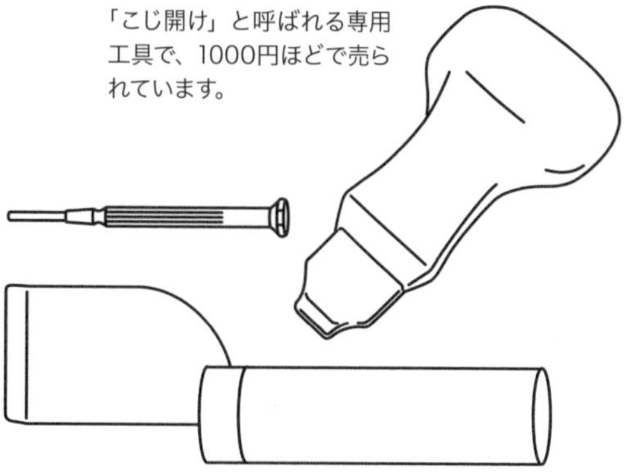

「こじ開け」と呼ばれる専用工具で、1000円ほどで売られています。

精密ドライバーや使い古しのスクレーパーでも代用できます。

1 ふたをはずす

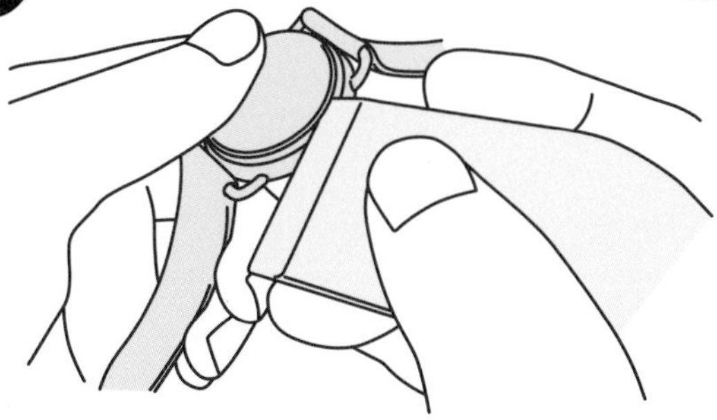

使う工具名は「こじ開け」ですが、こじるのではなく、突いて開けます。突いた後は、工具の厚みで自然に裏ぶたが持ち上がる仕組みになっています。図のようにスクレーパーで代用する時は、厚みが足りないことがあります。その時は、刃こぼれ覚悟で、こじらなければならないので、使い古しを使うことを勧めます。工具を差し込む開け口には、わずかな隙間が開いていますが、ルーペで見なければ分からないほどの小ささです。

2 ふたをはずすと電池が見えます

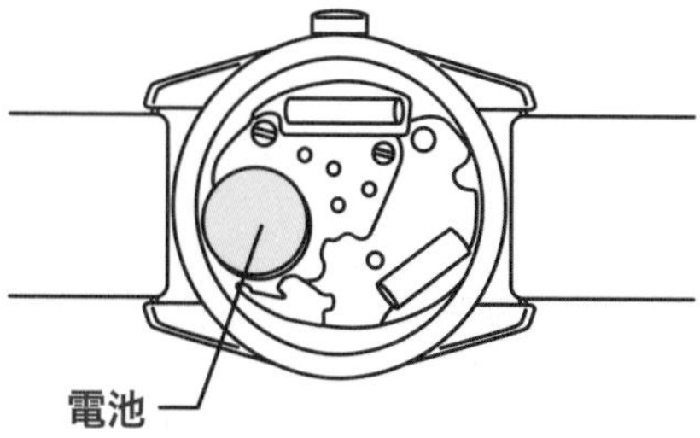

ピンセットなどで古い電池をはずして、新しい物に交換します。電池は、ホームセンターや大型電器量販店などで売っているので、電池の表面に刻印された型番と同じ番号の電池を買い求めてください。

Part 4

快適な「自転車」のメンテナンス

●ブレーキの調整

● 500円でできる パンク修理

●新車の滑らかさを取り戻す

〈緊急！ 感染症対策
 自分で防ぐ新型コロナウイルス不活化術〉

●アルコール（エタノール、イソプロパノール）消毒

●次亜塩素酸ナトリウム消毒

●紫外線殺菌

新車の時のような輝きや、
スムーズな動きをいつまでも保つのが
難しい自転車ですが、
ちょっと手をかけてあげるだけで、
驚くほど軽快な乗り心地が甦ります。
メンテナンスや修理には、
ほとんどお金もかかりません。

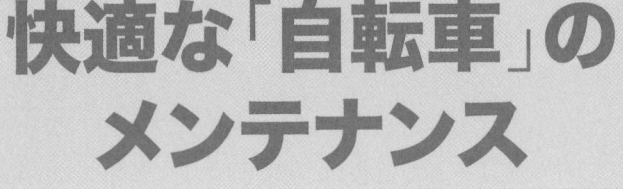

ブレーキの調整

ネジを回すだけで安全性が向上する

シティサイクルのブレーキは、ワイヤーの伸びやブレーキゴムのすり減りで、利きが緩くなってきます。その時は、調整ネジでブレーキの利きを元に戻せます。

調整ネジで調整できる範囲の限界を超えたら、ワイヤーの留め具をはずして、ワイヤーが短くなるように付け直します。

前輪のブレーキ調節

調整ネジでワイヤー調節

ブレーキハンドルを半分ぐらい握ればブレーキが利くように調整します。

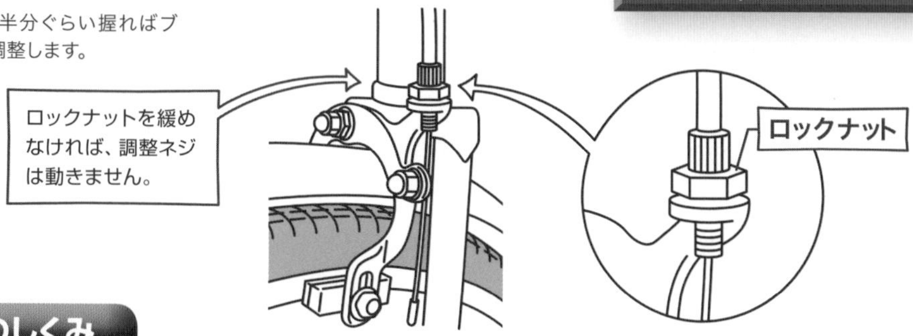
ロックナットを緩めなければ、調整ネジは動きません。
ロックナット

調整ネジのしくみ

調整ネジを回すと、ネジの位置が上下するように見えますが、実は、ネジの位置は変わりません。ブレーキの腕を上げ下げしているのです。

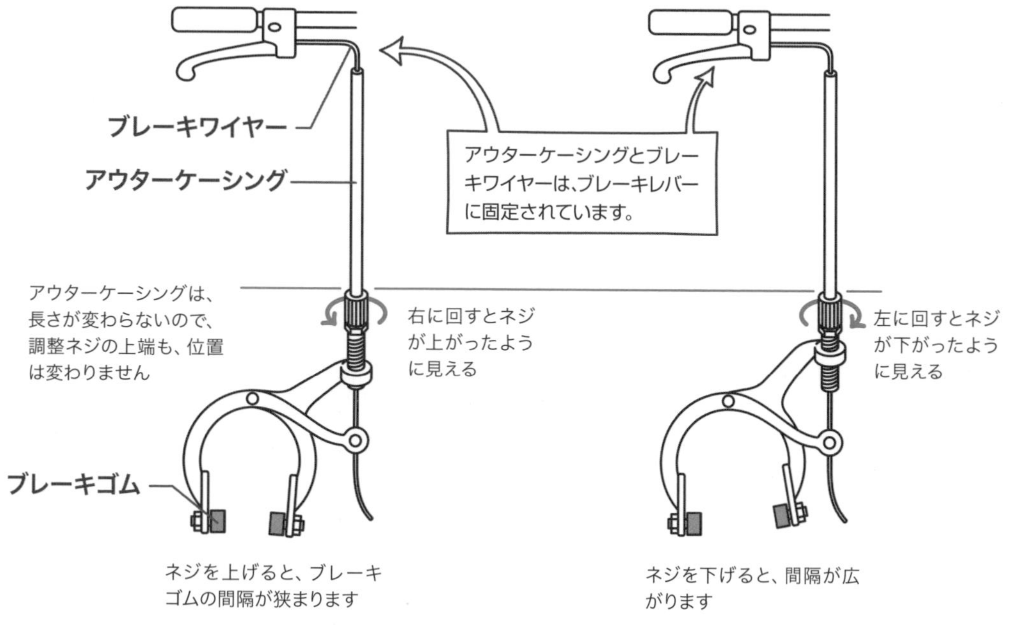
ブレーキワイヤー
アウターケーシング
アウターケーシングとブレーキワイヤーは、ブレーキレバーに固定されています。
アウターケーシングは、長さが変わらないので、調整ネジの上端も、位置は変わりません
右に回すとネジが上がったように見える
左に回すとネジが下がったように見える
ブレーキゴム
ネジを上げると、ブレーキゴムの間隔が狭まります
ネジを下げると、間隔が広がります

ワイヤーの長さの調節

ボルトを貫通する穴をワイヤーが通っています。ナットを締め込むと、ボルトがワイヤーをブレーキの穴に引き込むようにして固定します。イラストのように分解しなくても、ナットを少し緩めるだけで、ワイヤーを動かせます。

ワイヤーはバネの力ですぐに戻ろうとしますから、ペンチでつかんで引きながら、ちょうどよい長さになったところで、ナットをきつく締めて固定します。
２人いれば、1人がワイヤーをペンチで引きながら、もう1人がブレーキレバーを握って調整できます。

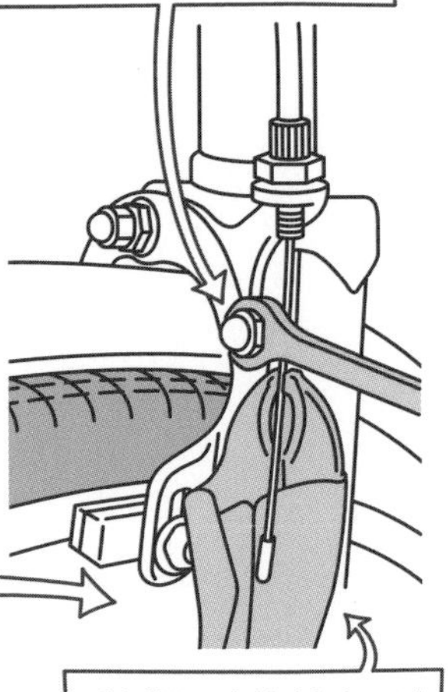
ワイヤーを引きながら、スパナでナットを締めます。
手を放してもはずれないバイスプライヤーを使えば、1人でも調整できます。

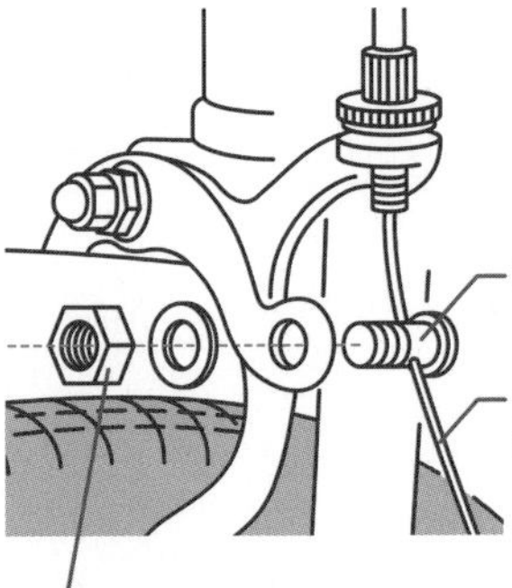
ボルト
ブレーキ
ワイヤー
ナット

バイスプライヤー

軽い力で握ると、テコの原理で、口先にはさんだものは強固に噛む上、口先がロックするので手を放してもはずれません。
つかむ・回す・曲げる・ねじるなどができ、一本でレンチやプライヤー、ペンチ、万力などの役割を果たす便利な工具です。

ブレーキゴムの交換

ブレーキゴムは、元の大きさの3分の2近くまで減ったら寿命ですが、それ以前でもブレーキの利きが悪くなったら、交換します。
シティサイクルのブレーキは、スポーツ自転車と違って調整ポイントが少ないので、簡単に交換できます。
調整ポイントは、ゴムがリムに平行に当たるかどうか注意するだけで、位置を決めたら袋ナットを締め付けます。

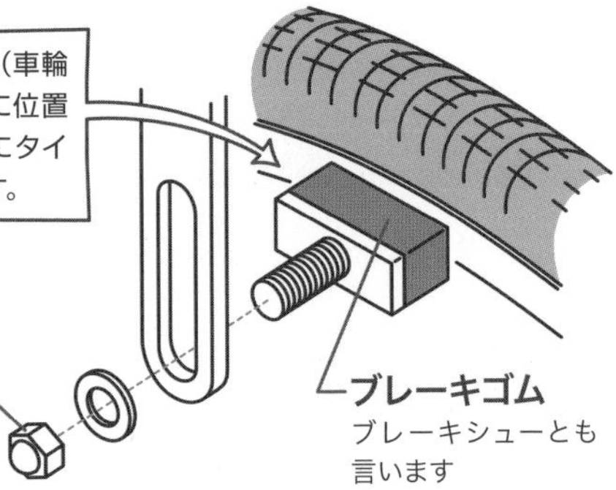
ブレーキレバーを握った時、リム（車輪の金属部）にゴムが当たるように位置を決めます。ブレーキは、絶対にタイヤには触れないように注意します。
袋ナット
ブレーキゴム
ブレーキシューとも言います

後輪のブレーキ調節

調整ネジによる調節

前輪と同じ調整ネジが後輪のそばにあるので、通常は、このネジを使って調整します。ネジの動かし方は、前輪のネジと同じです。

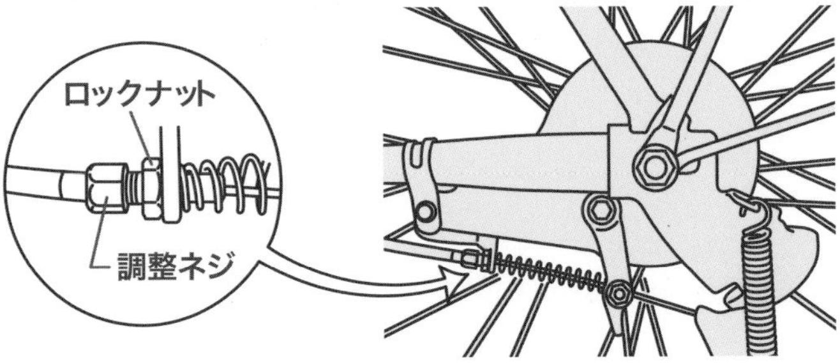
ロックナット
調整ネジ

ワイヤーの長さ調節

ワイヤーの長さ調節も、前輪と同様ナットを緩めたらペンチやバイスプライヤーなどでワイヤーを引いて調節します。

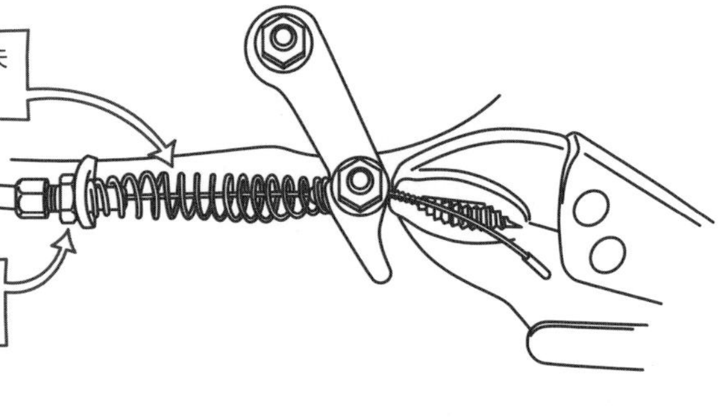
バネを飛ばすと、紛失しやすいので注意！
ここをゆるめると、ワイヤーをはずせます。

500円でできるパンク修理

バルブ修理は簡単&安価

シティサイクルのタイヤは、外側の硬いゴムタイヤと、その中の柔らかいゴム製チューブの二重構造になっていて、空気はチューブに充填されています。パンクはこのチューブに穴が開いて空気が漏れて起こります。

タイヤの空気抜けの原因は、パンクだけでなく、バルブ(空気の入れ口)からの漏れもあります。チューブが丈夫になった今では、むしろこちらの方が発生頻度は高い傾向にあります。

パンク修理には空気入れが必要です。昨今は400円でお釣りがくる空気入れも出ています。頻繁な使用には向かなくても、数カ月に一度程度の頻度なら、安価な製品でも充分役に立ちます。

また、タイヤレバーなど、パンク修理に必要な小物が揃った「パンク修理セット」も500円ほどで売っています。1セットで最低5回は使えるので、1回あたりにすると100円で収まります。

自転車屋さんに頼むと1000円以上かかるパンク修理も、自分で直せば、こんなに安くなります。

バルブの構成部品

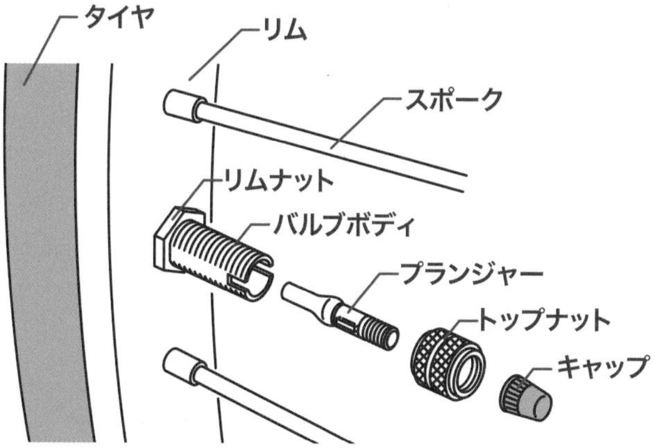
タイヤ
リム
スポーク
リムナット
バルブボディ
プランジャー
トップナット
キャップ

空気漏れの時は まずバルブをチェック

タイヤに空気を入れ、バルブを水に浸けます(プリンの空き容器など、透明で小さな容器が便利)。先から空気が出てきたら、バルブの虫ゴム交換をします。

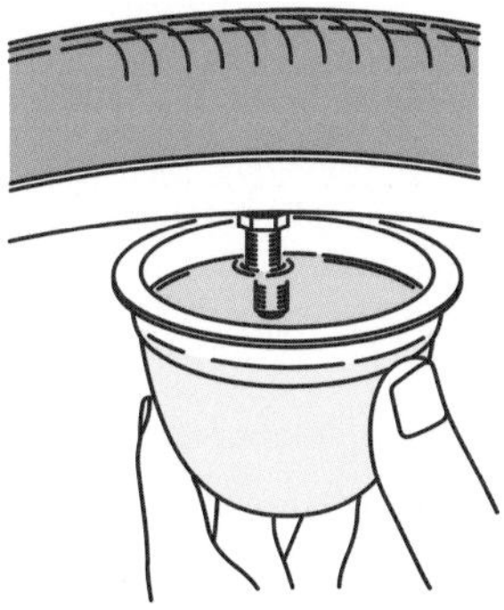

タイヤの構造

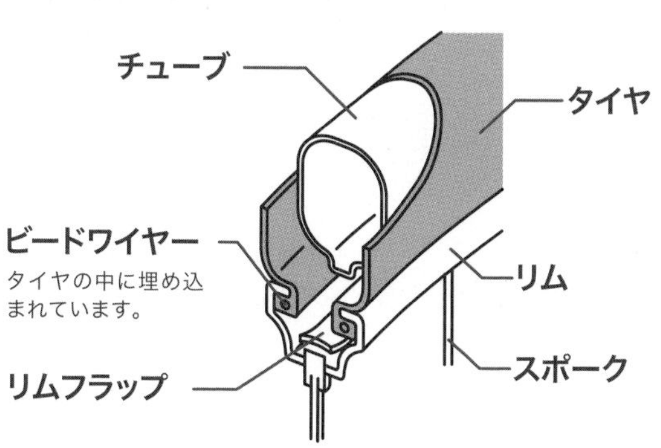
チューブ
タイヤ
ビードワイヤー
タイヤの中に埋め込まれています。
リム
スポーク
リムフラップ

虫ゴム交換

古いゴムが取りにくかったら、ちぎり取ってもかまいません。新しいゴムは水で濡らすと滑りが良くなって付けやすくなります。

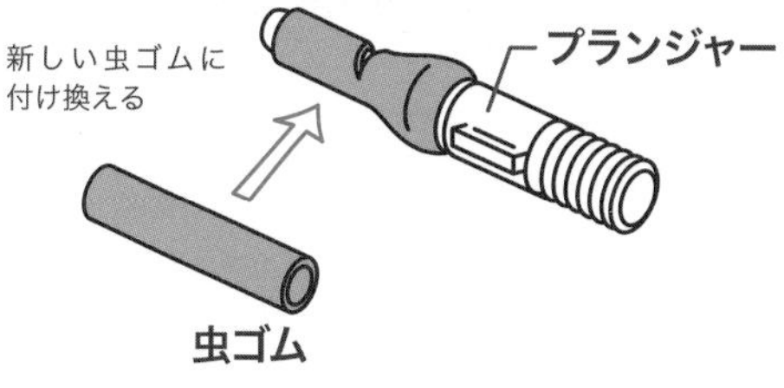
新しい虫ゴムに
付け換える
プランジャー
虫ゴム

❶ チューブを取り出す

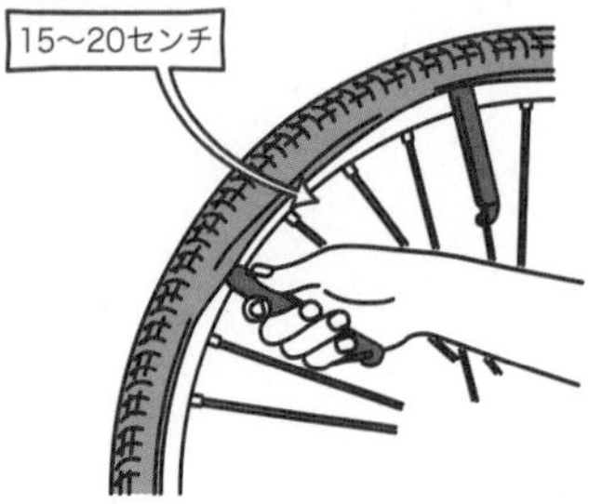

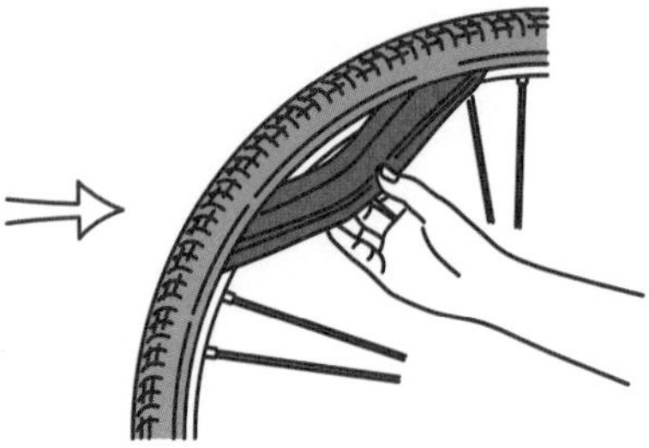

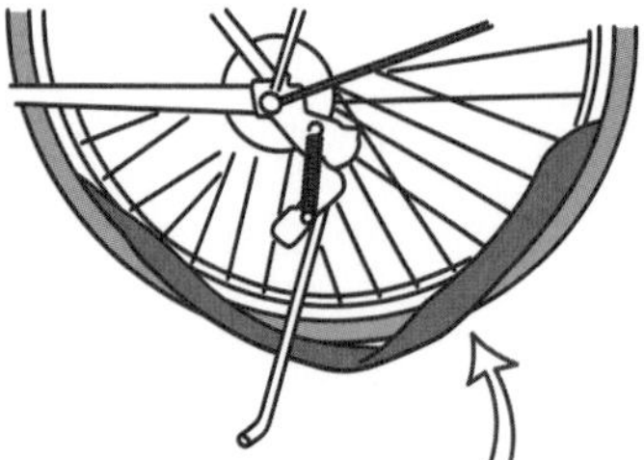

空気を抜いたら、リムとタイヤの間にタイヤレバーを差し込み、手前のビードワイヤーをリムの外へ出します。15~20センチの間隔でレバーを2本差し込めば、あとは手で引っ張り出せます。

タイヤとリムの隙間から、チューブを抜き出します。チューブとバルブボディは一体化しているので、リムナットをはずして、チューブとともに抜き出します。

後輪も、このように車体に付けたままでパンク修理ができます。

❷ 穴をふさぐ

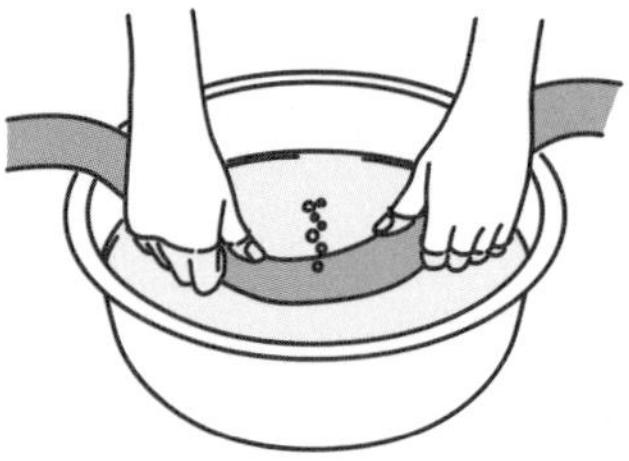

チューブを引き出したら、バルブをセットして少し空気を入れ、空気が漏れる場所を探します。水の中をくぐらせれば、穴から泡が出るので見つけやすくなります。

穴をふさぐと同時に、パンクの原因をつきとめます。チューブ外周に穴があれば、小鉄片や針金がタイヤを貫通している可能性があります。タイヤ裏を指先でなでて、異物を探してください。
内周に穴があれば、リムフラップが破れたりずれたりして、スポーク端が剥き出しになっている可能性があります。リムフラップがもし切れていたら、必ず交換してください。
自転車屋さんで売っていますが、入手できるまでビニールテープでも代用できます。

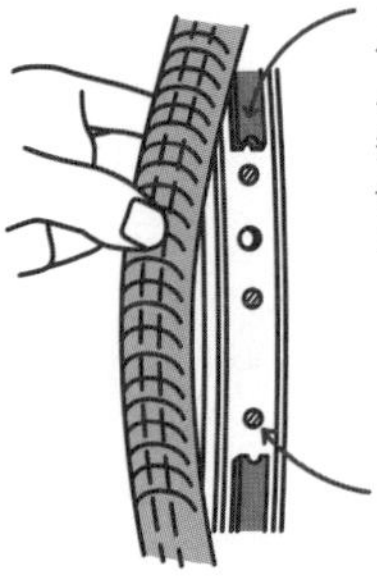

リムフラップは、ベルト状の薄いゴムで、バルブの穴は特にゴムが細く弱いため、劣化するとここから切れることがよくあります。

スポークの突起がチューブに直接触れると、振動でこすれて、チューブに穴を開けます。

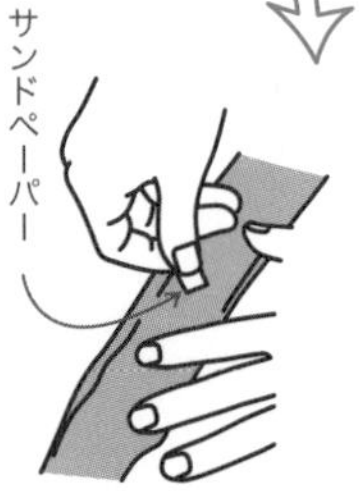

穴の周囲をやや広め（後で貼るゴムパッチより広く）に、サンドペーパーをかけて、ゴムの地肌を出します。

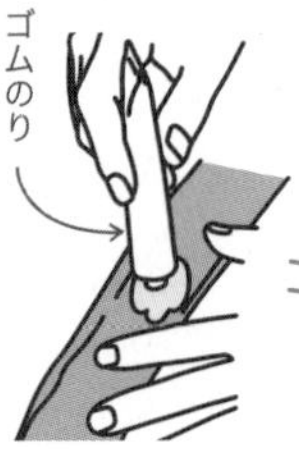

ゴムのりを塗り、指で薄く塗り広げます。

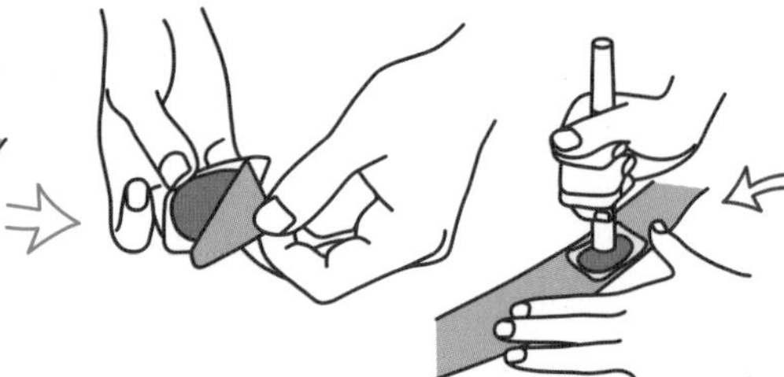

ゴムパッチの銀箔を剥がして、穴の上に貼り、木づちやドライバーの柄などで上から叩いて、しっかり密着させます。

乾いたら、そのままタイヤにはめても構いませんが、時間が経つとパッチがタイヤにくっ付くことがあります。ベビーパウダーをふりかけておくと、それを防げます。

チューブに空気を入れて、漏れがないことを確認（水にくぐらせての確認をお勧めします）したら、再び空気を抜いて、タイヤにはめ込みます。

❸ タイヤに戻す

最初に、バルブボディをリム穴に通し、リムナットで止めます。

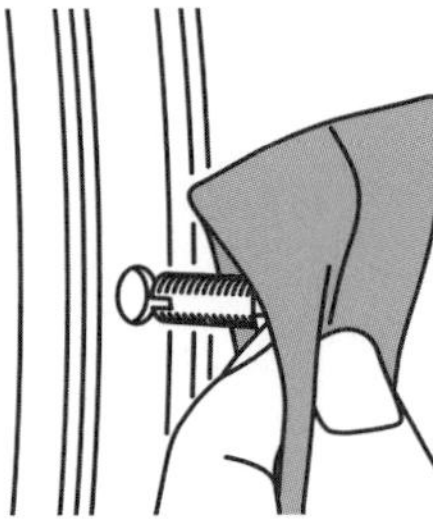

チューブをすべてタイヤの中に入れ、ビードワイヤーをリムの内側に落とし込んでいきます。
最後の15~20センチほどは少し固く感じますが、はめ込みは、手でできます。

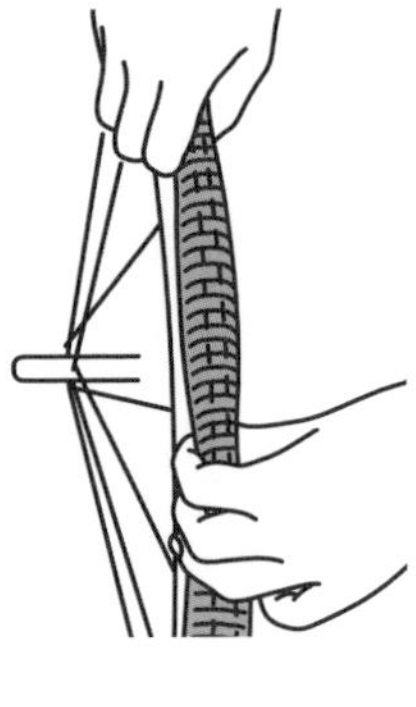

最後に空気を入れて、修理完了です

新車の滑らかさを取り戻す

油を注すだけで軽やかに生まれ変わります

金属が擦れ合う自転車に油は不可欠ですが、雨で流れたり揮発したりして、時間が経つと油切れを起こします。

注油は、油さえあれば工具も力もいらないし時間もかからない、最も気軽にできるメンテナンスです。しかも、簡単に新車感覚を取り戻せ、部品寿命も伸ばしてくれます。

毎日使うシティサイクルですから、日々の家事の一環に注油も組み込んでおきましょう。

グリース

缶やチューブ入りのグリースよりも、スプレー式の方が、手軽なメンテナンスに向いています。説明では給脂と書いています。シティサイクルではチェーンに使うので、用途欄に自転車チェーンと書かれた物を選んでください。

オイル（潤滑剤）

シティサイクルの日常的なメンテナンスは、スプレー式潤滑剤が便利です。テフロン配合のスプレーは、比較的効果が長持ちしますが、これら溶剤系潤滑剤は、一般に落ちるのが早いので、頻繁な注油が必要です。説明中で注油と書かれた箇所に差します。ミシン油（機械油）も同様に使えます。

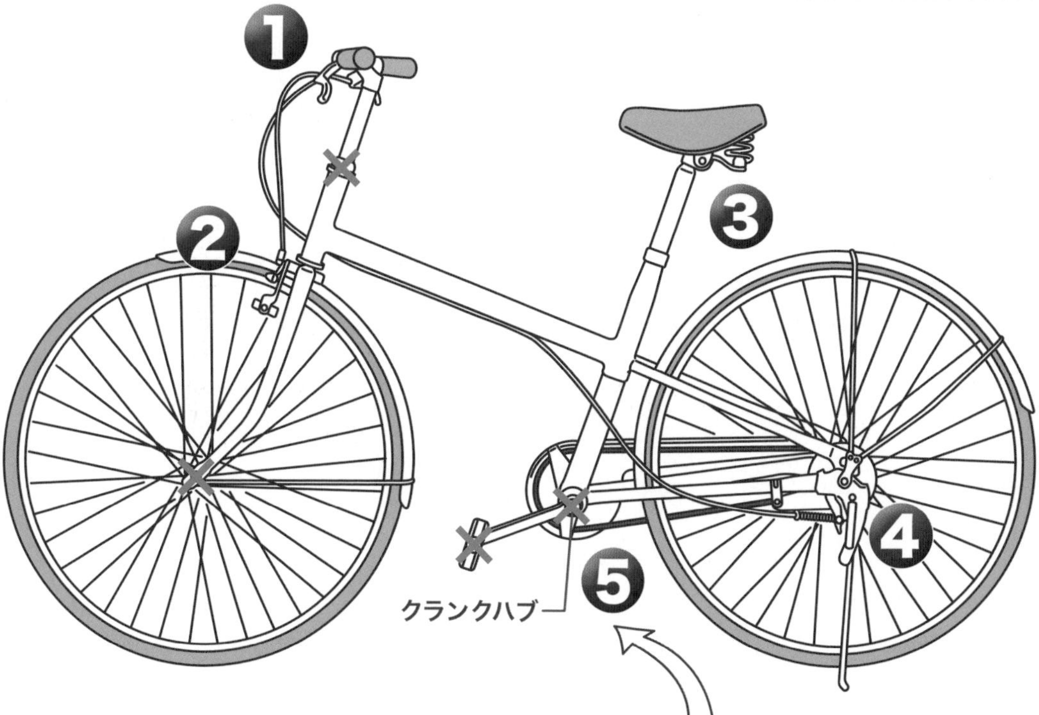

1
2
3
4
5
クランクハブ
×印には 注油禁止
前後輪の車軸、ブレーキ、ペダル、クランクハブ、ハンドルの回転部分（ヘッド）は、グリースが封入されています。ここに浸透性の高いスプレーオイルをかけると、中に浸透してグリースを流すので、注油をしてはいけません。これらは、基本的にメンテナンスフリーになっています。

1 ブレーキレバー

ブレーキレバーの支点が錆びると、レバーが重くなったりスムーズに動かなくなるのでオイルを差します。

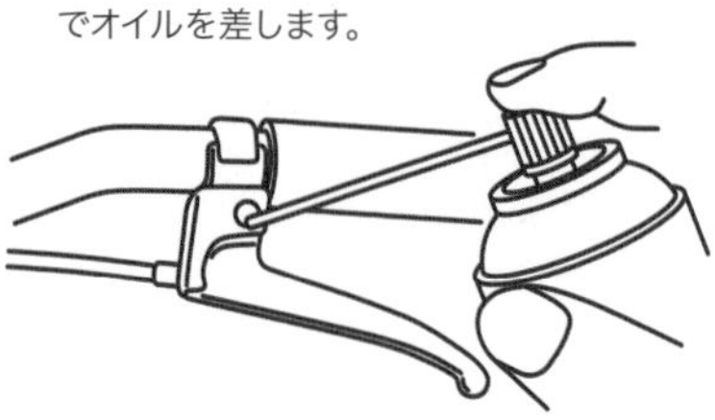

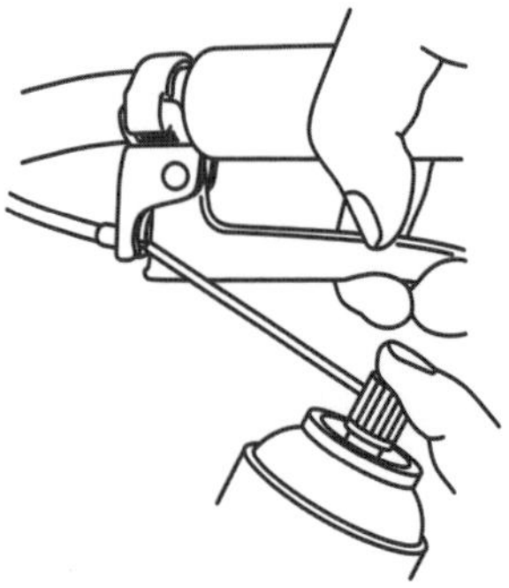

ワイヤーを抜いてグリースを塗るのが本格的ですが、DIYでは大変なので、ブレーキレバーを引いてワイヤーの通る穴の中に向けて、スプレー式潤滑剤を数秒間噴いておきます。新車の時は、ワイヤーにグリースが塗られているので、これは、古くなってブレーキワイヤーの滑りが悪くなってからにしてください。

2 ブレーキまわり

ブレーキゴムやリムには、絶対に油が付かないように注意してください。スプレー式潤滑剤はタイヤに付着しないようにします。

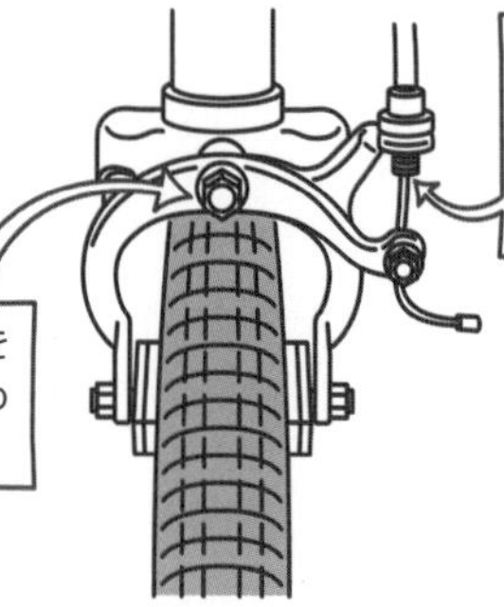

ワイヤーの滑りが悪くなったら、中に向けてスプレー式潤滑剤を噴き込んでおきます。

ブレーキアーチを支えるボルトまわりに注油します。

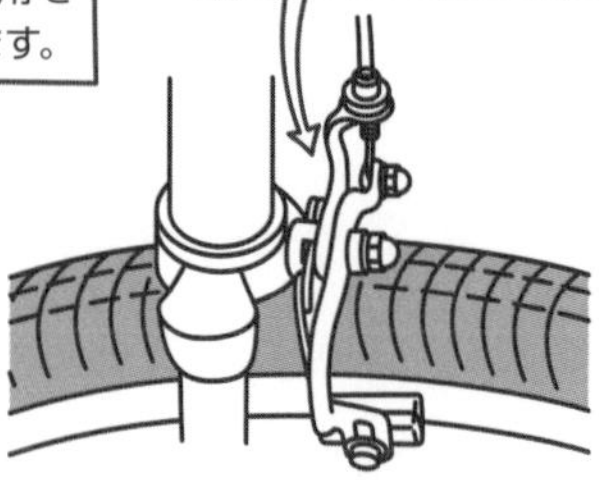

裏側のリターンスプリングが接する箇所はすべて注油します。

3 サドル

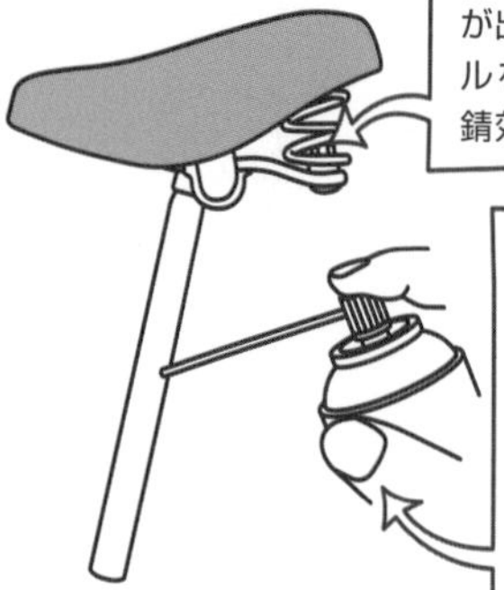

サドルの金具はサビが出やすいので、オイルを塗っておくと防錆効果があります。

シートピラーも錆びやすく、錆びれば簡単に抜けなくなるので、防錆のためにグリースを塗っておきます。フレームの穴内部も薄くグリースが行き渡るように塗っておきます。

4 変速機付きの場合

変速ワイヤーが固くなっていたら、スプレー潤滑剤をワイヤーに沿って、アウターケーシング内へ噴き込みます。

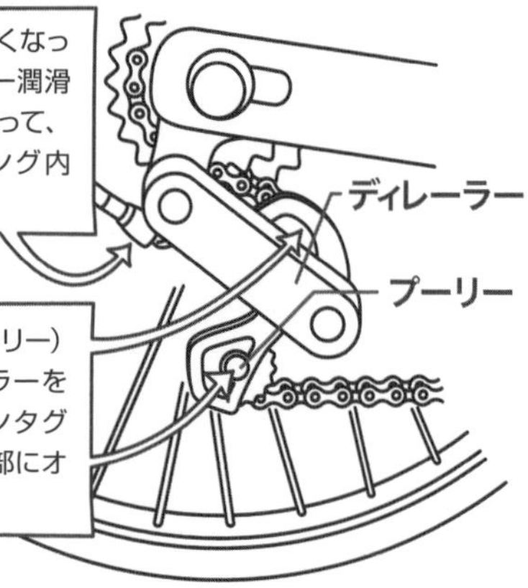

2個ある歯車(プーリー)の軸や、ディレーラーを左右に動かすパンタグラフのような可動部にオイルを差します。

5 チェーン

雑巾で包むようにつかみ、ペダルを回してチェーンを走らせて、汚れの付いた（黒くなった）古い油を拭き取ります。

スプレー式潤滑油でも代用できますが、その場合は毎日のように噴きかけて下さい。

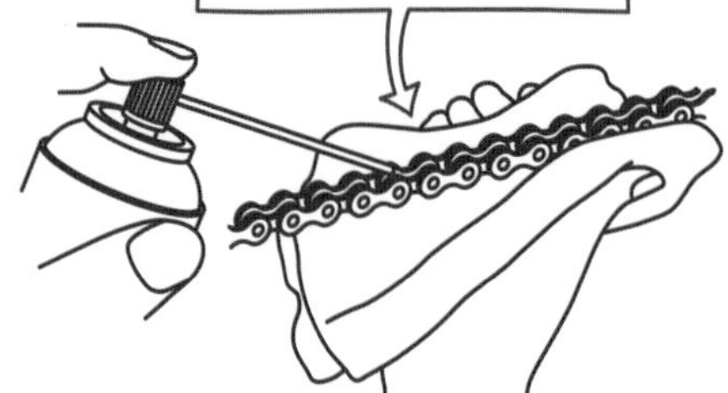

チェーンを走らせながらスプレー式グリースを噴き付けます。下から雑巾を添えておくと周囲を汚さないですみます。変速機付きの場合は各ギヤにもグリースがまわるよう、ギヤを1段ずつ変えながらチェーンを走らせます。付け過ぎたグリースは、清掃をする時のようにして拭き取ります。

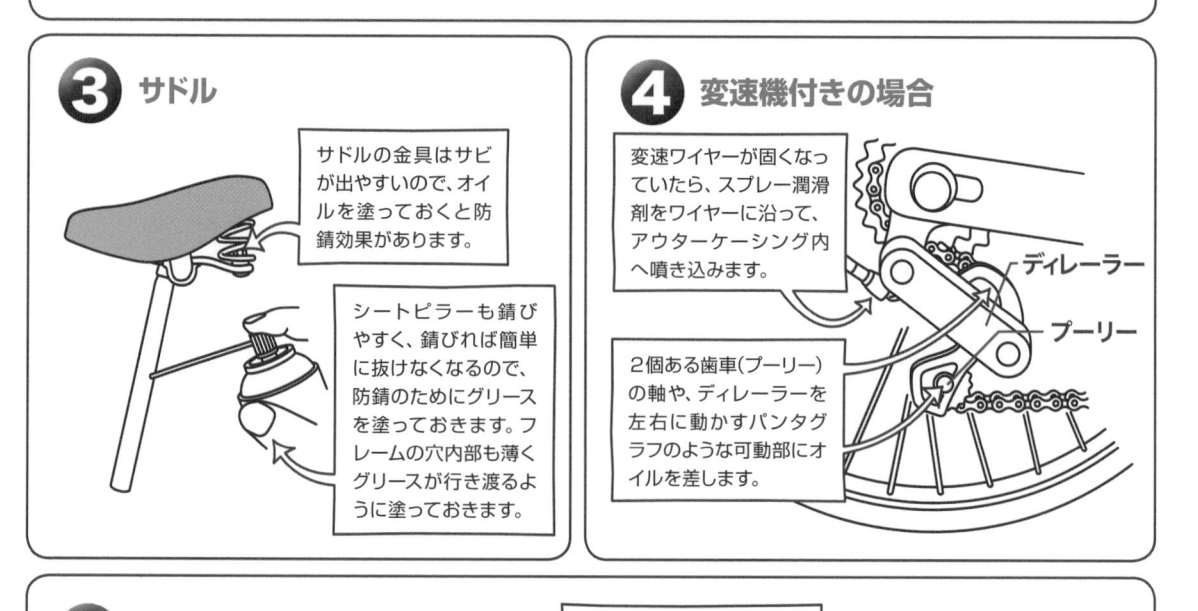

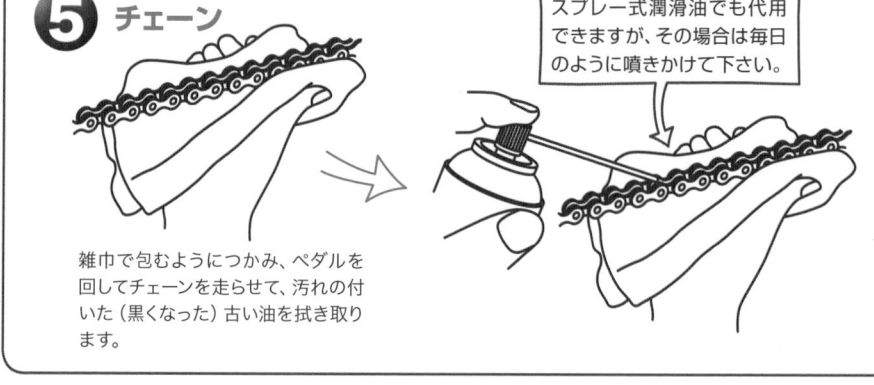

緊急！ 感染症対策
自分で防ぐ
新型コロナウイルス不活化術

ウイルスを無力化するための3つの有効対策

- ●アルコール（エタノール、イソプロパノール）消毒
- ●次亜塩素酸ナトリウム消毒
- ●紫外線殺菌

新型疾病ゆえの自衛法とは

未知の新型コロナウイルスが２０１９年末に現われて以来、研究者たちによって、RNA型エンベロープウイルスであることや、他のウイルスと同じ原理で不活化（感染力や毒性を失わせること）できることなど、短期に検証できる形質は解明されました。

しかし、同じエンベロープウイルスの仲間には、水疱瘡や単純ヘルペスのように（これらはDNA型ウイルスですが）、一度感染すると生涯体に住み付き、免疫力が落ちると再発症するウイルスもいます。そんな、検証には何年も、場合によっては人間一生分の時間が必要にもなりますが、そのような形質については、まだ全く分かりません。

ですから今は、「感染してもほとんど軽症だから」と安易に捉えず、ウイルスは絶対に体に入れさせないよう、できる限りの予防をするに越したことはありません。

規則正しい生活で免疫力を落とさないよう気をつけ、また3密回避といったさまざまな行動による対策で、ウイルスに近づく機会を減らすのは当然ですが、ウイルスの方から近づいて来る分には消毒で対抗するしかありません。しかし、普段さほど需要のない消毒剤は、いざとなると一気に品不足に陥ってしまいます。

今回の新型コロナウイルスに関する消毒情報の多くは、既知の防疫技術とも合致するところが多く、将来また新たな感染症で品不足が起こっても、本書の内容は参考にしていただけることと思います。

なお本稿執筆時点では、まだ新型コロナウイルスに対する情報は日々更新されています。そのため本書の内容も、時間と共に「実は誤りだった」となる箇所が含まれているかもしれません。悪しからずご了承ください。

新型コロナウイルスを知る

手洗いが感染症対策に有効な理由

新型コロナウイルスは、その外側を覆う脂質（つまり油）のエンベロープを壊されると、感染力を失うことが明らかになっています。そして身近な物で確実にエンベロープを破壊できるのが、界面活性剤です。

しきりに石鹸での手洗い励行を言われるのは、ウイルスを水で洗い流すだけではなく、界面活性剤である石鹸が、油を溶かしてウイルスを破壊するからです。

ですから、疑い出せばキリがないとはいえ、仮にコンビニやスーパーで買ってきた物にウイルスが付着していても、万全を期して洗剤や石鹸で表面をよく洗えば、簡単に不活化できます。もちろん、水でビショビショになっても大丈夫な物で、しかも、すすぎ用の水が手近にあることが、この方法を行なう必須条件となりますが。

そうした環境にない外出先や水道が近くにない場所では、次ページ以降の消毒剤などを応用して、できる限りウイルスとの接触を避けるよう、心がけてください。

COVID-19とは? SARS-CoV-2とは?

WHOが新型コロナウイルスに付けた名前は、SARS-CoV-2（サーズコロナウイルス ツー）。そして、このウイルスで発症する症候群の名前がCOVID-19（コビッドナインティーン）です。SARS-CoV-2によって引き起こされる、発熱、倦怠感、喉や鼻の炎症、肺炎、その他すべての症状がCOVID-19です。

手に付いたウイルスは、高価な消毒薬を使わなくても、水道が近くにあれば、石鹸や洗剤で簡単に不活化できます。

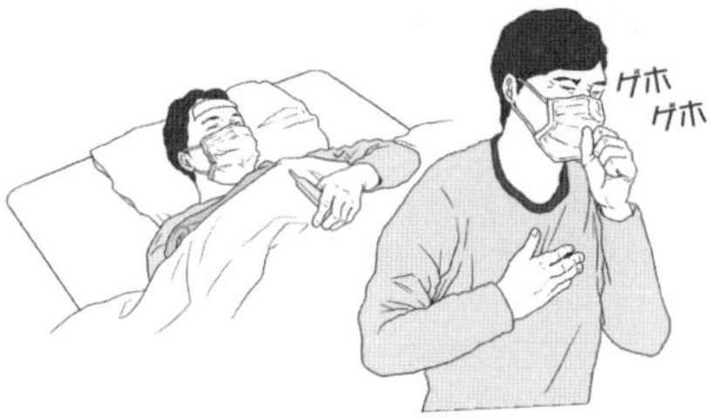

よく知られている感染源は咳や唾液などで空気中に放出されたウイルスですが、咳を押さえてウイルスが付着した手も危険な感染源になります。その手で商品やコインを持ったり、エレベータのボタンに触れたりすると、他人にSARS-CoV-2を接触感染させることになり、COVID-19の発症につながります。

SARS-CoV-2を不活化するには

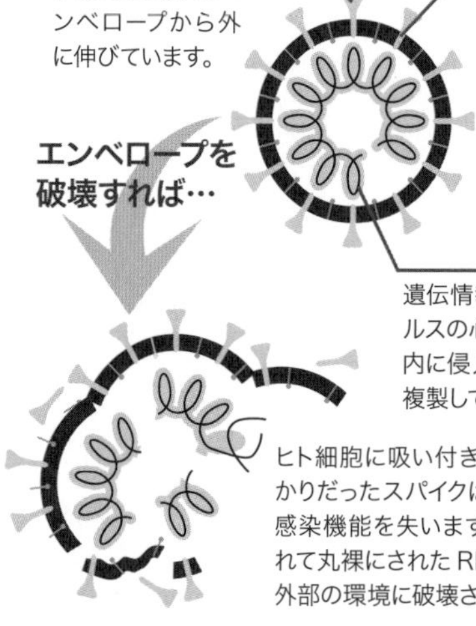

スパイク

ヒトの細胞に吸着するための腕で、エンベロープから外に伸びています。

エンベロープ

新型コロナウイルスはエンベロープ（日本語では外套とか殻とかいいます）をまとっていて、RNAを守っています。ヒト細胞から奪った脂肪分（脂質）でできています。

RNA

遺伝情報を持った、いわばウイルスの心臓部です。ヒトの細胞内に侵入すると、これを大量に複製して増殖します。

エンベロープを破壊すれば…

ヒト細胞に吸い付きもぐり込むための手がかりだったスパイクは機能しなくなるので、感染機能を失いますし、外套を引っ剝がされて丸裸にされたRNAも、やがて消毒液や外部の環境に破壊されて無害になります。

スーパー・コンビニで頭より下に陳列販売されている商品は、感染者の唾液飛沫が降りかかっている可能性もありますが、持ち帰ったら洗剤で表面を洗えば安全です。

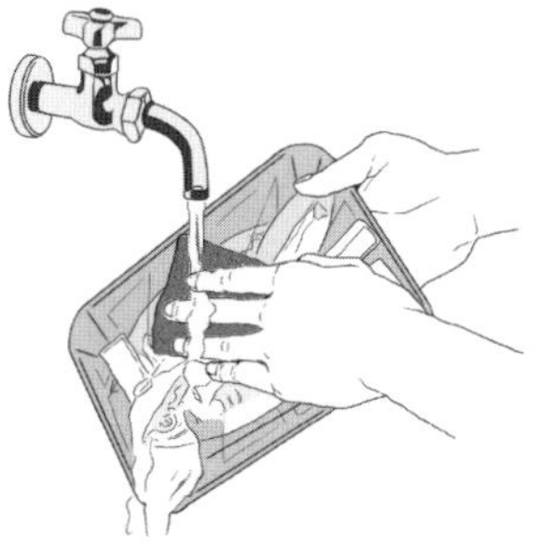

生鮮品のラップ包装は一度水をかけて、中に浸水しないことを確かめてから、表面を台所洗剤で洗ってすすぎます。浸水するようなら外装は廃棄して、別の清浄な容器に移し替えましょう。

独立行政法人製品評価技術基盤機構（略称NITE）が、代替消毒物資の有効性評価を行ない、インターネットで情報公開を行なっています（https://www.nite.go.jp/）。
有効な界面活性剤が含まれる製品リストも公開されていますから、手持ちの台所洗剤や家庭用洗剤が載っていないかどうか、確かめてみましょう。

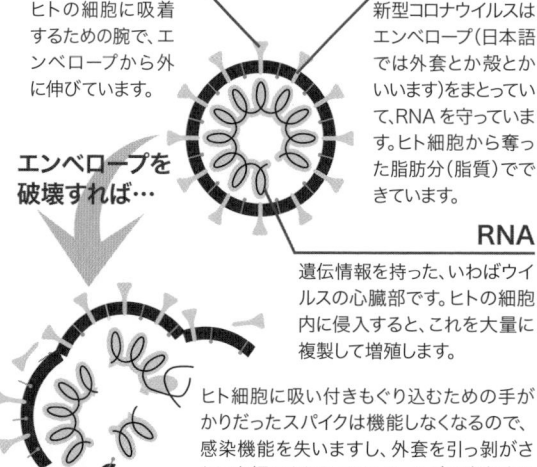

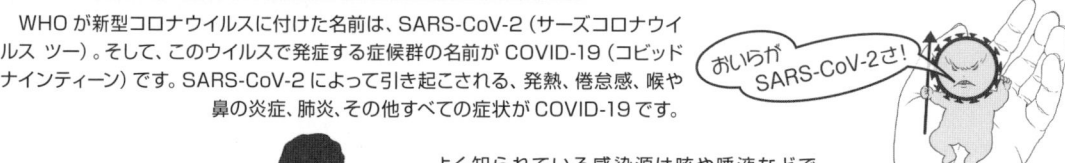

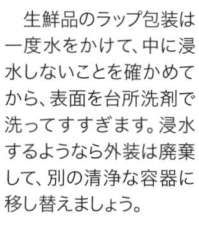

アルコール（エタノール、イソプロパノール）消毒

揮発性が高く、すすぎ水は必要ないのでどこでも使える

百年以上前から多くの研究者が、70％に薄めたアルコールが、細菌のタンパク質を最も効果的に破壊し殺菌できることを経験と実験で検証してきました。

アルコール消毒は、一部の細菌（枯草《こそう》菌や炭疽菌などが作る菌芽胞がその代表です）には効きませんが、エンベロープウイルスである新型コロナウイルスに対しては、界面活性剤と同様に、とても効果的な消毒法です。

しかも揮発性が高く、すすぎ水は必要ありませんから、どこでも使えて便利です。

消毒用アルコールには、サトウキビなどから酵母発酵で作られたエタノールだけでなく、石油から化学合成で作ったイソプロパノールも多用されています。

いずれも消毒薬としての効力はあまり変らず、飲んだりしなければ、毒性もほぼ同じですから、両者とも外用の手指消毒薬としては一般的に広く利用されています。

エタノール

多くの種類があるアルコールの中の代表格で、エチルアルコールとも呼ばれます。サトウキビなどの糖質を酵母菌発酵させて生産し、水にも油にも溶けやすいので、消毒用アルコールの他にもお酒や食品の添加物、機械の洗浄や油性の溶剤として工業用途にも多用されます。発酵によるものだけでなく、エチレンに水を加えて合成した合成エタノールも製造されており、高純度のものは医薬品や化粧品などにも使われています。

無水エタノールとエタノールの大きな違い

発酵で作るエタノールは、焼酎やウィスキーと同じで、最初は水や原料由来の有機物なども混じっています。それを加熱して、気体になったエタノールを集めて冷やして液体に戻して…と、蒸留工程を何度も繰り返して、エタノールの濃度を高めていきます。

しかしエタノールが蒸発する温度は、水蒸気も混じるので、最後は何度蒸留しても、どうしても少量の水が残ってしまいます。その限界濃度に達したものが、日本薬局方の「エタノール」です。

「無水エタノール」は、「エタノール」にベンゼンを加えてさらに100%近くまで脱水したもので（ベンゼンを使わない他の方法もあります）、最後はそれら添加物も除去されますが、日本薬局方の規格では残留ベンゼンの濃度は、2vol ppm（0.0002%）以下とされているので、必ずしもゼロとは言いきれません（ただし、実験室で使用するのではないので、日常生活での実用性においては、ゼロとみなせる量です）。

つまり、元は同じ発酵系アルコールでも、「エタノール」はお酒の延長線上のアルコールですが、「無水エタノール」は化学薬品ということになります。

日本薬局方で規格が定義されているエタノールは、

- **消毒用エタノール（アルコール濃度76.9～81.4vol%）**
- **エタノール（95.1～96.9vol%）**
- **無水エタノール（99.5vol%以上）**

の3つで、薬局で買えるエタノールも、この3つです。

えっ…？
70%じゃないの？

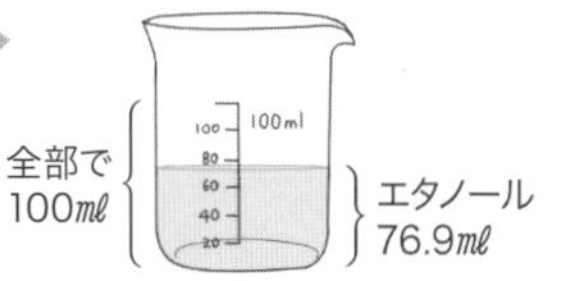
100ml
全部で
100mℓ
エタノール
76.9mℓ

vol%とは、体積（英語でvolume）から算出する濃度のことで、76.9vol%とは「溶液100mℓ中に、エタノールが76.9mℓ含まれる」ことを意味します。

※水とエタノールを混ぜると、分子間の距離が小さくなって、体積が若干減ります。もし厳密にエタノール76.9mℓと、水23.1mℓを計って混ぜたら、100mℓよりわずかに少なくなります。

省略して%とだけ書いている濃度表記は、質量比の百分率を表していることが多く、正しくはwt%と書きます。そして、「76.9～81.4vol%」をwt%に換算すると、「約70～75wt%」になります。

つまり70%アルコールとは、70wt%ということ。「消毒用エタノール」は、製造後の揮発分や空気中から吸水する分などを見越して、さらにマージンを5wt%乗せているのでしょう。ちなみに70～75wt%の時の100mℓ中のエタノール重量は、61～64.6gです。

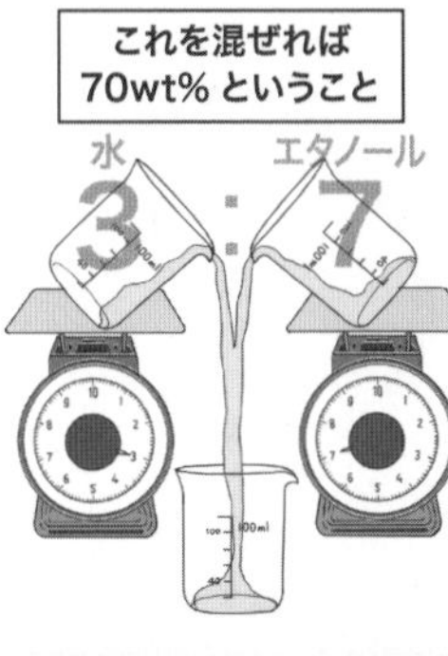
これを混ぜれば
70wt% ということ
水
エタノール
3
:
7

薬局以外でも買える アルコール

アルコール不足対応のための特例である、厚生労働省通達文「高濃度エタノール製品」に相当するエタノールが、時折ネットショップでも見かけられます。正体は「アルコール度数を高めたお酒」で、医薬品として認められない（そのため通達で特例扱いにしています）わけは、日本薬局方を意識した品質管理をしていないからです。しかし実際には、消毒用としての機能も充分に有しています。ラベルに飲用不可と書かれていますが、これを表示すると酒税がかからなくなるためで、決して飲用不可な物質を混入しているわけではありません。

「無水エタノール」や「エタノール」は、商品名に“消毒”の文字が含まれず手を出す人が少ないのか、こちらもネットショップで見かけることは珍しくありません。同様に「IPA」も、消毒用アルコールよりは、入手しやすいようです。

高濃度エタノールを入手した時は、ボトルに書いてあるvol%表示から、原液中のアルコール量を計算して、計量カップなどで、あと何cc（計量カップのccとmℓは同じ意味です）水を足せば良いかを計算します。

99.5vol%以上であれば、小数点以下は誤差と思って、100%で計算してかまいません。%数に幅がある時は、少ない方で見積もれば、もし実際がそれより多くても、最終濃度が少しばかり濃くなるだけですから、例えば、95.1～96.9vol%の場合は、95vol%で計算しましょう。

機械の洗浄や樹脂の溶剤用など、99.○vol%といった「高純度の産業用途アルコール」は大量に安価で売られています。この小数点以下の端数に、「何か危険な物が入っているのでは？」と不安がられる方も多いですが、その正体は水です。

そうした産業用途アルコールは、日本薬局方を意識した品質管理下で製造をしていないというだけで、JIS規格（日本産業規格）に基づいて作られています。JIS規格でも、さまざまな残留不純物が許される割合は決まっていて、いずれも小数点以下2桁3桁%であったり、さらに細かな1ppm以下であったりといった、ほぼゼロに近い単位ばかりですから、中身は純粋なエタノールやIPAです（機能向上用に添加物が入っている製品は除きます）。

もし気になる場合は、JIS規格（エタノール99.5試薬や2-プロパノール試薬など）が、ネットに公開されていますから、品質項目を自身で確認して、「これならほぼゼロ」と思える方は、自己責任で消毒用途に転用してください。

イソプロパノール（IPA）

日本薬局方で規定されている名称はイソプロパノールですが、化合物名では、2-プロパノール、イソプロピルアルコール、IPAとも呼ばれます。プロピレンを原料に製造され、飲用不可なので、酒類転用防止の加算額がかからず安価です。

純粋なIPAのみの製品もありますが、薬局ではむしろ、エタノールにIPAを混合した消毒液をよく見かけます。混合すると、エタノールが主成分でも飲用不可となり安価に販売できるためです。経口毒性はエタノールより高いですが、外皮消毒や物品消毒における毒性は、さほどかわりません。

エンベロープウイルスに対しては…

ノンエンベロープウイルスに対する消毒効果はエタノールに劣りますが、古くからエンベロープウイルス（親油脂性ウイルス）に対しては、炭素数の高いIPAの方が脱脂能力が高く、効きやすいとされています（*1）。

また一般に、分子量の大きい方が揮発性は低いので、炭素数の高いIPAの方が分子量も大きく、IPAを混合すると揮発し難くなる効果もわずかながら働きます。

脱脂効果が高いので、もし肌荒れするようなら、外皮消毒に使った後は保湿剤などでケアしましょう。

世界保健機関（WHO）が「WHO推奨手洗製剤ガイド」のPDFファイルをウェブサイトで公開しています（*2）。消毒用アルコールが容易に入手できない途上国の保健衛生現場で、自家調達することを主眼にしたガイドですが、私たちの自家調合の参考になりますから、興味があれば読んでみてください。

- ガイドでは、滅菌蒸留水か湯冷ましを使うことになっていますが、チリのない煮沸水道水でも良としています。煮沸は殺菌のためと思われますが、日本の水道は高度に浄化されていますので、自家用目的であれば、そのままの水道水で十分です。量は、最後に総量に達するまで注水しますが、混合すると体積が変るので、現物合わせで目的の総容積にします。
- 過酸化水素水を添加するように書かれていますが、真菌などのアルコールが効かない細菌にも対処するためだと思われます。SARS-CoV-2対策が目的であれば、水で置き換えてもかまいません。
- グリセリンの添加は手肌ケアが目的のようですが、肌荒れしなければ、これも水で置き換えてもかまいません。

WHOのレシピ

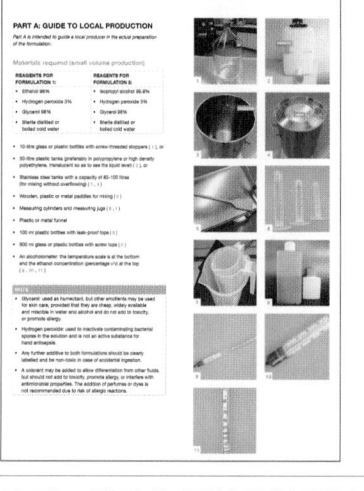

WHO推奨 手指消毒製剤レシピ（10ℓ）（1ℓ作る時はすべての容量を1/10にする）

製剤1（エタノール）	製剤2（IPA）
96% エタノール：8333mℓ	99.8% IPA：7515mℓ
3% 過酸化水素水：417mℓ	3% 過酸化化水素水：417mℓ
98% グリセリン：145mℓ	98% グリセリン：145mℓ
水：現物合わせ	水：現物合わせ
仕上がり濃度 エタノール80vol%	仕上がり濃度 IPA75vol%

アルコールは、空気に触れただけでも空気中の水分を吸収するので、無水アルコールでも販売用容器にボトリングする際など、水分混入の機会はゼロにはできません。そのため売られているアルコールも、○%以上とか○～△%と幅を持たせています。ですからこのレシピでいくら厳密に計量しても、結局、濃度のズレは生じます。

しかし、菌やウイルスのアルコール感度にも幅があるので、濃度に多少の誤差があっても、消毒液として使う分には問題はありません。特にエンベロープウイルスは50vol%以下のアルコールでも効果ありとされていますし（*3）、最新の研究論文では、SARS-CoV-2は20～30vol%のアルコールでも不活化できる（*4）との報告もあるぐらいです。そもそも上記のWHO製剤2は75vol%ですが、国内で売られているIPA消毒用アルコール製品は、70vol%のものが多く、結局、多少の%のズレに神経質になっても意味はありません。

むしろ濃い方がエンベロープを溶かす効果は高いので、細かな計量は気にせず、アルコールを心持ち多い目にして濃いめになるよう希釈する方が、現実的です。

＊1：アルコール類のウイルス不活化作用に関する研究 ウイルスに対する各種アルコールの不活化効果について
▶http://journal.kansensho.or.jp/kansensho/backnumber/fulltext/55/355-366.pdf
＊2：原題 WHO-recommended handrub formulations ▶https://www.who.int/gpsc/5may/Guide_to_Local_Production.pdf
＊3：殺菌・抗ウイルス効果に及ぼすエタノール濃度の影響 ▶http://www.thcu.ac.jp/uploads/imgs/20190605090207.pdf
＊4：Inactivation of Severe Acute Respiratory Syndrome Coronavirus2 by WHO-Recommended Hand Rub Formulations and Alcohols
▶https://wwwnc.cdc.gov/eid/article/26/7/pdfs/20-0915.pdf

次亜塩素酸ナトリウム消毒

簡単に手に入る上に安くて しかも強力な消毒薬

高価で、なかなか手に入らないアルコールに比べると、遥かに安価で、しかも潤沢に商店に並んでいるので、いつでも簡単に手に入れられる消毒液の材料、それが次亜塩素酸ナトリウム（化学式　NaClO）。

薬品名としては、日常あまり耳にしませんが、スーパーやホームセンターなどで「ハイター」や「ブリーチ」などの名称で売られている塩素系漂白剤が、実は次亜塩素酸ナトリウムそのもの。これで簡単に消毒薬が作れます。しかも、数百円で50ℓ以上の消毒液が作れますから、とてもリーズナブル。

それでいて、次亜塩素酸ナトリウムは、アルコールでは対処できないノロウイルスをも不活化するほどの強力な消毒薬でもあります。ですから、お手軽気分で注意を怠ると、人体にも悪影響が及ぶこともあるので、気をつけてください。

左記に挙げた基本の注意事項を守って、使い方さえ誤らなければ、安全で強力な消毒液となってくれます。

0.05% 次亜塩素酸ナトリウム水溶液

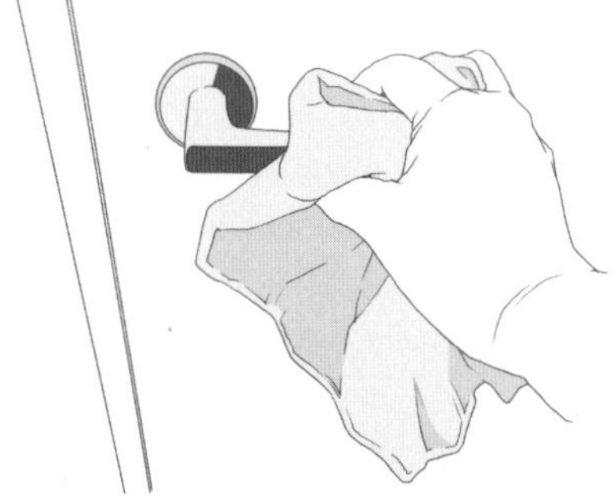

日本環境感染学会が出した「医療機関における新型コロナウイルス感染症への対応ガイド」や、国立感染症研究所が発表した「新型コロナウイルス感染症に対する感染管理」では、新型コロナウイルスの原因病原体であるSARS-CoV-2には「0.05%の次亜塩素酸ナトリウム」が有効とされています。そして感染症患者が使用したトイレの消毒（特にドアノブ、トイレットペーパーホルダー、水栓レバー、便座）については、0.1%が推奨されています。同ウイルスについては、厚生労働省のウェブサイト「新型コロナウイルスに関するQ&A」でも0.05～0.1が指針として示されていますので、本書でも0.05～0.1%を希釈溶液の実用範囲として扱います。

使い分けは、不特定多数の方が訪れる場所では、未発症感染者から直接出た唾液などが付着する可能性もありますから、高濃度の0.1%が望ましいでしょう。

一般家庭でも、外から帰ってきた家人が、手洗い前に最初に触れる玄関ノブや電気のスイッチ、手すりなどは、高濃度の方が安心です。

いずれにせよ、水に濡れてもかまわないところは、高価なアルコールを使わなくても、次亜塩素酸ナトリウム消毒液で充分です。

塩素系漂白剤は既に薄まっている!

成分表示に、必ず「次亜塩素酸ナトリウム」と書かれている塩素系漂白剤を使います。

次亜塩素酸ナトリウムは不安定な物質で、自然に水と塩に分解しますから、未開封でも1年経てば、冷暗所に保存していても半分程度まで濃度低下する（場合もあり）ます。ですから保存状態が不安定な古い物は、残念ながら家庭では全く濃度は分かりません。購入時はメーカー規定の濃度ですから（多くの製品は約5%ですが、それ前後や以下のもあります。メーカーのウェブサイト等で濃度は確認してください）、できれば購入後すぐの物を使うことをお奨めします。

このように、アルコールと同様、保存していた物の場合は、開けた時点で濃度には幅が生じていますので、厳密に計算し希釈したところで、あまり意味はありません。計算より心持ち濃いめに調整した方が、ウィルスに対しての有効濃度を確実に確保できます。

古ければ40倍以上が目安

古い塩素系漂白剤は、原液濃度が2%や3%に低下していることがあります。そうした古い塩素系漂白剤を緊急避難的に使う時は、水増し量を40倍に抑えておけば、少なくとも有効濃度以上は得られます（原液濃度2%なら0.05%、3%だと0.075%、4%で0.1%に希釈されます）。薄いと消毒効果は無くなるので問題ですが、濃い分には、消毒能力は変わりませんから、原液濃度が不明の時は、念のため濃いめに調合した方が確実です。ただし、手荒れには注意してください。

また塩素系漂白剤には、次亜塩素酸イオンを安定させるために溶液がアルカリ性に傾くよう、微量ですが水酸化ナトリウムも添加されています。さらにキッチン用の塩素系漂白剤は、界面活性剤も入っています。これら添加物は、消毒用途に使う場合には特に注意は必要ありませんが、ガラスはアルカリに弱いので、希釈後の短期の保存でもガラス瓶は避けましょう。

一度に大量に作らない

前ページで述べたように、次亜塩素酸ナトリウムは、常温保存では自然分解が止まらず、濃度が維持できません。ですから、一度にたくさん作らず、数日の内に使い切れる量だけを作るようにします。また、温度と光で分解が加速しますから、必ず、光の当たらない冷暗所に保管します。

買ったばかりの漂白剤なら単純に50～100倍に

塩素系漂白剤として調整された製品は、右頁で書いたように、100%の次亜塩素酸ナトリウムではありません。店頭に並ぶ頃には5%程の濃度になるよう、出荷前に調整して薄められています。

原液が5%の次亜塩素酸ナトリウム溶液の漂白剤ならば、水（水道水でかまいません）を加えて100倍の容量に増やすだけで、0.05%に薄まります。0.1%にしたい時は、水増し量をその半分、50倍に留めておけば0.05の倍、すなわち0.1%になります。

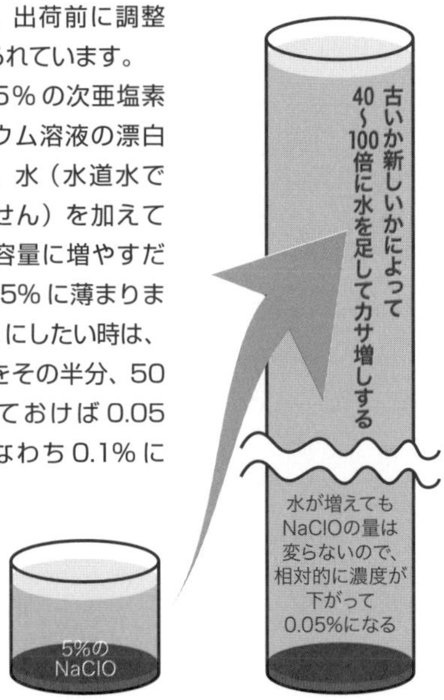
古いか新しいかによって40～100倍に水を足してカサ増しする
水が増えてもNaClOの量は変らないので、相対的に濃度が下がって0.05%になる
5%のNaClO

次亜塩素酸ナトリウムを使う際に 守るべきこと

●酸性の物には 絶対 触れさせちゃダメ！

次亜塩素酸ナトリウムは、酸に触れると人体に危険な塩素ガスを発生します。「混ぜるな危険」と書かれている酸性洗剤だけでなく、レモン汁や酢でも反応するので、残飯なども要注意です。吐瀉物にも胃酸が含まれるので、患者の吐いた汚物に直接かけるのは厳禁。必ず吐瀉物を掃除した後の、付着箇所の消毒に使ってください。そもそも有機物で汚染されていると、次亜塩素酸ナトリウムの消毒力は落ちますから、汚物にかけるのではなく、汚物清掃後の消毒に使いましょう。

●人体やペットには触れさせない！

水道水にも使われる次亜塩素酸ナトリウム（WHOによる水道の規格では0.0005%以下）ですが、消毒液用の高濃度になると凄く危険な薬品です。アルコールのような手指消毒用としては絶対に使わないように！　肌の弱い人は、手袋を使って肌に直接触れないようにしてください。もし漂白剤の原液が手に付いたら、急いで流水でしっかり洗い流します。またたとえ希釈した漂白剤でも、消毒したところは後で必ず水拭きをしてください。そして、口に入る可能性のある物には、絶対に使わないこと。ペットボトルに保存した漂白剤による誤飲事故は後を絶ちませんから、子供のいる家庭ではペットボトルでの保存は避けるか、子供の手の届かないところに保管してください。

●金属、メラミン樹脂には手早いケアを！

濃度と接触時間にもよりますが、次亜塩素酸ナトリウムは、金属を腐蝕させます。特にアルミやステンレスは、腐蝕や変色を誘いますので、消毒後はすぐに水洗いするか、しっかりと水拭きします。メラミン樹脂の劣化や変色も引き起こしますので、消毒後は速やかにすすぎましょう。

●霧吹きは キケンと心得るべし！

次亜塩素酸ナトリウムの飛沫を吸い込むと、気管に重篤な中毒や炎症を起すことがあり、大変危険です。ですから霧吹きはお奨めしませんが、どうしても霧吹きで使わねばならない時は、マスクをするなどして、飛沫を絶対に吸い込まないようにしてください。吹き口調整ができるものは、粗い水滴にして、できるだけミストが空中に漂わないようにします。また、たとえ霧吹きにしなくても、万が一の時のために、必ず換気をしながら使用しましょう。

似て非なる 次亜塩素酸水

次亜塩素酸ナトリウムと混同されがちな、非常によく似た名称の「次亜塩素酸水」というものがあります。

次亜塩素酸ナトリウムは次亜塩素酸イオン（ClO^-）で殺菌するのに対し、次亜塩素酸（化学式 HClO）が分子のままで溶け込んでいるのが次亜塩素酸水で、この分子による強力な酸化力でウイルスを死滅させます。

その殺菌力は ClO^- の約80倍も高いので、次亜塩素酸水の有効塩素濃度は0.001%～0.008%と、次亜塩素酸ナトリウムとは文字どおり桁が違う薄さで使えます。

しかしこの薄さは短時間で有効濃度以下に自然分解されてしまう欠点にもつながるので、保存には向きません。生成器を入手し、有効塩素濃度が確実なものを毎日必要な分だけ作って使うのが、本来の使い方です。

実際、家庭用をうたう安価な「次亜塩素酸水生成器」は、「次亜塩素酸ナトリウム生成器」であることも多いので、注意が必要です。

次亜塩素酸水の対ウイルスの治験としては、平成27年に国立医薬品食品衛生研究所から出された「ノロウイルスの不活化条件に関する調査報告書」で、高濃度次亜塩素酸水は効果あり、濃度の低い次亜塩素酸水は効果なし、そして、高濃度次亜塩素酸水でも有機物で汚染されていれば効果なし、と判定されています。これは、ノンエンベロープウイルスであるノロウイルスの治験なので、新型コロナウイルス（エンベロープウイルス）での効果は、まだ本稿執筆時点で確認されていません。

令和2年5月1日に、独立行政法人製品評価技術基盤機構（NITE）から、微酸性も含めた電解次亜塩素酸水で効果ありと発表がありましたが、その後同月28日には、NITE内に設けられた「新型コロナウイルスに対する代替消毒方法の有効性評価に関する検討委員会」で、「次亜塩素酸水」の有効無効判定は、先送りされました。

そうした中で、アルコールの流通不足を受けて経産省が検証する代替消毒方法の候補の一つとして、「次亜塩素酸水」もその名が挙げられた結果、巷では玉石混交の次亜塩素酸水商品が流通するようになりました。

しかし前述したように現在のところ、唾液や鼻水などに包まれていない、実験室レベルの、無垢のノンエンベロープウイルスに対して、濃度の高い強酸性次亜塩素酸水で効果が認められているだけで、汚染物質の多い現実環境での、新型コロナウイルスへの効果は、本稿執筆時点では、いまだ分かっていません。

特に、パッケージングされて流通している次亜塩素酸水は、入手した時点でどれだけ濃度低下しているのかも分かりませんし、消毒箇所の油を落してからとか、場合によっては流水状態で有機物を洗い流しながらといった、正しく使う方法を消費者が理解しているとも言いきれません。

また、加湿器や空気清浄器に入れて噴霧すると、空間消毒ができる話が流布されていますが、次亜塩素酸を肺に吸い込むのは大変危険です。空間消毒は無人の時にするもので、**有人の時には絶対に噴霧してはいけません**。これは、次亜塩素酸ナトリウム溶液についても同じです。前ページで作った漂白剤の希釈液も、**加湿器や空気清浄器等で使用するのは、絶対にやめてください。**

次亜塩素酸水の危ないところは、食品添加物にも指定されているとか、濃度が薄いなどの、過度な安全性が広告に多用されて、その危険性を消費者が理解していないところにあります。食品添加物として使用する時は、出荷時に残留量ゼロとしなければなりませんので、決して人体に取り込まれて良い物ではないのです。

そして最も気をつけねばならないのが、効果が無くなった次亜塩素酸水で消毒した気になって、結果、最悪の感染症を引き起こすこと。「人体に無害」のうたい文句どころか、最も有害な事態を招いてしまいます。

紫外線殺菌

家庭で眠っている蛍光灯器具を使ってウイルスを不活化

太陽から降り注ぐ紫外線のうちのC波は、地球のオゾン層で吸収されて地表には届いていません。ですから一般に地上の生物は、C波に抗する能力がなく、細菌もウイルスも不活化できることは、経験的に明らかになっています。

そのメカニズムはまだ仮説の段階ですが、遺伝子はC波の260nm波長付近光を吸収しやすいことから、C波がDNAやRNAの遺伝子情報を破壊するのではないかと考えられています。

そのC波を人工的に発生させるのが殺菌灯です。最近はLED製もありますが、主流は蛍光灯と同じ構造の直管ランプ。蛍光灯器具の蛍光灯を殺菌ランプに交換するだけで、簡単に殺菌灯に早変わり。ただし、光らせるのは「容易」でも、取り扱いには注意を要するので、きちんと理解していなければ「危ない」消毒方法でもあります。

【紫外線C波は絶対に見てはいけません！】

紫外線殺菌器を作り使用するにあたって守らなくてはならないことです。
C波が目に入ると目を痛めます。皮膚に長時間当てると皮膚障害を起こします。

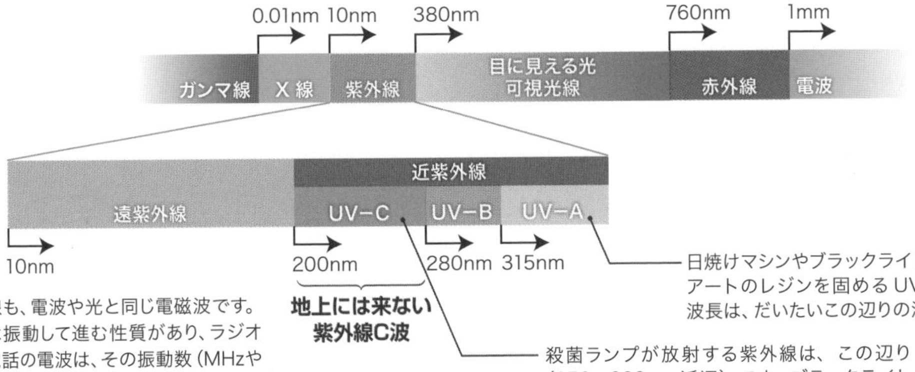

0.01nm 10nm
380nm
760nm
1mm
ガンマ線
X線
紫外線
目に見える光
可視光線
赤外線
電波
近紫外線
遠紫外線
UV−C
UV−B
UV−A
10nm
200nm
280nm 315nm
地上には来ない
紫外線C波

日焼けマシンやブラックライト、ネイルアートのレジンを固めるUVライトの波長は、だいたいこの辺りの波長です。

殺菌ランプが放射する紫外線は、この辺り（250〜260nm近辺）です。ブラックライトなど、他の紫外線ランプではこの紫外線は放射しませんから、殺菌もできません。

紫外線も、電波や光と同じ電磁波です。電磁波は振動して進む性質があり、ラジオや携帯電話の電波は、その振動数（MHzやGHzといった単位）で表しますが、赤外線から上を振動数で表すと、とてつもなく大きな数字になってしまうので、波長（1回の振動で進む距離）で表します。

電気スタンドを殺菌灯に作り替える

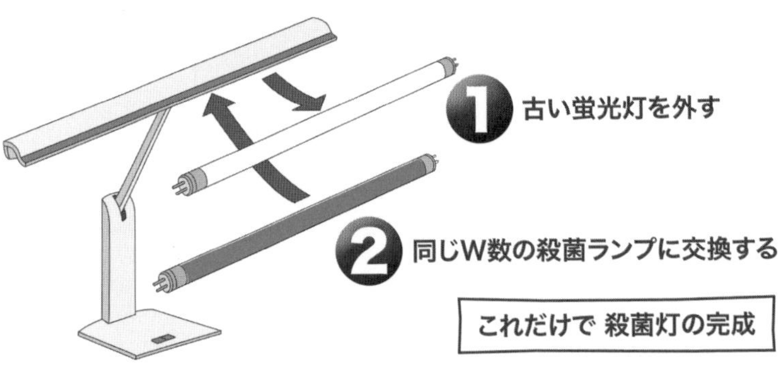

1 古い蛍光灯を外す
2 同じW数の殺菌ランプに交換する
これだけで 殺菌灯の完成

蛍光灯は、ガラス管の内側の蛍光物質に、管内で発光した紫外線を当てて蛍光発光させています。殺菌灯は、蛍光物質を無くして、紫外線がそのまま外に出るようにしたものです。そのため、殺菌灯のガラスは透明です。

殺菌ランプは数千円で売られていますから、使わなくなって押し入れに眠っている古い蛍光灯の電気スタンドなどがもし残っていれば、安価で簡単に殺菌灯にできます。ただし、殺菌ランプは直管タイプのみで、直管タイプ以外の器具では使えません。また、スタータ型蛍光灯具（グローランプが必要なタイプ）でなければ使えません。

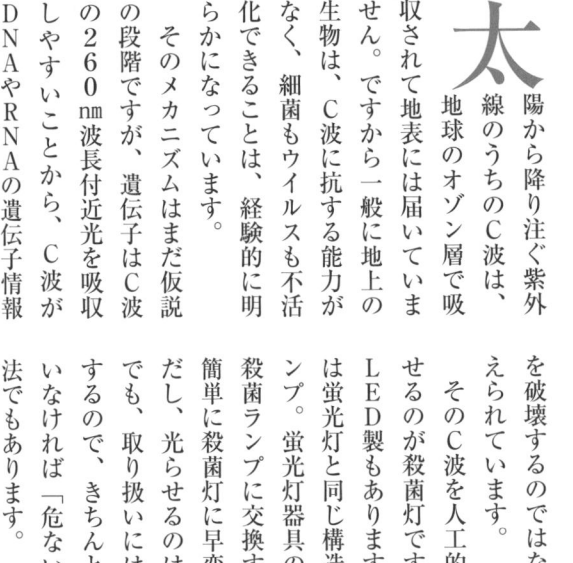

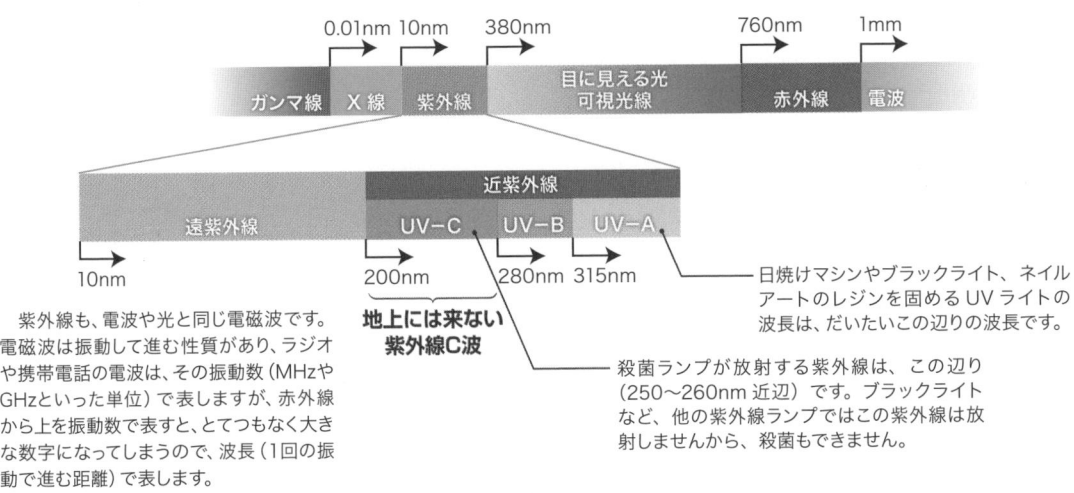

殺菌灯の囲いを作成する

電気スタンドがスッポリ入る大きな段ボール箱（切り張りで作ってもかまいません）の中で点灯させれば、紫外線を見たり浴びたりせずにすみます。長時間点灯する時は、上面を少し開けて、熱がこもらないように注意してください。ただし、中は絶対に見ないこと！

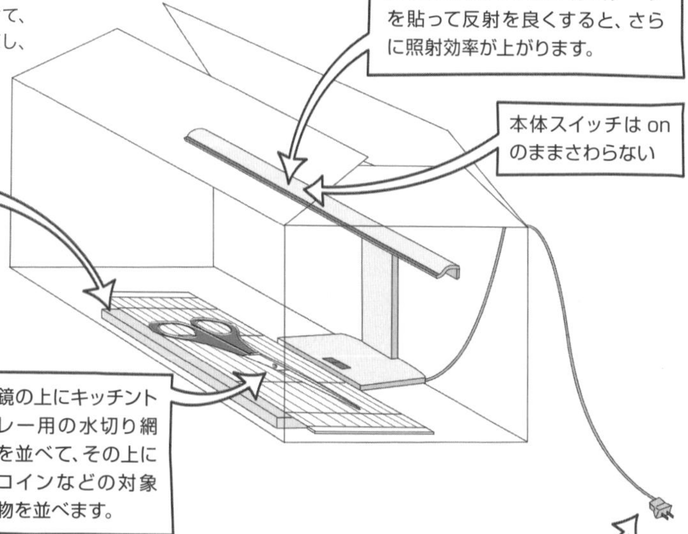
電気スタンドのリフレクター（反射板：ランプの傘）の内側は通常、白色ですが、ここにアルミテープを貼って反射を良くすると、さらに照射効率が上がります。
本体スイッチは on のままさわらない
箱の底に鏡板を置けば、消毒したい対象物の裏側にも紫外線が当たります。鏡が無ければ、アルミホイルの光沢面を上に向けて敷き詰めても代用できます。段ボール箱の内側壁も、両面テープでアルミホイルを貼り巡らせば、より照射効率が上がります。
鏡の上にキッチントレー用の水切り網を並べて、その上にコインなどの対象物を並べます。
ランプの on/off は、プラグの抜き差しですれば、閉じた箱の中に手を入れずにすみます。

殺菌ランプには寿命がある

殺菌ランプは、使うに従って紫外線出力が落ちてきます。メーカーは、カタログ等に「定格寿命」として、出力が80%程度まで低下する時間の目安を表示しています。とはいえ、4000時間とか6000時間といった時間の単位ですから、一日1回30分程度の点灯なら何千回も使えます。

もし一日に何度も点灯したり、消し忘れて長時間点灯したりすることが多いようなら、何時間点灯したかも気にして、寿命が近づいたら、早めにランプ交換することをお奨めします。

照射時間の計算

照射時間（99.9% 不活化の時間）は、殺菌ランプの長さと紫外線出力（これはカタログ等に載っています）、そして対象物までの距離で決ります。この計算式で、簡単に時間（秒数）が分かります。

ℓ_1：対象物までの距離（cm）
ℓ_2：殺菌ランプの長さ（cm）
W：殺菌ランプの紫外線出力（W）
照射時間（秒）$= 0.1 \div (W \div (2 \times \ell_1 \times \pi \times \ell_2))$

（計算例）PanasonicのGL-15や東芝のGL15で、40センチの距離から照らす場合、カタログからℓ_2は43センチ、紫外線出力は4.9Wと載っているので、$0.1 \div (4.9 \div (2 \times 40 \times 3.14 \times 43)) \fallingdotseq$ 約 220秒となりますから、4分以上照射すれば良い、と計算できます。

※ウイルス不活化のための紫外線の必要強度は、ウイルスによって、また研究者によって数値が異なるため、確たる数値はまだ見いだされていません。さらに、SARS-CoV-2 での検証もまだ進んでいませんので、ここでは、エンベロープウイルス（インフルエンザウイルス）で不活化率 99.9% 以上と検証された報告の中から、最大値に近い 0.1mJ/cm^2 を必要強度として採用しました。

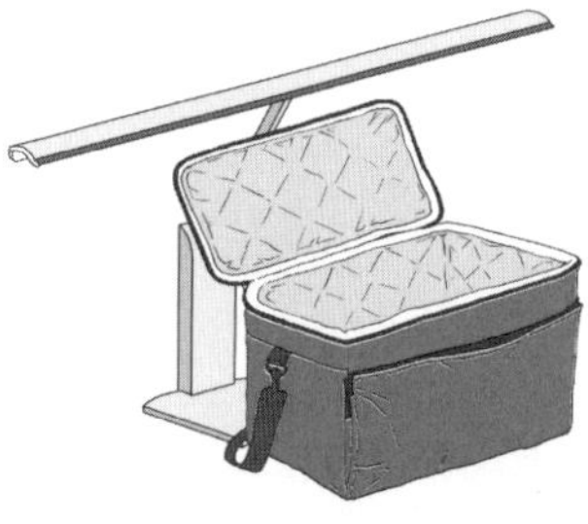

小物程度なら箱を用意しなくても、銀箔で内張りされたクーラーバックに消毒したい物を入れて、上から殺菌灯で照らすだけでも良いでしょう。これだけなら、フタをした乾いた風呂桶の中や、扉を閉めたクローゼットの中に置いても照射できます（見える所では、絶対にしないでください）。
クーラーバックを流用するアイディアは、大阪府立大学放射線研究センターの秋吉優史准教授考案のマスク用滅菌 BOXを参考にしました。詳しくは、
http://bigbird.riast.osakafu-u.ac.jp/?akiyoshi/Works/Anti-Covid-19.htm#UV
もご参照ください。

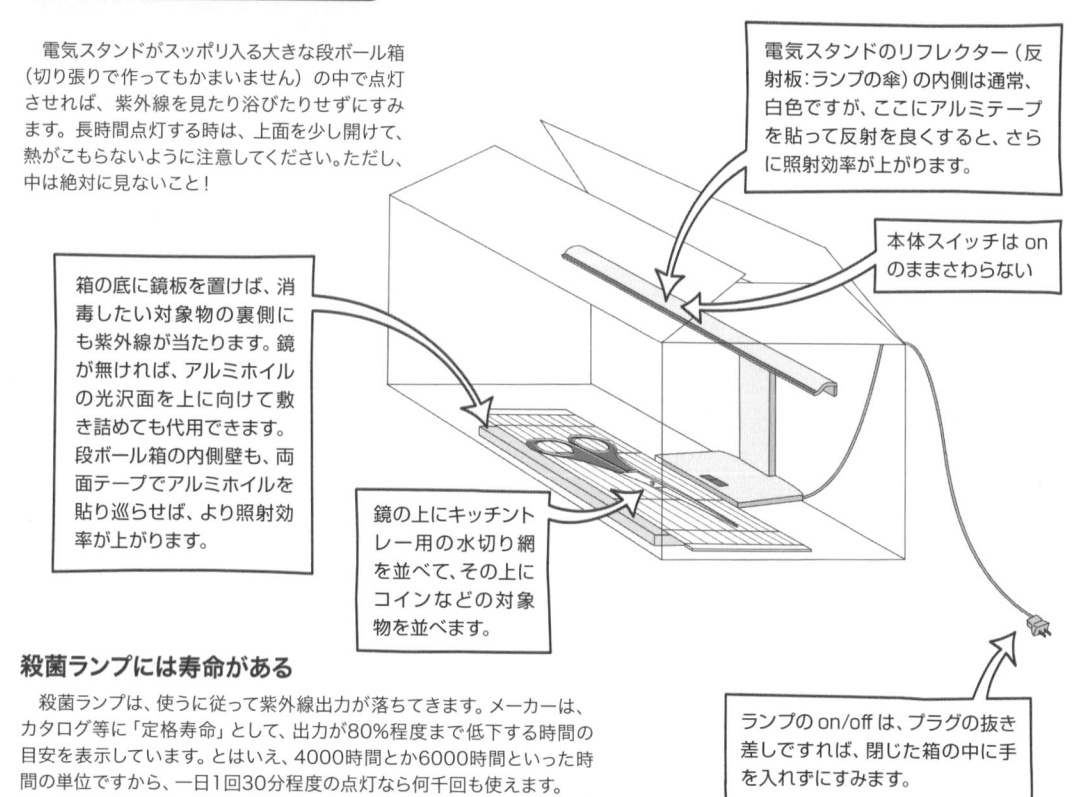

巻末特典

そろえておきたい基本工具と正しい使い方

●単純で手軽だが実は奥が深いドライバー

●ボルト・ナットを扱うための基礎知識

●しっかりとつかむためのツール

〈あれば嬉しい！ DIYに役立つ電動ツール〉

●電気ドリル（電動ドリル）

●ドライバドリル（ドリルドライバ）

●インパクトドライバ

●振動ドリル（コンクリートドリル）

●ジグソー

●丸ノコ（電動丸ノコ）

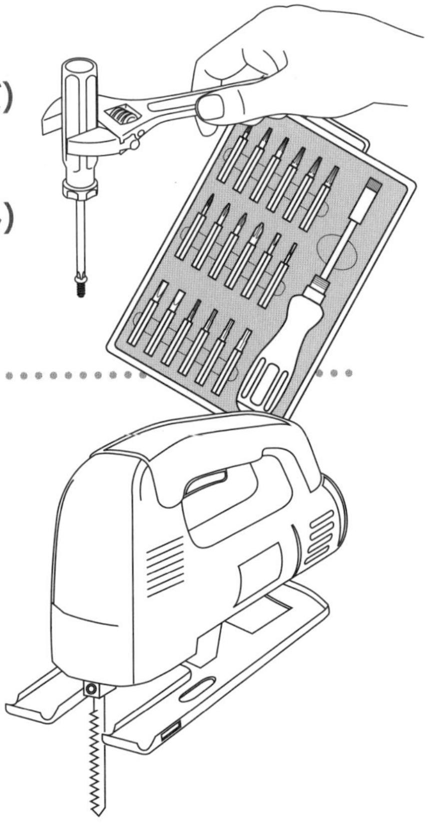

ドライバー、スパナなどの「回す」工具、
ペンチ、プライヤーなどの「つかむ」工具。
そして、あると便利な電動ツール。
これらの正しい使い方を理解して、
ケガなく快適に作業しましょう。

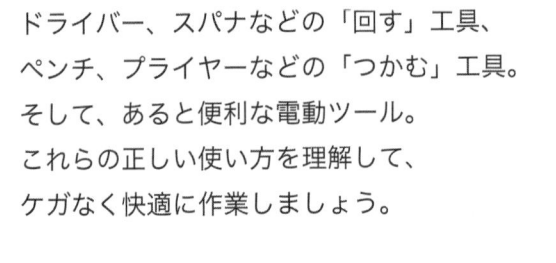

単純で手軽だが実は奥が深いドライバー（ネジ回し）

意外と知らない正しい使い方

私たちの身のまわりにある物のほとんどは、複数のパーツを組み合わせて作られていますが、それらをつなぎ止めるのに欠かせないものがネジです。

そのため、何か修理をするとか、何かを作る時には、このネジを締めたり緩めたりといった作業が、必ず付いて回ります。ですから、別名「ネジ回し」とも呼ばれるドライバーは、どの家庭にも必ず一本はあることでしょう。

このように、各種多数ある工具類の中でも、ドライバーは一般家庭に最も広く普及している工具の一つですが、意外なことに、その正しい使い方はあまり知られていません。

構造も用途も単純で、あまりにも簡単に扱えるだけに、つい気軽に扱ってしまいがちなドライバーですが、単純ということは、逆にそれだけ基本的な、根幹部を支える役割を担っているとも言えます。

また、ドライバーの誤った使い方をすると、作業の安全性が低下したり、ケガにつながることもあります。ぜひ正しく理解してください。

マイナス（－）ドライバー

先端が－型になっている、おなじみのドライバーです。サイズは、刃幅と刃厚、軸長がJIS規格で決められています。ネジ頭の溝のサイズもJIS規格で決められていますので、サイズの合ったドライバーとネジの組み合わせであれば、その溝幅にピタリと合うようになっています。ただし軸長は、JIS規格に限らず、用途に応じてさまざまな長さの物が作られています。

ちなみにJIS規格では「ドライバー」ではなく、「ねじ回し」と呼びます。

マイナスドライバーのＪＩＳ規格（単位：mm）

刃幅	4.5	5.5	6	7	8	9	10	10
刃厚	0.6	0.7	0.8	0.9	1.0	1.1	1.2	1.2
軸長	50	75	100	125	150	200	250	300

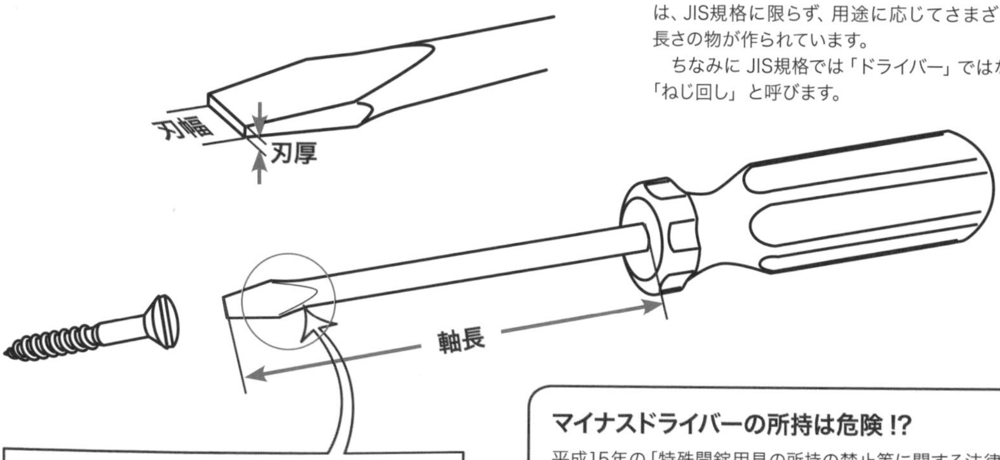

日本のドライバーは、刃の手前に少しふくらみがつけられ、刃先へ行くに従って幅が狭くなる「たがね」に似た形状になっています。たがねは通常、岩石や金属を削ったり、掘ったりするために使われますが、マイナスドライバーをたがね代わりに使うと、先端や軸が傷ついたり曲がったりして、正常に使えなくなります。ですから、ドライバーとしての正規の用途以外に使うのは、やめましょう。

マイナスドライバーの所持は危険!?

平成15年の「特殊開錠用具の所持の禁止等に関する法律」（通称：ピッキング禁止法）の施行にともない、現在、先端部の幅が0.5㎝以上、全体の長さが15㎝以上のマイナスドライバーは、「指定侵入工具」に指定されています。業務その他正当な理由による場合を除いて、上記指定に当てはまるマイナスドライバーを「隠して携帯」すると罰せられますので、マイナスドライバーの持ち運びは気を付けて、やむなく屋外で持ち運ぶ時は、正当な理由を説明できるようにしておきましょう。

叩いていいのは貫通ドライバーだけ

外れないネジに立ち向かうドライバー

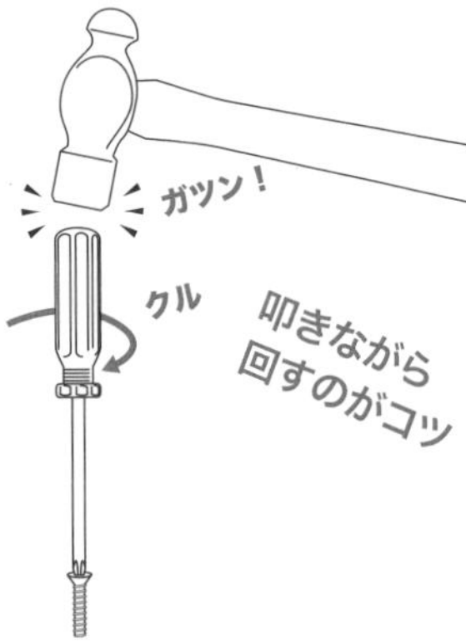

サビて固着したり、ネジ頭の溝を舐めて（潰して）回せなくなってしまったネジを外すために、貫通ドライバーがあります。

構造はいたって単純。普通のドライバーの軸が柄の中で途切れているのに対し、貫通ドライバーはお尻まで軸が突き抜けているというだけ。このお尻をハンマーで強力に叩き、その衝撃をネジに伝えて外れやすくしたり、潰れたネジ頭にドライバーを食い込ませて、回す取っ掛かりを作るのです。

ただ、構造は単純でも、強い衝撃に耐えなければなりませんので、普通のドライバーに比べると、かなり頑丈に作られています。年に数回しかドライバーを使わない家庭でしたら、普通タイプの代わりに貫通ドライバーを常備してもよいでしょう。

ただし、感電の恐れがあるので、電気関係の修理などには使わないでください。たとえ電気を切ったつもりでも、勘違いによる感電事故が発生しています。

事前に、固着したネジの座面（頭部の裏面）とネジ部に浸透性のスプレー潤滑剤を染み込ませておき、それから刃先をネジに垂直にはめ込んで、重たいハンマーで一気にガツンと叩きます。

この時、ドライバーを回しながら叩くのがコツで、叩くと同時にドライバーをクルリと回します。また、ハンマーは、手に持った時にズシリと感じるくらいの重みがなければ、効果はありません。

普通のドライバー

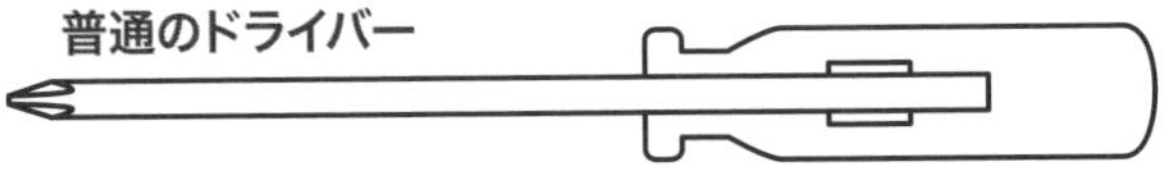

柄の中で軸が終わっています

貫通ドライバー

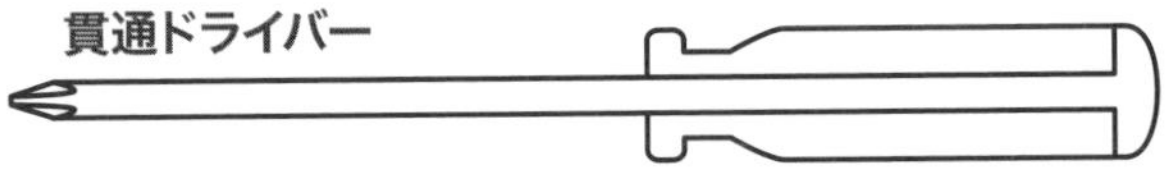

軸が柄を貫通し、お尻から出ています

プラス（＋）ドライバー

マイナスネジは、ネジとドライバーの中心を合わせにくく、回しにくいため、工場での大量のネジ締めには不向きでした。そこで発案されたのがプラスネジとプラスドライバーです。

これは、ドライバーとネジの中心がズレないため、回転力を効率的にネジに伝えられる上に、電動ドライバーを使った大量のネジ締めもできるため、現在ではほとんどの家庭でプラスドライバーを見かけることができます。

日本では、フィリップススクリュードライバー（またはH形）と呼ばれる、番号でサイズを表すJIS規格の物が主流です。また、時計など精密機械用のネジ規格（S形）もあります（0番以下）。番号が小さいほどサイズは小さくなります。

一般家庭では、1～3番と、眼鏡をかけている人はそれに加えて0番を常備しておくと、素人でも扱えるネジは、ほとんどに対応できます。

プラスドライバーの呼び番号（JIS規格）

呼び番号	1番	2番	3番	4番
軸長（mm）	75	100	150	200

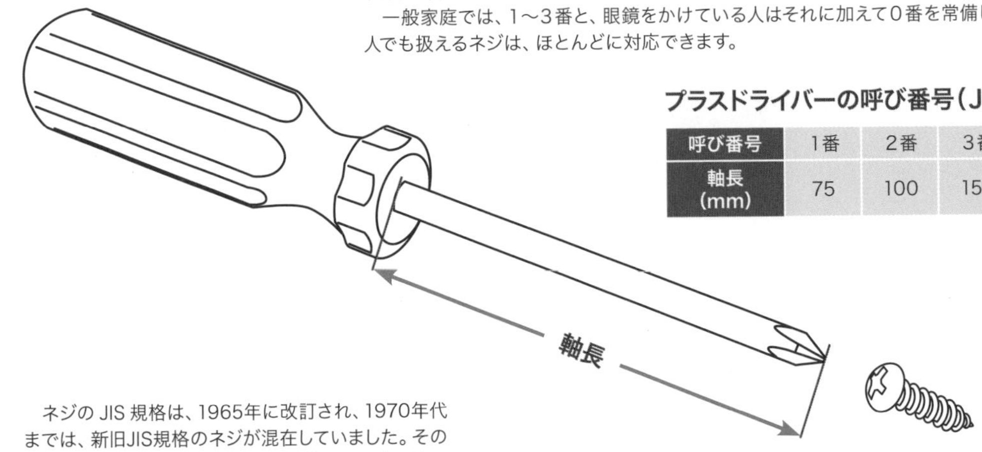

ネジのJIS規格は、1965年に改訂され、1970年代までは、新旧JIS規格のネジが混在していました。そのため、古い年代の機械や建具などを修理する時には、そこに使われているネジが新旧どちらの規格なのか、見極める必要があります。

また、海外から輸入された物に使われているネジはJIS規格ではありませんから、日本のドライバーでは合わないこともあります。

ちなみにJIS規格では「プラスドライバー」ではなく、「十字ねじ回し」と呼びます。

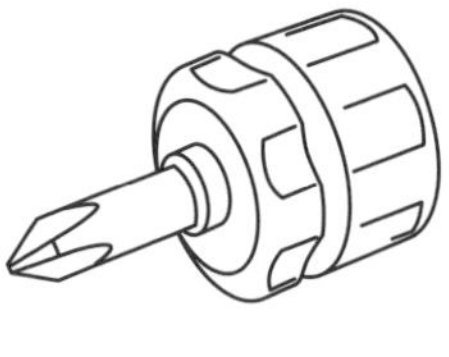

「スタビドライバー」と呼ばれる、こんなずんぐりむっくりのドライバーもあります。用途に合わせて長さを選びましょう。

ドライバーの選び方

最近はあまり見かけませんが、低価格で売られているドライバーの中には、まれに品質が悪い物もあります。

質の悪いドライバーを使うと、作業効率が落ちるだけでなく、ネジ頭を舐めたりしますから注意が必要です。

ドライバーの品質の良し悪しは、刃先の先端をよく見ればわかりますので、ドライバーを購入する時は、現物を手に取って、先端をよく観察してみてください。

プラスドライバーの見極め方

プラスドライバーは、先端部をよく観察すると、作りの良し悪しが見えてきます。

プラスドライバーの先端には、4枚の羽根が対称に刻まれています。その中心が真ん中からズレていないかどうか、また4枚の羽根が全て同じ厚みになっているかどうかの精度を見れば、質の良し悪しを判断することができます。

海外では、精度の低いドライバーをよく目にしますが、日本で売られている物ならば、安価なドライバーでも、肉眼で見て先端部に不自然さを感じなければ、まず安心して良いでしょう。

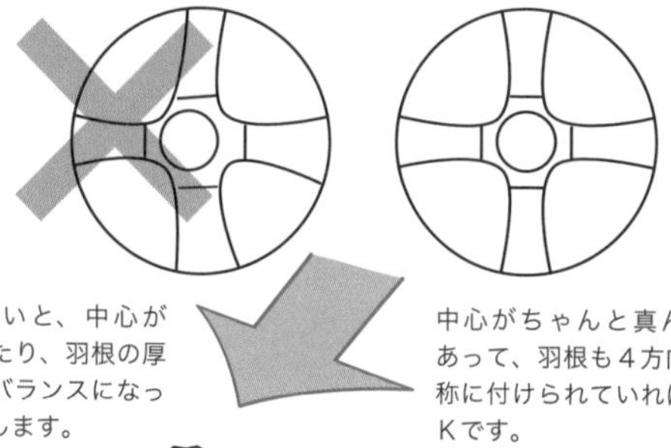

精度が悪いと、中心が偏っていたり、羽根の厚みがアンバランスになっていたりします。

中心がちゃんと真ん中にあって、羽根も4方向に対称に付けられていれば、OKです。

一般にドライバーの先端は、熱処理が施されており、少々の衝撃や摩耗には強く作られていますが、それでも長く使っていると先端が歪んだり欠けたりしてくることがあります。工具は、たとえ良質の物を厳選して買ったとしても、使う前には必ず状態をチェックする癖をつけておきましょう。

マイナスドライバーの見極め方

正面から見た時、先端がきれいな長方形でなかったり、歪みや欠け、バリがあるなど、仕上げの雑な物は、粗悪品です。使用中に壊れたりすると、ケガの元ですから、手を出さない方が安心です。

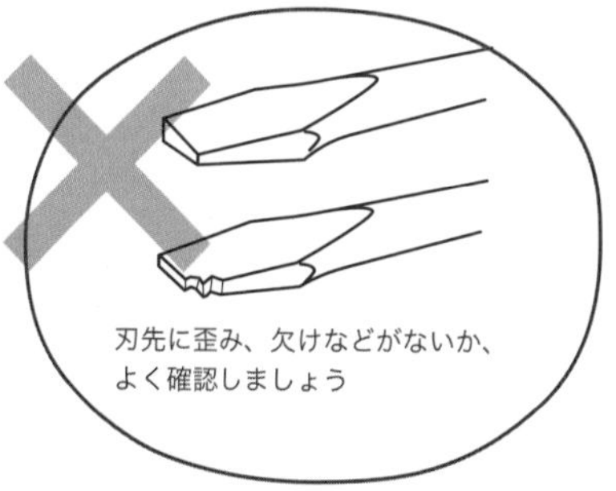
刃先に歪み、欠けなどがないか、
よく確認しましょう

サイズが合わないとネジ頭を舐めてしまうプラスドライバー

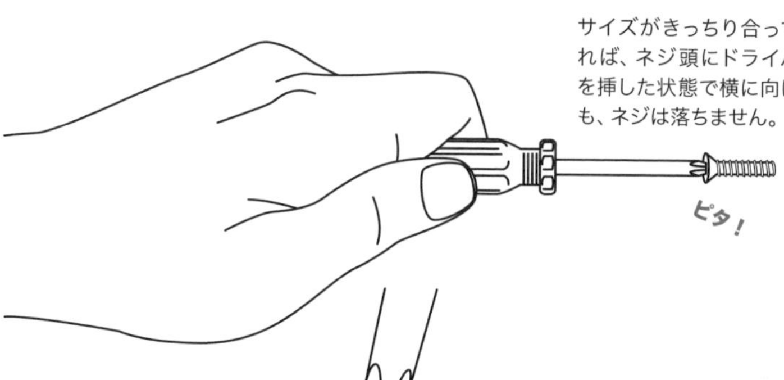
ピタ！

サイズがきっちり合っていれば、ネジ頭にドライバーを挿した状態で横に向けても、ネジは落ちません。

サイズが合えば
ピタリとはまる！

プラスドライバーはネジとドライバーがしっかりと噛み合うように作られています。ですから、ネジとドライバーのサイズが合っていれば、ネジ頭の溝にドライバーがぴったりと隙間なく収まります。

サイズが合って
いないと隙間ができる

ネジよりドライバーのサイズが小さいと、回してもすぐに浮いてしまい、簡単に溝を舐めてしまいます。サイズが合っていなければ、溝とドライバーの間に隙間ができるので、遊びがあります。力を入れる前に、ピタリと合っているかどうか、また、遊びがないかどうかを必ず確かめましょう。

ドライバーは回すより「押す」が大事！

プラスドイバーは、回す力が過度に強くなると、ネジ頭の溝からドライバーが浮いてはずれるようになっています。これは、締め過ぎてネジ山を潰さないための仕組みなのですが、押し付ける力が弱いと、過度の回転力をかけていなくてもドライバーが浮いてしまい、ネジを舐めてしまうことがよくあります。

ねじ回しと言うくらいですから、慣れていないと、つい回すことばかりに注意を向けがちですが、実は、押し付ける力の方が重要なのです。ネジを回す力に手ごたえを感じたら、回す方に2割程度、対して押し付ける方に8割くらいのつもりで、ほとんどのパワーを押し付ける側に割かねばなりません。

これは締める時も緩める時も同じです。特に、締める時は最後にネジが固くなってきた段階で、緩める時はネジが最も固い最初の段階に、8：2の割合で力をかけることを意識しましょう。

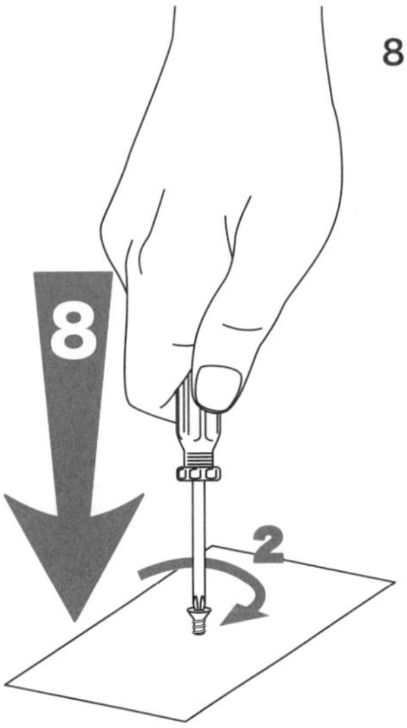

8：2くらいの配分で

こんな使い方も……

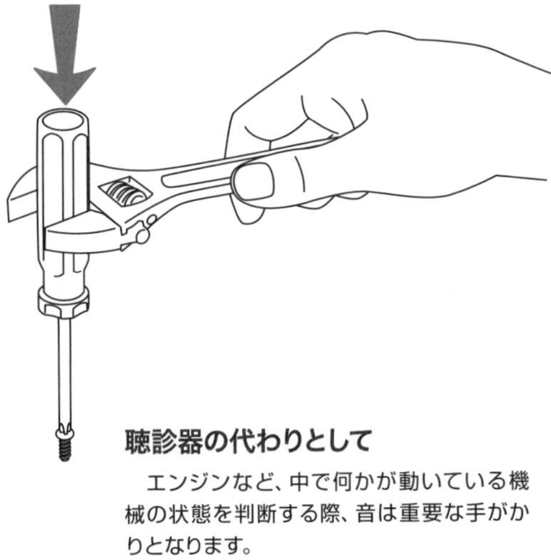

回す力が強くなるので、ドライバーが浮き上がりやすくなります。それを抑え込むため、ドライバーを押し付ける力もより強くしなければいけません。

強い力が必要な時は？

柄が六角形のドライバーは、左の図のようにモンキーレンチをかけると強く回すことができます。これなら、力の弱い方でも確実にネジを回すことができます。

ドライバーの柄を壊さないよう注意しなければなりませんが、普通、そこまで力をかけると、先にネジ頭の溝を舐めてしまってドライバーが浮いてきます。

聴診器の代わりとして

エンジンなど、中で何かが動いている機械の状態を判断する際、音は重要な手がかりとなります。

機器内の深部の音は、耳を近付けただけでは聞こえませんが、ドライバーの先を聞きたい場所の近くに当てて、柄のお尻は、耳の穴をふさぐようにピタリと当てがうと、ドライバーを通じて機械の中のかすかな音が耳に届いてきます。

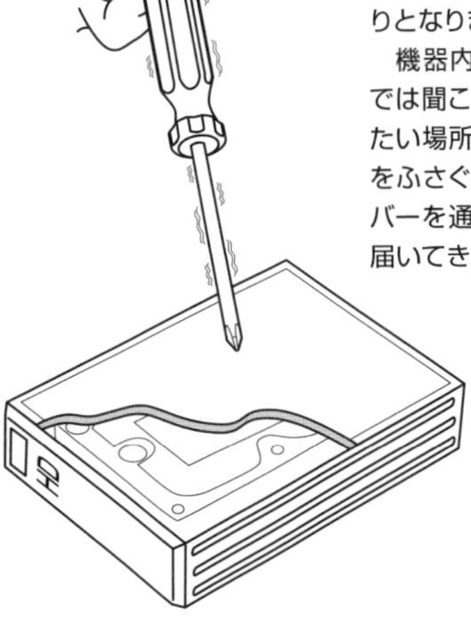

家庭では、パソコンのハードディスクの調子を探る手段として利用できます。筐体《きょうたい》の上からでも、ハードディスク付近にドライバーを当てれば、動作音が聞こえます。もしそれが、いつまでも止まらない周期的な音を立てていれば、ディスクの故障だと判断できますから、修理のマトが絞れます。

マグネットドライバー

ネジがドライバーに付くよう、軸に磁力をかけたマグネットドライバーも売られています。しかし普通のドライバーでも、小さな磁石をつけてやるだけで、簡単にマグネットドライバーの代用になります。

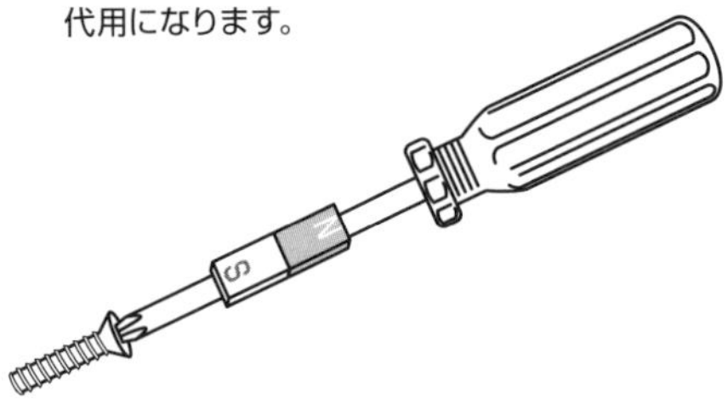

コンパスや電子回路、最近では少なくなりましたが、ブラウン管テレビなど、磁気の影響を受けやすい物には、非磁気性ドライバーを使ってください。

差し替え式ドライバー

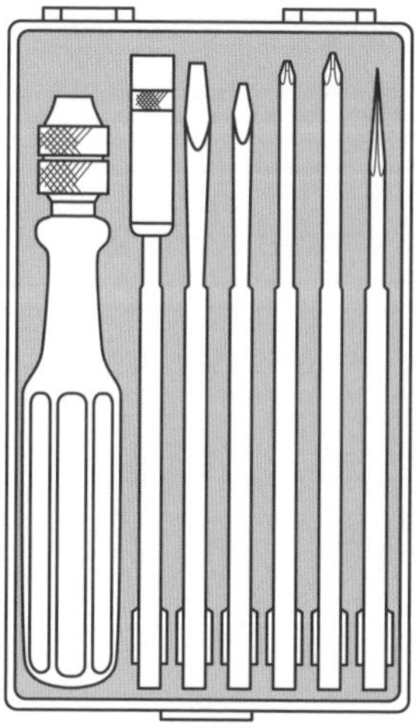

簡単に軸が取り外し交換できるようになっていて、プラスやマイナスなどのドライバーとして、利用できます。

ネジの種類が変わるたびに軸交換が必要なので手間はかかりますが、収納スペースを節約できるので、たまにしかドライバーを必要としない家庭には向いています。

精密ドライバー

一般家庭では、メガネのネジ締めなどに使います。マイナスは、普通のドライバーと同様に先端部と厚みでサイズが規定されています。プラスは、0番とか00番といった具合に、ゼロの数が増えるごとに小さくなります。

また、1番のドライバーの中には、精密ドライバーの形をしている物もあります。

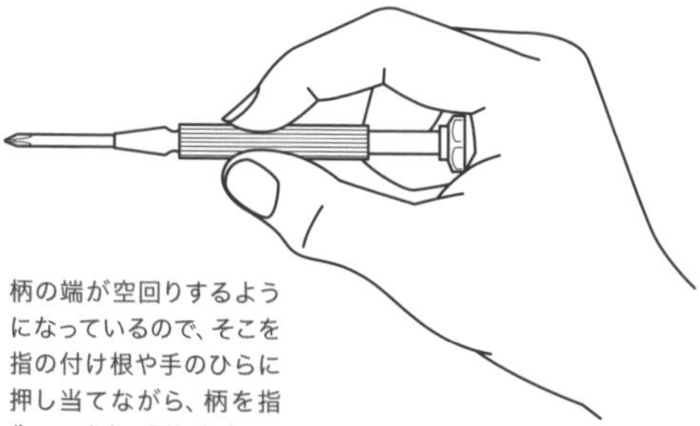

柄の端が空回りするようになっているので、そこを指の付け根や手のひらに押し当てながら、柄を指先でつまんで回します。

ビットホルダー（ソケット）型ドライバー

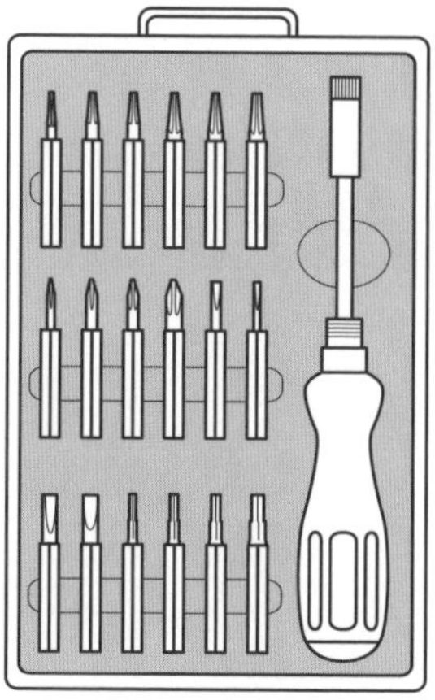

差し替え式が軸を交換するのに対して、ビットホルダー型は先端だけを交換するようになっています。

さまざまなネジのタイプに合わせて、さまざまなビット（先端工具）が用意されていますから、プラス・マイナスだけでなく、下のトルクスや、その他多くの種類のネジにも臨機応変に対応できます。また、先端の羽根が摩耗や変形をしても、ビット交換により対応できます。

精密なビットホルダー型ドライバーセットの中には、数十本ものビットが一式になっている物もあります。

トルクスドライバー

最近見かけるようになった星形のネジに対応するドライバーです。「トルクス」は、米国企業の登録商標であるため、「ヘックスローブ」とか「スターキー」という名称で売られていることもあります。

工具とネジ頭の溝が、プラスやマイナスネジよりも広い面積で接触するので、力を効率良く伝えることができますし、極端に力が強くかかる場所がないので、ネジを舐めたり磨耗しにくいのですが、ネジ単価が高いなどの理由から、日本の一般家庭ではまだ、あまり必要とされていません。

それでも、欧米製のコンピュータや自動車には多用されていますし、日本の工業界でも、自動車の規格として規格化されています。近頃は、マウンテンバイクやロードバイクなど、スポーツバイクのネジにもよく見かけます。

国内製品では、「いじり防止ネジ」として、コードレスホンや家庭用ゲーム機など、ユーザーに簡単に開けられては困る製品で数十年前から使われています。いじり防止のトルクスネジは、溝の中に突起があって、先端が平らなトルクスドライバー（左）は差し込めなくなっています。それに対応するドライバーが右側の、先端に凹みのあるトルクスドライバーです。そういった筐体を開けると、メーカーの保証が受けられなくなったり、使用できなくなったりします（無線ＬＡＮやコードレスホンなど電波を使う機器は、法律上使用できなくなります）ので、あくまでも自己責任で対応してください。

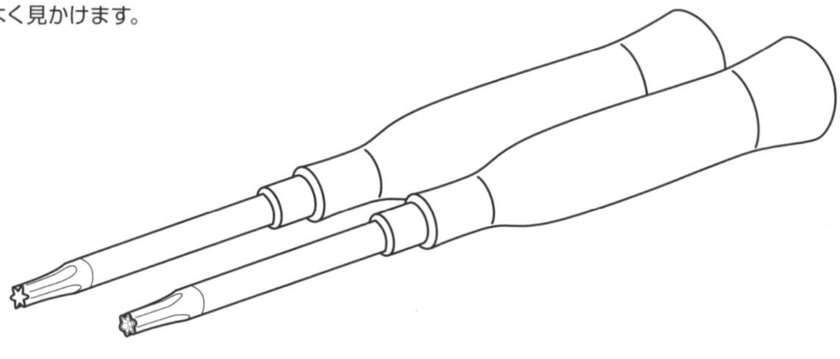

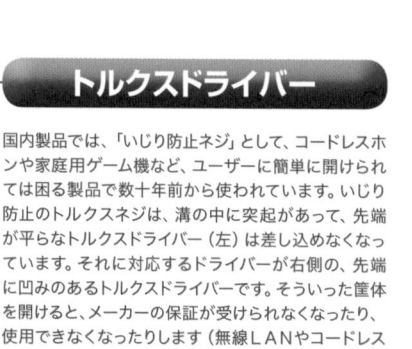

ボルト・ナットを扱うための基礎知識

強い力を扱う締結具《ていけつぐ》だからこそ知識を持って事故を防ごう

レンチとは、ボルトやナットを回す工具の総称です。

六角形の頭をしたボルトやナットは、組み立て式のスチール棚など、家具にも多用されており、家庭内の修理でも、しばしば接することでしょう。

小ネジくらいのサイズから、本書でも触れている水回りの配管などに使われているような直径の大きいナットまで、大小さまざまなボルト・ナットが、ネジ以上に私たちの身の回りに多く存在しています。

それらの中には、想像以上に強い力で締め付けなければならない物もありますから、工具も、それぞれの場面に見合った物を選ばなければ、効率の良い作業、適正な作業はできません。ただ単に、回して締めればいい、緩めればいいとタカをくくって生半可に扱うと、思わぬケガをする可能性もあります。ここはぜひ、正しい使い方をマスターしておきましょう。

スパナ（オープンエンドレンチ）

ボルト・ナットの2面幅（平行になっている2面）を2カ所でくわえて回します。

六角のうちの2つの頂点だけに力が集中するため、後述のメガネレンチやボックスレンチに比べてナットの頭を舐めやすく、また大きな力（トルク）をかけて回すことができないことから、プロの世界では出番が少ないツールです。

しかし、水回り配管のパイプにあるナットは、口が開いているスパナでなければ対処できません。また、ボルトの仮締めの時のように、何度もレンチを掛け替えて手早く回すといった場面でも、スパナの開いた口は作業効率アップにつながります。

スパナはボルト頭を舐めやすいので注意

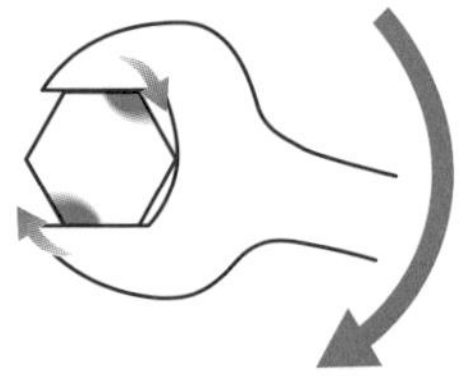

力が２点に集中するので、回し過ぎて頭（のカド）を潰さないよう気を付けなければなりません。

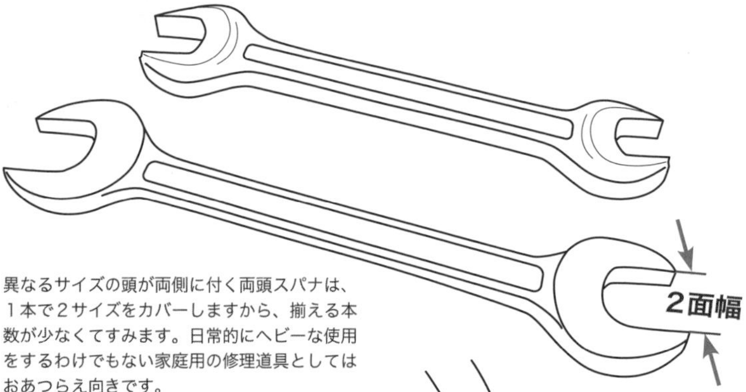

異なるサイズの頭が両側に付く両頭スパナは、１本で２サイズをカバーしますから、揃える本数が少なくてすみます。日常的にヘビーな使用をするわけでもない家庭用の修理道具としてはおあつらえ向きです。

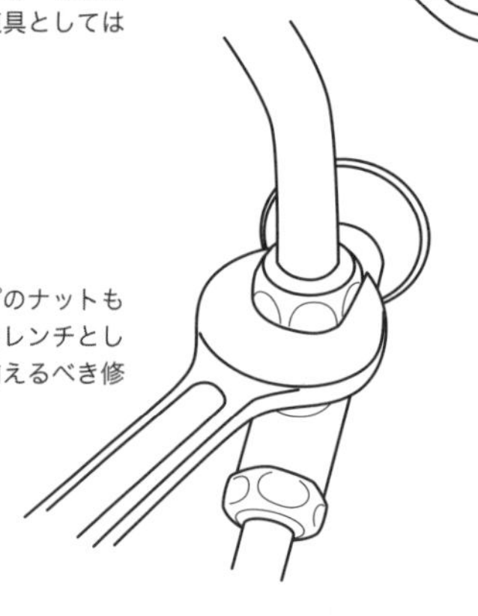

スパナがあれば、このようにパイプのナットも回せますから、何にでも対応できるレンチとして、スパナは、まず最初に家庭に揃えるべき修理ツールの１つと言えます。

スパナのサイズは、口の2面幅の寸法（ミリ）で表します。今は、JIS規格・ISO規格によりボルト・ナットとスパナの2面幅は合致するように作られていますが、古い物だと、この規格から外れていたり、輸入品の中にはミリサイズではなく、インチサイズの物もあります。

新旧規格がしばしば入り混じっていた頃は、応急処置として寸法の合わないスパナに鉄板をかまして、ボルトに合わせる、といったことも行われていました。しかし、不安定な作業は危険ですし、今ではホームセンターなどで安く簡単に手に入りますから、サイズが合わない時は無理をせず、適合する物を買ってきましょう。

モンキーレンチ

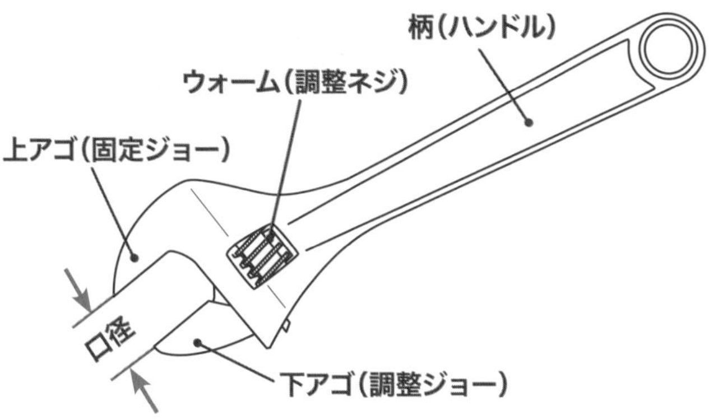
柄(ハンドル)
ウォーム(調整ネジ)
上アゴ(固定ジョー)
口径
下アゴ(調整ジョー)

可動アゴ（ジョー）でサイズを変えられるスパナで、1本だけで多くのサイズに対応できます。一家にこれ1本さえあれば、便利なように思えますが、実は普通のスパナよりも、使いこなしが難しいツールです。

なぜなら、調整を誤ればボルトを舐めてしまいますし、可動部の構造が弱いためガタが生じやすく、ガタが生じれば、やはりスパナ以上にボルトを舐めやすくなります。さらに、普通のスパナよりも大きいので、狭い場所では使いにくいといった難点もあります。

その代わりに、どんなサイズにでも（旧規格やインチサイズでも）対応できるという利点があります。

奥までキッチリ！　ウォームでピッタリ！

ボルト・ナットを口の奥まできっちりと入れ、ボルトとジョーが隙間なくピッタリ合うようにウォームで調整します。また締めている途中、かけ替えのためにボルトからジョーをはずしたら、必ずその都度ウォームの調整をやり直さなければいけません。なお、ガタが生じているモンキーレンチは、使用中に2面幅が広がってボルトを舐めてしまいますから、なるべく使わない方が良いでしょう。

回す方向に注意！

必ず下アゴ方向に回します。逆に回すと、弱い下アゴに過大な負荷がかかり、ガタが生じたり、最悪の場合は破損します。

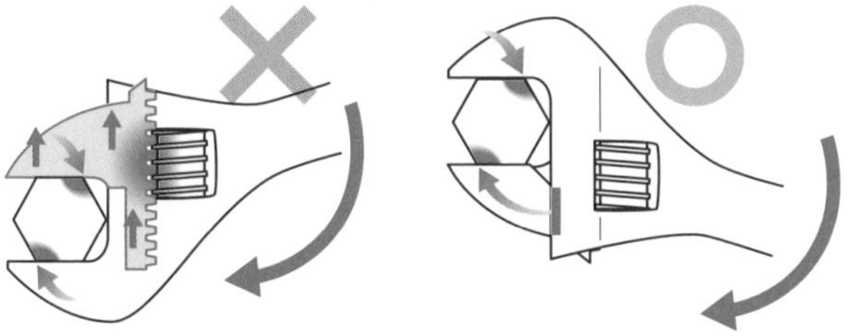
×
○

下アゴの負荷が、弱いウォーム部にかかるので、破損に繋がる。

下アゴの負荷をハンドルが支えるので、耐久性を確保できる。

モンキーレンチの寸法と対応するボルト・ナット

（㎜）

モンキーレンチの寸法（全長）	アゴの最大口径	回せるボルト・ナットの最大寸法
100 (110)	13	8
150 (160)	20	12
200 (210)	24	16
250 (260)	29	18
300 (310)	34	22
375 (385)	44	27
450 (460)	55	36
600 (610)	65	42

メガネレンチ

正確にはリングレンチと言いますが、両端に口があるのが特徴的なので、その形状からメガネレンチと呼ばれています。

リング（口）の中には、6角または12角（二重6角）の凹凸があり、ボルト・ナットの全ての角に被さるためはずれにくく、また6角全てに均等に力が分散するので、強力に締めても舐めにくい利点があります。

その代わり、何度もかけ替えながら回す時は、その都度ボルトからはずし、またセットし直すという動作を繰り返さねばなりませんから、スパナよりも面倒です。サイズの呼び寸法は、他のレンチと同様に、つかめるボルトの2面幅のミリサイズで示します。

二重6角より6角の方が、よりボルトを舐めにくいのですが、セットできる角度が限られる（60度刻み）ので、二重6角（30度刻み）の方が作業効率は上がります。家庭の修理の場面では、6角タイプはこだわりの工具と言えるかもしれません。

6角タイプ

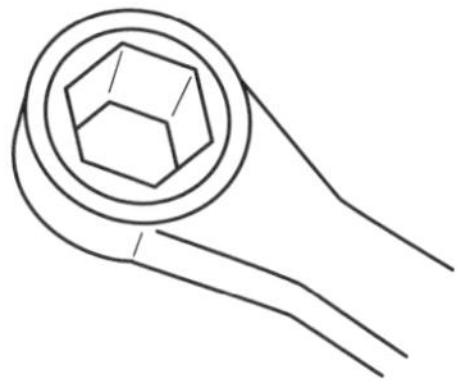

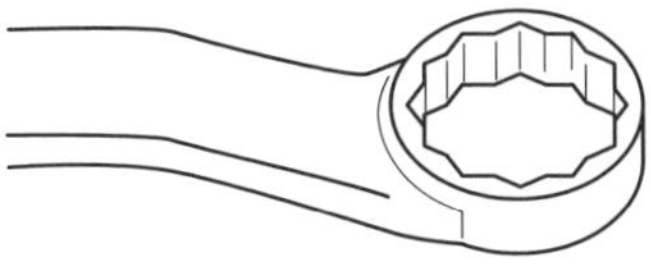

二重6角タイプ

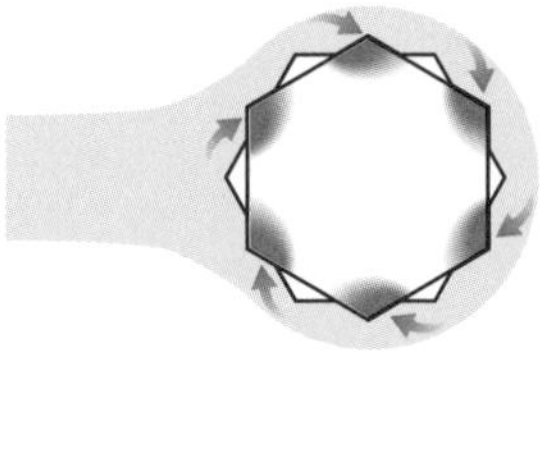

6つの角に均等に力がかかるので、大きな力で回しても1つの角にかかる負担は小さく、頭も舐めにくい。

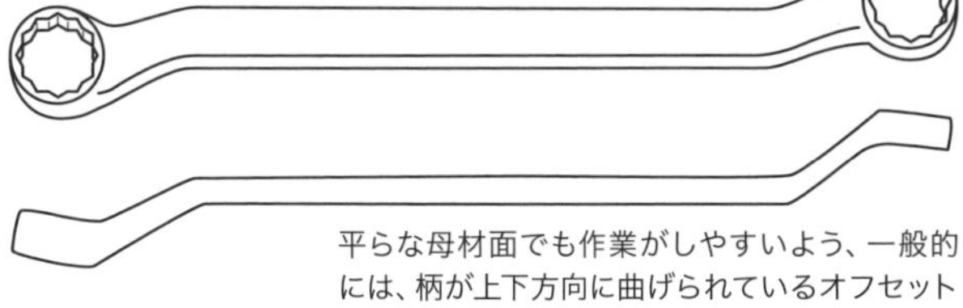

平らな母材面でも作業がしやすいよう、一般的には、柄が上下方向に曲げられているオフセットレンチタイプになっている。

レンチやスパナに共通する鉄則とやってはいけないこと！

◉必ず、ボルト・ナットのサイズに合った工具を使用すること
◉工具の奥までボルト・ナットをしっかりとくわえ込むこと
◉斜めにくわえず、まっすぐに
◉普通のレンチには、ハンマーなどで叩いて衝撃をかけない
◉ハンマー代わりにレンチで物を叩かない
◉工具が滑ってはずれるほど力を入れない
◉二丁がけや、パイプで延長したら、絶対に大きな力をかけない
◉異物をくわえ込まない
◉ガタつき、割れ、欠け、磨耗、変形など異常があったら使わない

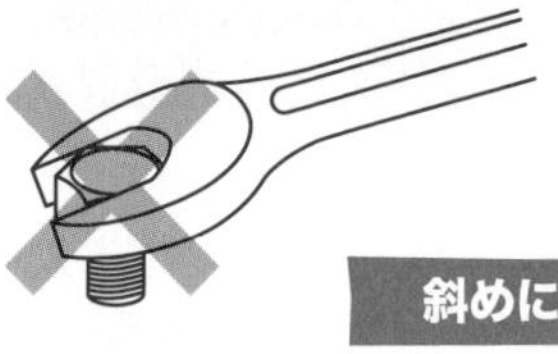

斜めにくわえ込むと、滑ってボルト頭を舐めたり、工具がはずれて思わぬケガの元となります。

斜めに使わず まっすぐに！

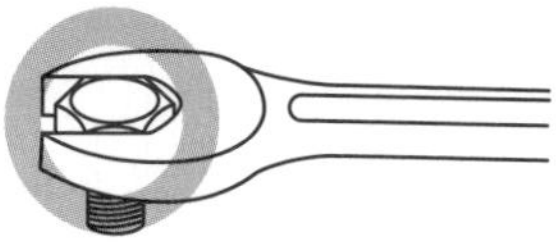

工具は、ボルトに対して直角になるようボルト頭に水平に差し込んでください。

叩かない！

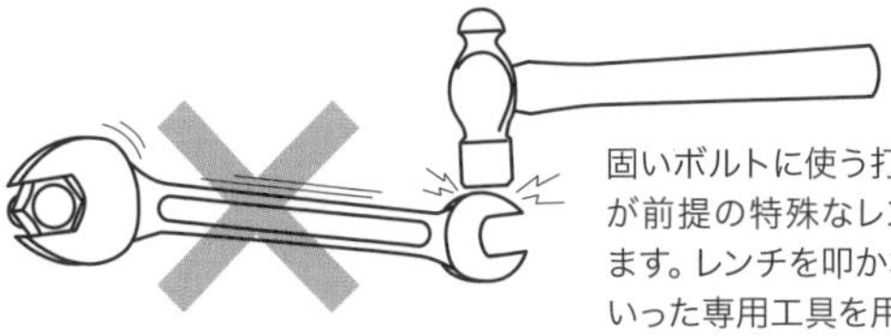

固いボルトに使う打撃レンチのように、叩くことが前提の特殊なレンチは、専用品として存在します。レンチを叩かなければいけない時は、そういった専用工具を用意してください。

伸ばさない！

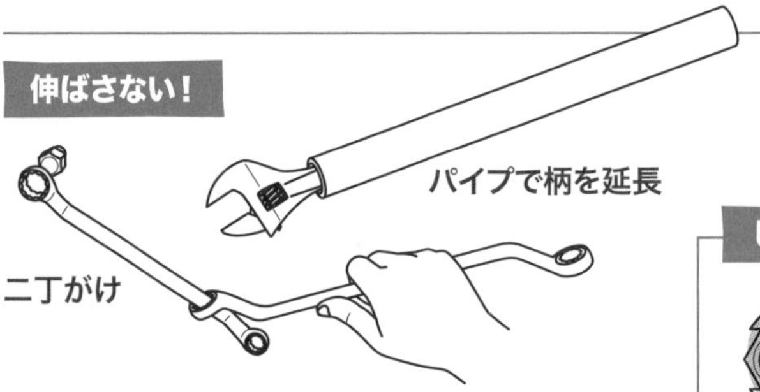
パイプで柄を延長
二丁がけ

手が届かない場所のボルトを回す時などは、レンチやスパナを二丁がけにしたり、パイプを挿して柄を延長する方法があります。しかしこれは、強力なトルクが簡単にかかってしまいますので、ボルトや工具を壊したり、滑ってはずれ、ケガをすることもあります。適正な力加減が非常に難しいので、慣れていない人はマネするべきではありません。

しっかり奥まで！

くわえ込みが浅いと滑ってはずれます。しっかりくわえ込んでください。

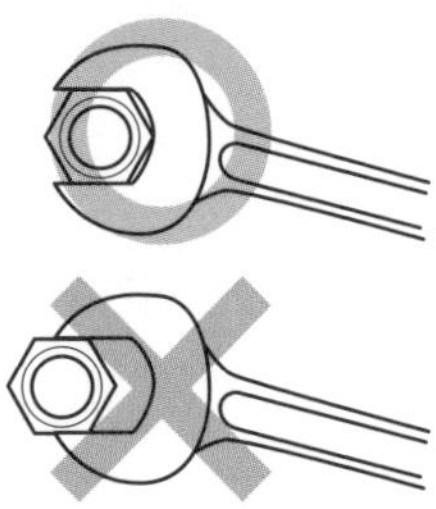

異物をくわえない！

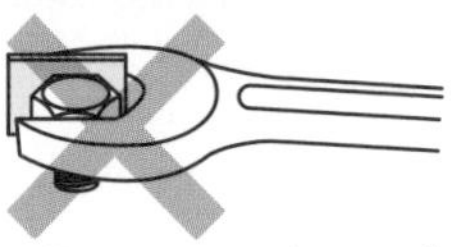

異物をかませながら回さず、必ずサイズの合った物を使ってください。

コンビネーションレンチ

スパナとメガネレンチを合体させたもので、片目片口スパナとか、片目片口レンチなどとも呼ばれます。

スパナやメガネレンチのように1本で2サイズに対応しているわけではなく、メガネレンチ側もスパナ側も、同じサイズで、1本で1サイズしかカバーしません。

その代わりに、スパナ側では仮締めの早回しが、またメガネレンチ側では固く本締めができ、効率的です。頻繁にボルト締めをするような場面では、とても便利かつ重要な、使用頻度の高い工具です。

しかし逆に言えば、滅多に工具箱を開けないような、一般家庭での修理のための工具としては、1本で1サイズしかカバーできない点を考えると、半分の本数ですむスパナやメガネレンチの次ぐらいの重要度、と考えても良いかもしれません。

とは言え、日曜大工などを本格的に始めれば、コンビネーションレンチはとても便利な工具だと分かるでしょう。その時になってから、買い揃えても遅くはありません。

コンビネーションレンチの口径規格は、スパナやレンチと同一になっている。

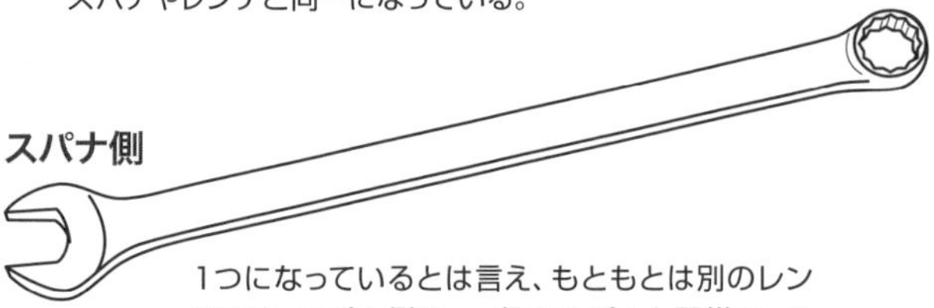
レンチ側
スパナ側

1つになっているとは言え、もともとは別のレンチです。スパナ側は、一般のスパナと同様に、2面でしかボルトを捉えることができず、強い力にも耐えられません。メガネレンチ側の半分程度の耐性しかないと思ってください。スパナ側で締める時は、決して大きな力をかけないように！

ボックスレンチ

ナット・ボルトの頭がすっぽり入る箱状の口とハンドルが一体化した、強いトルクにも耐えられる工具で、もっぱら強い締め付け力が必要な場面で使われます。

スパナやメガネレンチは、ボルト頭の角の細い面積に力が集中しますが、こちらは6面をスッポリ覆うので、回転力が余すところなく広い面積へ均等に伝わります。ですから、ボルトに無理をかけない上に、強力なトルクでボルト・ナットを回せます。

自動車付属の車載工具セットに含まれている、スペアタイヤ交換用レンチ（ホイールレンチ）も、ボックスレンチの一種（L型）です。車のホイールのように、絶対はずれてはいけないボルト・ナットを締める場面で使われます。

L型以外にも、ハンドルの形状で、ここに挙げたような、いくつかの種類に分けられています。

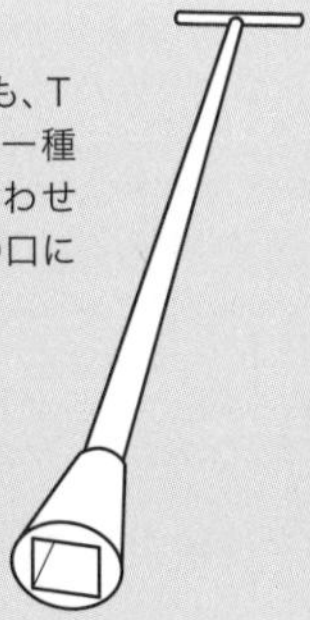

9ページの止水栓キーも、T型のボックスレンチの一種です。水栓の形状に合わせて、6角ではなく4角の口になっています。

ボックスレンチは、ボルトに負担をかけない点では理想的な工具ですが、サイズを揃えるためには何本も買わねばなりません。場所も取ります。一般家庭での修理シーンでは、これを必要とするほどのシビアな場面はまずありませんから、何本も買う必要はありません。

タイヤ交換ぐらいは自分でする、という方は、T型を1本用意するだけで車載工具よりも効率的に作業できますから、家庭での用途としては、必要なサイズだけ買って、あとは次ページのソケットレンチで対応すればよいでしょう。

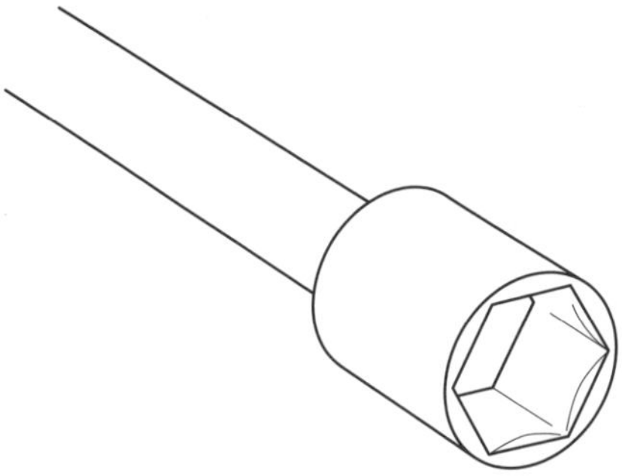

6面全面に均等に力が掛かる

6面でボルトをしっかりとホールドします。

6角のボックスで、ボルトの頭全体をスッポリ覆って、全面に力を伝えます。

大きな力がかかるだけに、ボックスとボルトのサイズをピッタリ合わせないと、ボルト頭を舐めてしまいます。はめてみて、ガタを感じたら、サイズが合っていませんから、力を加えてはいけません。

L型レンチ

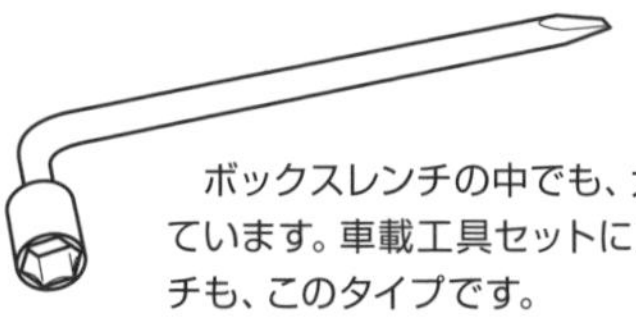

ボックスレンチの中でも、大きな力が出しやすいL形状をしています。車載工具セットに入っている自動車のホイールレンチも、このタイプです。

手で回す時は、押すよりも手前に引いた方が力を加減しやすく、緩み締まりの具合も指先で感じやすくなります。ただし、固くて回らないホイールナットなどを外す時は、じわりと脚で体重をかけ、押して回します。絶対に蹴らないように！

T型レンチ

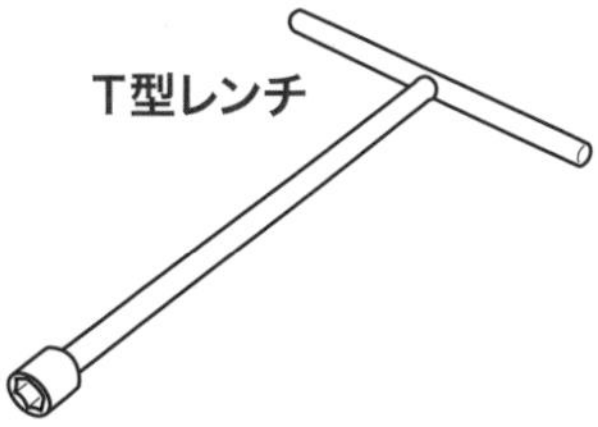

勢いをつけてから手を放し、ハンドルをクルクル早回しすれば、素早い仮締めもできますし、両手でハンドルをしっかり回せば、本締めにも使える、便利なレンチです。

X型レンチ

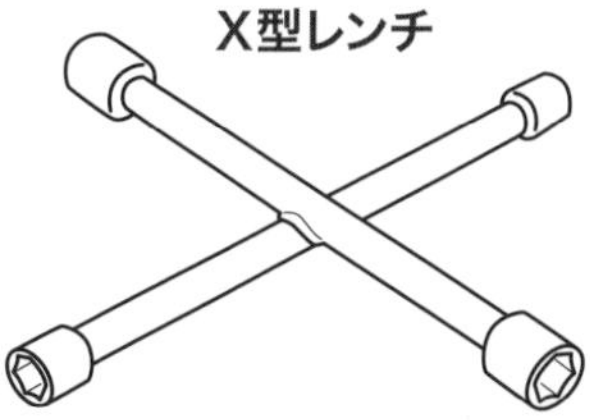

4つのボックスが十字型に組み合わされたレンチです。これ1本で、4サイズのボルトに対応できます。

派生形として、3サイズに対応したY型レンチもあります。

Y型レンチ

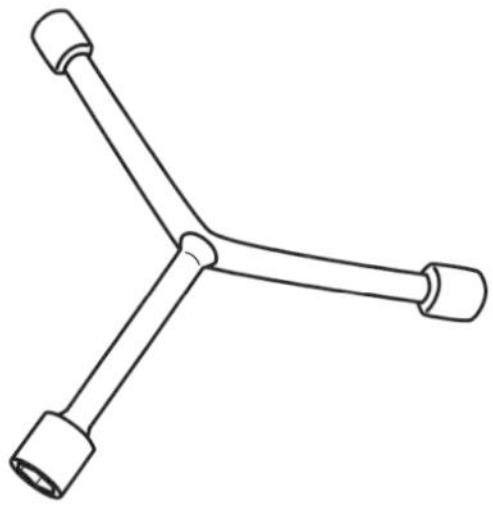

ソケットレンチ

代表的な差込角と対応するボルトサイズ

	ミリ	インチ	二面幅 (mm)
6.3sq.	6.35	1/4	3 ～ 14
9.5sq.	9.5	3/8	5.5 ～ 26
12.7sq.	12.7	1/2	6 ～ 36
19.0sq.	19.0	3/4	19 ～ 60
25.4sq.	25.4	1	36 ～ 85

ソケットの差込口は、差込角（下図参照）と呼ばれ、いくつかのサイズがあります。アメリカで発明されたのでインチが基本になっていますが、国内ではミリ単位で規格化されています。

ボックスレンチはサイズを揃えるのが大変でした。

そこで、一本で多くのサイズに使えるよう、口の部分をソケット化し、ワンタッチで他口径に交換できるソケットレンチが発明されました。

これは、さまざまなバリエーションのハンドルとソケット、またアタッチメントを組み合せて使います。

sq. とは？

差込角《さしこみかく》サイズの単位で、square（英語で四角）の略。家庭内では、6.3か9.5sq.に合うボルトがよく使われます。

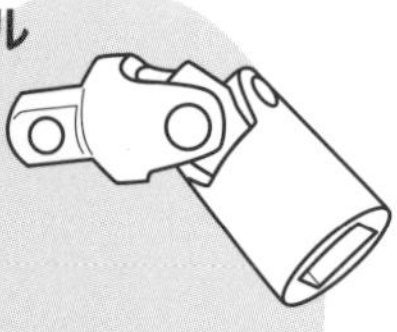
ユニバーサル
ジョイント

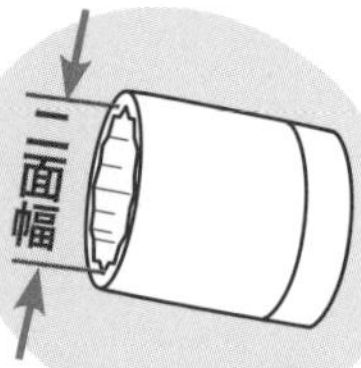
二面幅

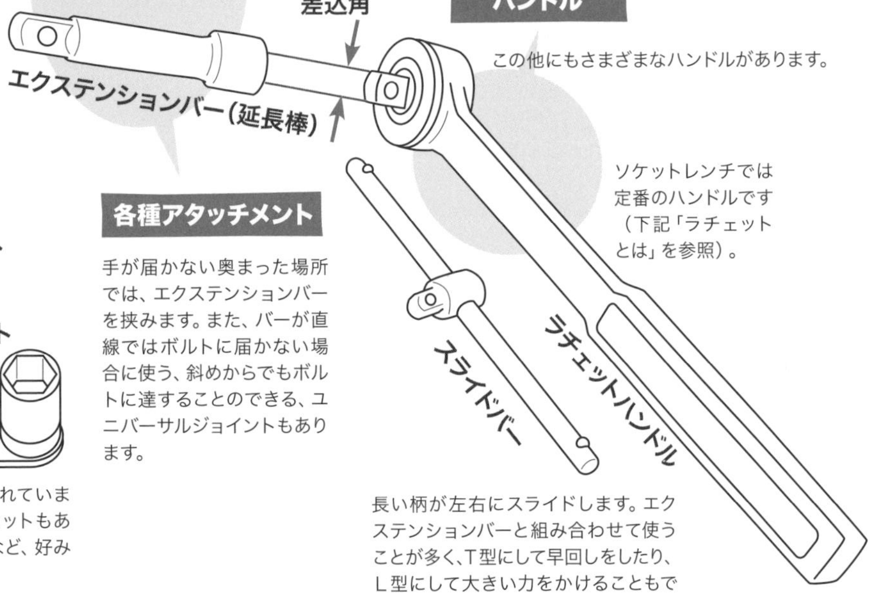
差込角
エクステンションバー（延長棒）
ラチェットハンドル
スライドバー

ハンドル

この他にもさまざまなハンドルがあります。

ソケットレンチでは定番のハンドルです（下記「ラチェットとは」を参照）。

ソケット

12 角ソケット

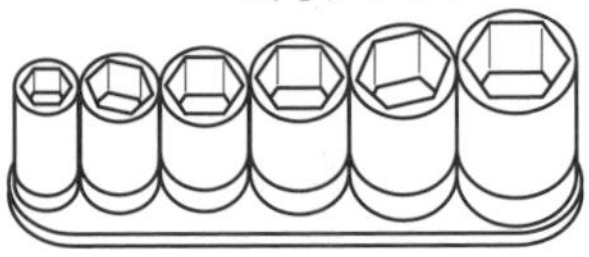

6角ソケット

ソケットは、単品でも売られていますが、主なサイズを集めたセットもあります。また6角や二重6角など、好みのタイプも選べます。

各種アタッチメント

手が届かない奥まった場所では、エクステンションバーを挟みます。また、バーが直線ではボルトに届かない場合に使う、斜めからでもボルトに達することのできる、ユニバーサルジョイントもあります。

長い柄が左右にスライドします。エクステンションバーと組み合わせて使うことが多く、T型にして早回しをしたり、L型にして大きい力をかけることもできるので、1本あると重宝します。

他にもさまざまなハンドル、アタッチメント、ソケットがあります。普段から工具売り場を見ておくとよいでしょう。

家庭用途なら安価なセットもお勧め！

数千円程度で、主要サイズが揃った一式セットも売られています。ガタを感じない造りであれば、家庭での家具の組み立てや修理といった、軽作業には十分使えます。

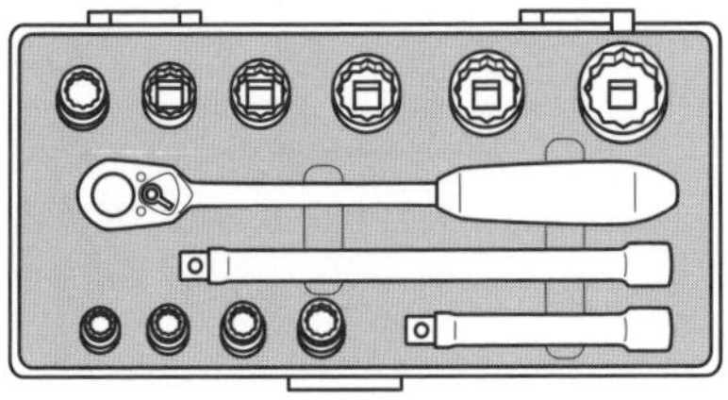

ラチェットとは

逆向きに回せば空回りして、右か左どちらか一方向にしか回らない機構です。スパナやメガネレンチは、何度もかけ替えながら回しますが、これならかけ替えずに早回しができます。

ただし、内部は小さなギヤが組み込まれているので、あまり大きな力には耐えられません。特に安価なセットによくある、柄が短い物は軽作業向きと思ってよいでしょう。自動車のホイールナットのように、強力なトルクが必要な箇所には使用できません。

しっかりとつかむためのツール

ペンチ以外にも持っておきたい工具たち

強い力で物をつかまなければならない場面は、家庭内の修理の場でも、よく出てきます。

と言うのも、単につかんで終わるのではなく、こじる（左右にえぐる）、回す、曲げる、切る、抜くといったさまざまな動作につながるため、つかむ工具は、結果的に活躍するシーンが多くなるのです。

このように、手に取る機会の多い工具は、たとえ家庭で使う物でも、できれば長く使える良質の物を選んで、一生モノにしたいところです。

ペンチ類

ペンチ

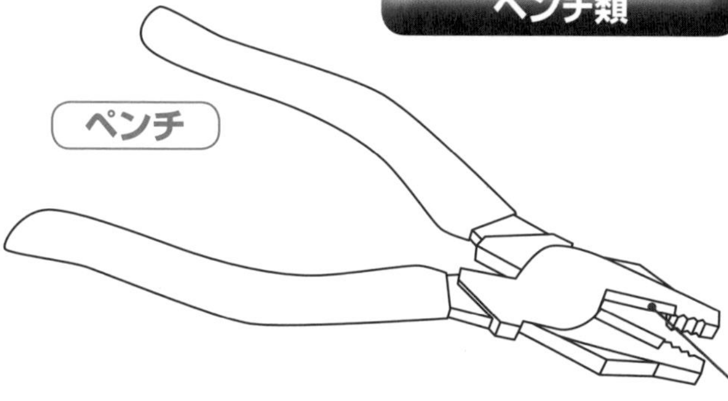

「つかむ」工具として、常備している家庭も多いですが、家庭では「切る」機能は軽視されがちです。

しかしプロは、ペンチを針金や電線を切るための工具としても捉えており、良質のペンチは、刃の切れ味にもこだわって作られています。握った時に根元の刃に強い力がかかるよう、わざと先端がピッタリとつかないように作られている物もあるくらいです。

ですから、良いペンチの見極めポイントは、刃がピタリと隙間なく合わさっているかどうかです。新品なのに隙間があるようだと、雑な造りだと考えてよいでしょう。

良いペンチの刃は、ビニールロープなどでも、スパッと小気味よく切れます。そんな刃は、太い針金でも噛み切れるよう丈夫に作られていますが、こじると刃こぼれが生じて使い物にならなくなります。刃でつかんでいる時は、左右にこじらないように。

ラジオペンチ

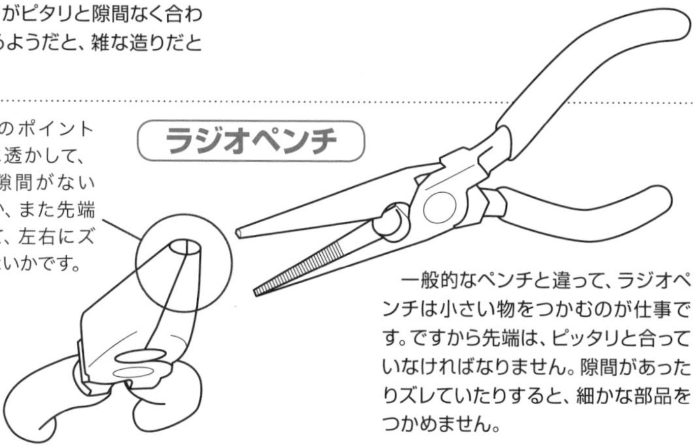

選ぶ時のポイントは、光に透かして、先端に隙間がないかどうか、また先端から見て、左右にズレていないかです。

一般的なペンチと違って、ラジオペンチは小さい物をつかむのが仕事です。ですから先端は、ピッタリと合っていなければなりません。隙間があったりズレていたりすると、細かな部品をつかめません。

プライヤー

（コンビネーションプライヤー）

ピポットをズラせば、アゴを平行に保ったまま、口を大きく開けられるようになります。

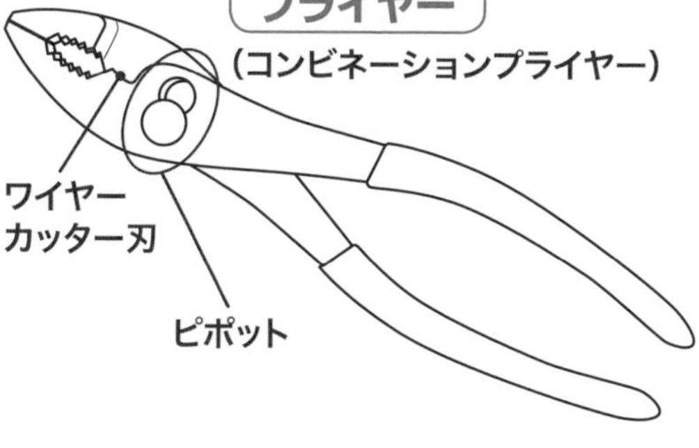

小さい物をつかむ、大きい物をつかむ、針金をカットする、の3役が1つに組み合わせ（コンビネーション）られているので、この名前があります。

ピポット（支点部）をズラすと、口が大きく開いて、普通のペンチよりも大きな物がつかめるようになります。しかし、支点が可動式のためガタが出やすく、細い線のカットなど細かな作業には、やや不向きです。

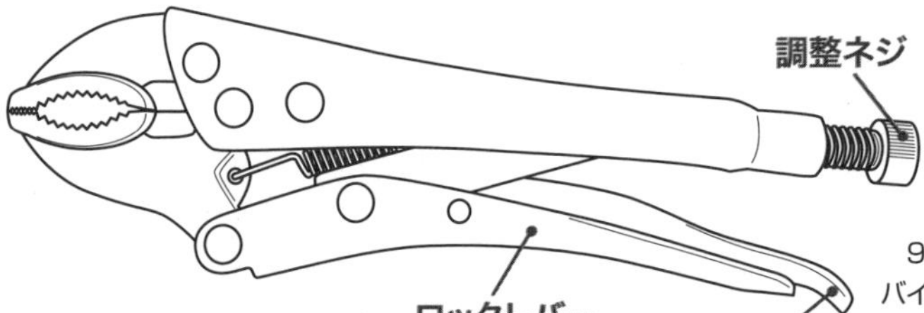
調整ネジ
支点を動かして、口の開く大きさを変えられます。
ロックレバー
ロック解除レバー

バイスプライヤー

93ページでも取り上げている、万能工具です。バイスグリップが本来の名称ですが、登録商標のため、他メーカーからは、ロッキングプライヤー、グリッププライヤー、バイスグリッププライヤーなどの名前で売られています。

テコの原理の応用により、軽く握るだけで、先端は強力な力を発揮することができます。しかもつかんだらロックするので、手放しでもはずれないという点が、他のプライヤーと大きく違います。

強力に噛んで離さないという特徴を活かして、普通のプライヤー代わりはもちろん、レンチや万力の代用、頭を舐めて回せなくなったネジを力任せにつかんで回す、頭の出ている釘をつかんで釘抜き代わり、等々、応用次第でさまざまな使い道があります。

またアゴの形状やサイズのバリエーションで、さまざまな場面での応用が効くようになっています。

サイズに気を付けて！

適正サイズなら4点で支持できるが……

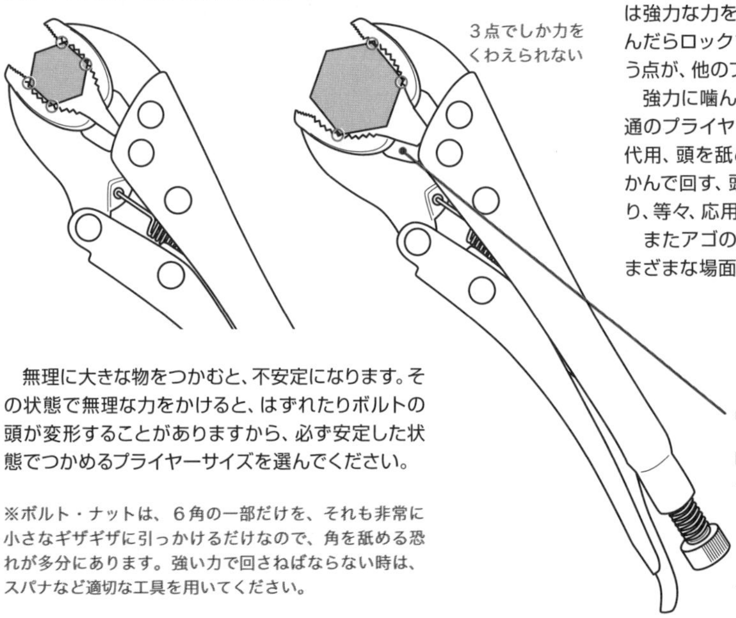
3点でしか力をくわえられない
ワイヤーカッター刃

無理に大きな物をつかむと、不安定になります。その状態で無理な力をかけると、はずれたりボルトの頭が変形することがありますから、必ず安定した状態でつかめるプライヤーサイズを選んでください。

※ボルト・ナットは、6角の一部だけを、それも非常に小さなギザギザに引っかけるだけなので、角を舐める恐れが多分にあります。強い力で回さねばならない時は、スパナなど適切な工具を用いてください。

ワイヤーカッター刃

噛む力は1トンにもおよぶので、細いチェーンや1センチくらいのワイヤーロープなら、根本の刃で、少しずつ何度も噛めば切断できます。キーをなくした自転車のチェーンロックを噛み切ってはずすといった用途にも使えます。

ネジの豆知識

意外と知らないワッシャーの締め方

ボルト・ナットは、温度変化による伸縮や振動で、締め付けが緩み、抜けることもあります。それを防ぐため、ワッシャーやナットは、正しい順番で組み付けなければなりません。

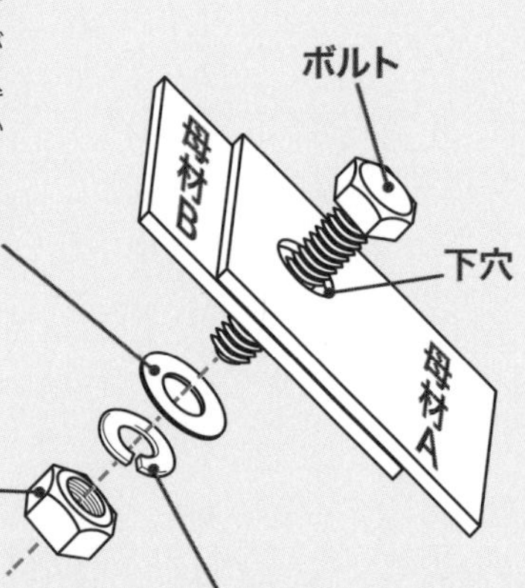
ボルト
母材B
母材A
下穴
ナット

ワッシャー（座金）

下穴が大きい時の抜け落ち防止や、母材が柔らかい木・プラスチックなどの時の母材保護に使います。また母材に接する面積が増えるので、ボルトが縮んでも母材にめり込みにくくなります。ですからワッシャーは、必ず母材に接するように入れます。

スプリングワッシャー（ばね座金）

緩んだナットをバネの反発力で押し付けて、それ以上回転するのを防ぎます。ですからこれは、緩み始めるのを防ぐのではなく、緩みの進行を防止するために使います。しかし、強く締められない柔らかな母材の時には、締め付け力補完の目的でも使います。素人作業では、必ずしも最適な力で締められるとは限らないので、弱い締め付けでも一定の締結力が得られるバネ座金は、DIY向きです。

※この図にはありませんが、ボルト頭側にもワッシャー類を入れることがあります。特に母材A側の下穴口径が大きい時は、必ず入れます。その場合も、ワッシャーは必ず母材に接するように入れましょう。

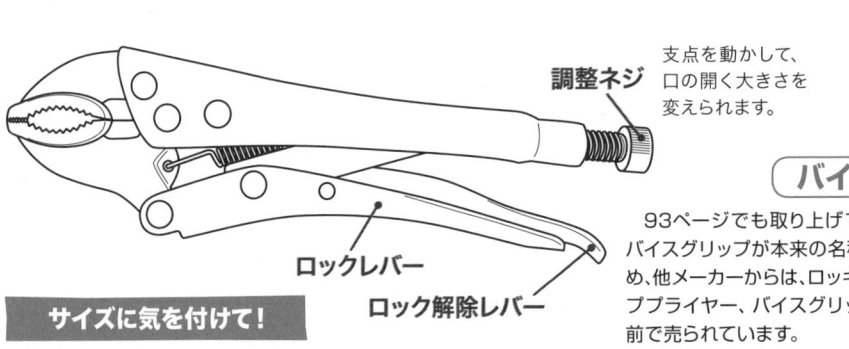

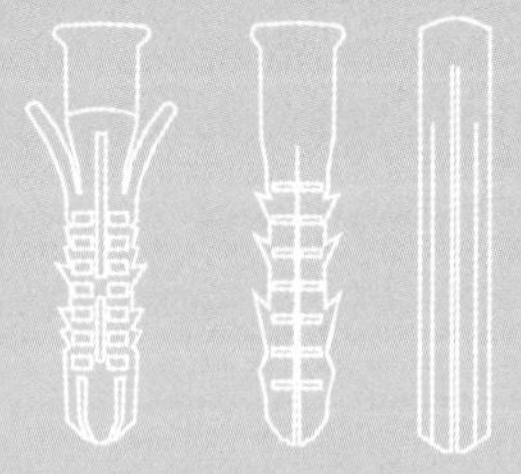

あれば嬉しい！
DIYに役立つ電動ツール

！ 電動ツールは大変危険です。ご使用の際はくれぐれもご注意ください。

穴を開ける・締める

- ●電気ドリル（電動ドリル）
- ●ドライバドリル（ドリルドライバ）
- ●インパクトドライバ
- ●振動ドリル（コンクリートドリル）

切る

- ●ジグソー
- ●丸ノコ（電動丸ノコ）

安全第一！

電動工具は、一般の家電品と違って、とても危険な物だと、まずは心に刻んでください。パワーも速度もハンドツールとは桁外れに違いますから、使い方を誤れば、危険な凶器にもなります。

取扱説明書通りに、正しい使い方をしていれば安全ですが、慣れてくると注意を怠ったり、ついつい手順を無視したりしがちとなり、事故やケガは、そういった時に起こります。慣れてきたと思った時こそ、より安全を意識してください。

また工具によっては多くの細かい粉塵が出たり、時には木端や破片が飛ぶこともあります。ですから、電動工具を使う時には必要に応じて、マスクや保護メガネをかける、長袖・長ズボンで肌の露出を減らす、また作業直後の摩擦で熱された刃先には触れない、といった注意も必要です。

電動工具の選び方

電動工具は、パワーや耐久性の違いで、価格が大きく異なってきます。

たまにしか使わないDIYユーザーは、無理に高価な物を買う必要はありませんが、DIYでも大量の穴を開ける・切る、といったことをする場合には、安価な物では作業効率が上がらなかったり、時にはモーターが耐えきれずに焼け切れることも。そうなると、たとえDIY用途でも高グレードのプロ用モデルが必要になることもあります。

プロ用は、メンテナンス性に優れた造りになっている物が多く、修理パーツや交換部品の供給も安定しているので、故障していたり少々古いモデルでも、安く整備できる機種が少なくありません。ですからDIYユーザーでも、中古でプロ用を安く買って、自分で手入れをしながら、永く使い続ける手もあります。

電気ドリル（電動ドリル）

穴開け機能に特化した入手しやすい電動工具

力加減の調節が難しく、ドライバドリル（次ページ）と違い、ネジ締めに使うと締め過ぎてネジ頭の溝を舐めやすいので、ネジ締めには向いていません。その代わりに、比較的安価で買い求めやすい電動工具です。

高速回転タイプと低速回転タイプに分かれ、小径の穴開けには回転速度の速いモデルが、また大口径の穴開けには低速モデルの方がトルクが強いので適しています。

金属や硬い木材に小さい穴を開ける時は、多用途なドリルドライバよりも高速タイプの電気ドリルの方が、効率良く作業できます。

パワーが大きければ作業スピードは上がりますが、パワーに負けない腕力が必要になることもあります。スイッチを握り込む深さで速度が変わる可変速式でしたら、最初のブレやすい段階はゆっくり回して、材料に刃がしっかり食い込んできたら速度をあげて一気に穴を開けることができます。

チャックキー
（チャックハンドル）
ビット
ドリルチャックを紛失するとビットを固定できなくなります。

チャックは、3箇所に空いた穴にチャックキーを順に挿し込んで、3個の爪を均等に締め上げて、ビット（ドリル刃）を強固に固定します。

ドリルチャック

可変速式は、このスイッチの押し込み具合で、速度が変わります。カタログのスペック表に「回転数 0〜3000（回転 / 分）」といった、「0〜」という表記があれば、それは1分間に0回転から3000回転まで、回転速度を変えられることを表しています。

（注意）金属に穴を開ける時は、刃と材料に油を注しながらドリルを当てます。摩擦を減らし、摩擦熱による発熱も防ぎます。

穴開け専用の電気ドリルは、このような100Vのコード式が主流です。

トルクがチャックキーのいらない手締めのチャック（キーレスチャック）が採用されたモデルもあります（次ページ参照）。

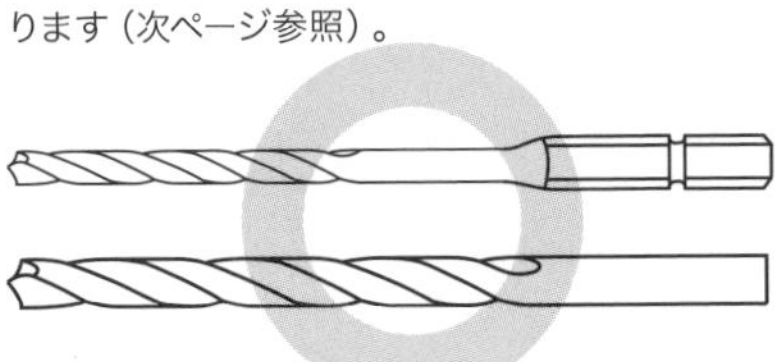

ドリルチャックは、丸いシャンク（軸）のビットも、インパクトドライバ用の六角軸シャンクのビットも、使えます。

手袋は使っちゃダメ！

ドリルに限らず、回転系の電動工具では、手袋を使いません。特に軍手は厳禁！　軍手に限らず、ホツレや毛羽立ちが出やすい素材の手袋は、繊維が回転に巻き込まれることがあり、実際に指の切断事故が多発しています。ビット交換など、準備作業での手袋装着はかまいませんが、回転させる時は外すのが原則です。

どうしても手袋をしたい時は、手にフィットした革手袋や薄いゴム手袋を使います。フィットしていないと、ブカブカに浮いた部分が巻き込まれる可能性があります。また革製でも、糸がホツレていたり穴が開いていては、巻き込みの原因になるので、これもダメ。

薄いゴム手袋は、万が一巻き込まれてもすぐに千切れるので、たとえ肉はえぐれても、指を失う事態は避けられる可能性大です。

素手でビットに触れれば、多少のケガは仕方ありませんが、素手ならばそれで終わり。ところが手袋をしてると、指の切断にまでいたることがあり、多少のケガだけではすまないのです。ご注意を！

軍手は厳禁！

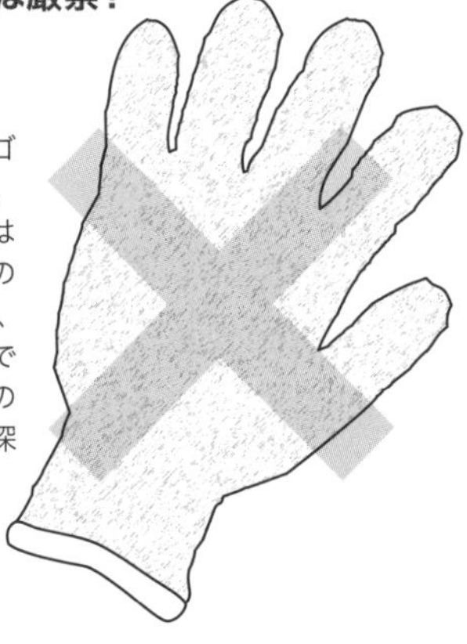

繊維質素材や滑りにくいゴム質の手袋をはめた手で、回転部に手を近づけるのは厳禁です。特にブレーキの付いていない電動ドリルは、スイッチを切っても慣性で若干回り続けますから、その分、巻き込み時は、被害が深刻化します。

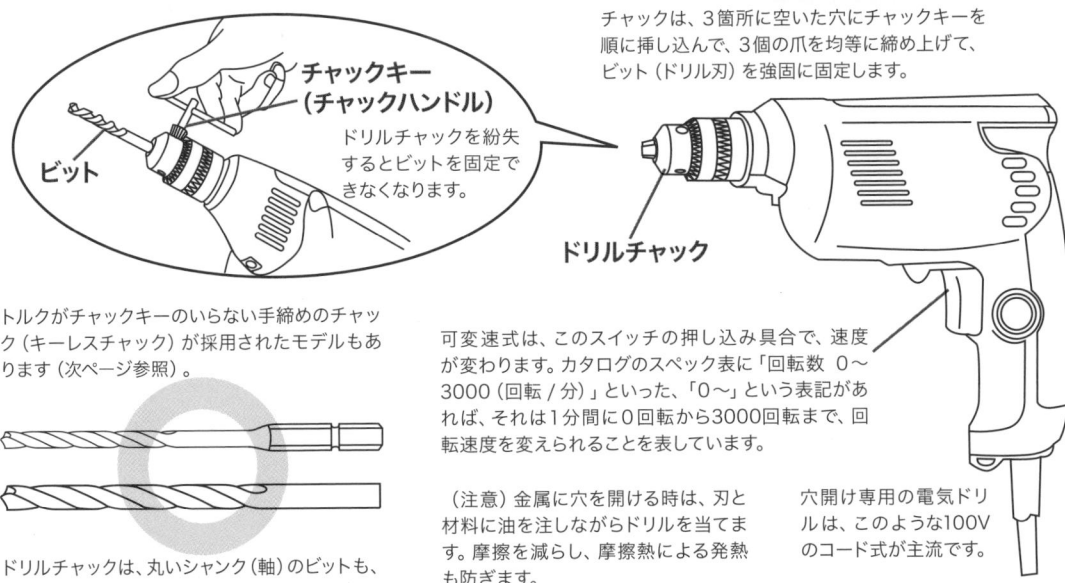

ドライバドリル（ドリルドライバ）

ネジ締め機能と穴開け機能の一台二役

電動ドリルにドライバ機能（ネジ締め機能）も持たせた、ドリル兼用の電動ドライバです。

モーターとチャックの間にクラッチが組み込まれており、指定以上の力（トルク）がかかると空回りするようになっているので、ネジ頭を潰したり材料を破損させずにネジ締めができます。

またクラッチを直結して空回りしないようにすれば、ドリル刃で穴開け作業もこなせます。このように、1台で穴開けからネジ締めまで多用途に使える便利な工具ですが、ネジ締め専用に作られたインパクトドライバ（次ページ）に比べるとトルクが弱いので、太い木ネジや長いコーススレッドなどには不向きで、比較的短いネジや柔らかい木材に適しています。

チャックは、電動ドリルと同じ三つ爪式が装備されているので、丸い軸のドリル刃も装着できますし、インパクトドライバ用の六角軸のドライバビットも使えます。

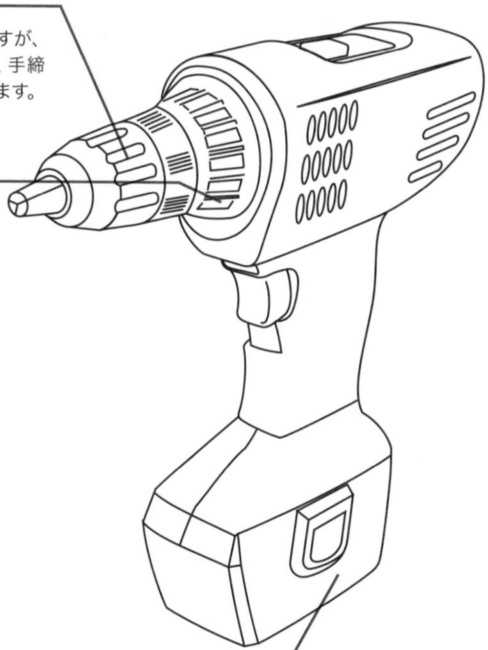

チャック

キー式のチャックを使った物もありますが、初心者向けの安価なモデルの多くは、手締め式のキーレスチャックを装備しています。

クラッチ調整ダイヤル

最大トルクの調整は、このようなリング式のダイヤルつまみが一般的で、ダイヤル数字の大小で、空回りをし始めるトルクの強弱が、調整できます。ドリルとして使う場合は、このクラッチ調整ダイヤルをドリルモード（メーカーによって呼び方が異なる）にセットすることで、クラッチが直結され、空回りしなくなります。

バッテリー

初心者向けのモデルには、安価な100V電源のコード式もありますが、機種は限られます。今のドライバドリルは、このようなバッテリー式のコードレスタイプが一般的です。ドライバドリルは、活躍頻度の高い電動工具ですから、機動力の高いコードレスタイプはとても便利ですが、その代わりに、バッテリーは定期的に買い替える必要があります。

キーレスチャック

締付け環の直径を大きくして、手で回すだけでも十分な締付け力が得られるようになっています。いちいちチャックキーで締めることがないので、素早くビット交換ができる利点がありますが、チャックキー式の方が締付け力は強いので、高トルクのドリルは、チャックキー式が採用されています。

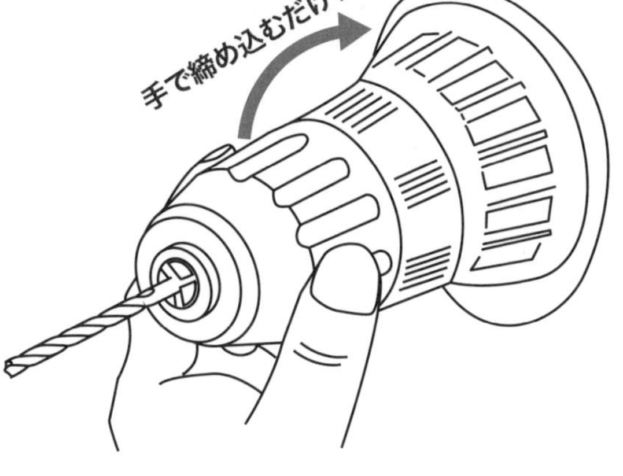

インパクトドライバ

強力なネジ締め機能を持ったドライバに特化した電動工具

ドライバ軸の回転方向に打撃を加えることで、モーターの回転力以上に強いネジ締め力が得られる電動ドライバです。

ドライバドリルでは最後まで締め込めないような大きな太い木ネジでも、瞬間的な衝撃力を連続して与え続けることで、強力にねじ込んでいきます。

ただし、ドライバドリルにあるクラッチのようなトルク調節機能はないので、力があり余ってねじ切ってしまったり、溝の浅い小ネジなどに使うと、その強い衝撃力のために溝を舐めてしまうこともあります。また木目に沿ってのねじ込みや、柔らかい素材の時には、ヒビを入れてしまったり、割ってしまったりすることも。

このように、使いこなすのが難しく、プロユース向きの工具ではありますが、ＤＩＹでも、長いコーススレッドをたくさん打ち込むような時は、これがないと、疲れるばかりで効率が上がりません。

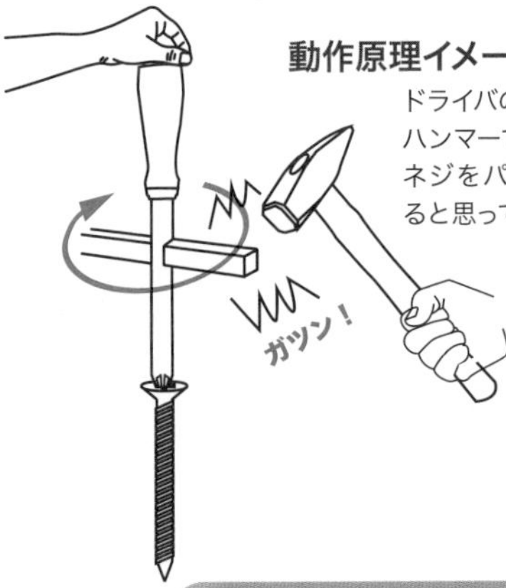

動作原理イメージ

ドライバの軸に横木を渡し、ハンマーでガンガン叩いて、ネジをパワフルに回していると思ってください。

使えるビットに注意!

インパクトドライバのビットは、軸も六角形になっていて、スリーブに差し込んだら、スライドするロッキングでビットを固定するだけのワンタッチ式になっています。

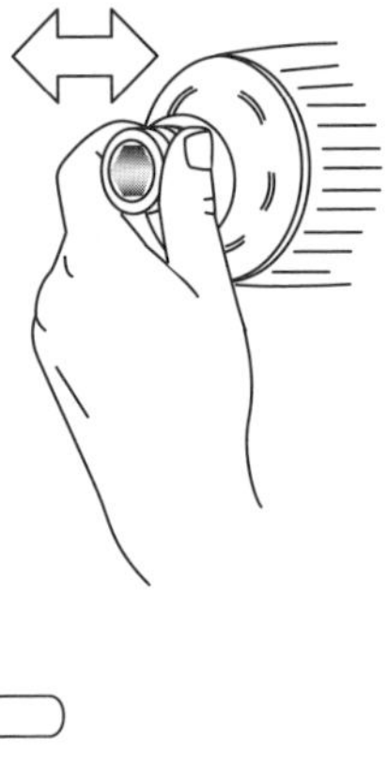

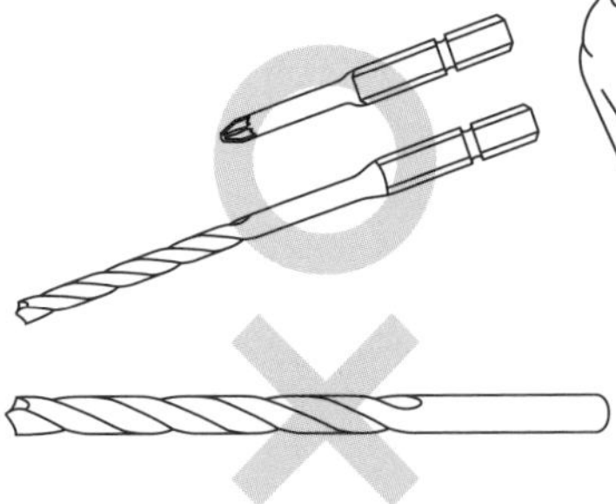

ドリル刃のように丸い軸のビットは、そのままでは装着できず、チャックアダプタを介さねば使用できません。ただし、インパクトドライバでチャックを使うと、締まり過ぎてビットが外れなくなることがあります。特にキーレスチャックは、手で回せなくなりますので注意してください。

インパクトドライバはドリルではないので、ビットを固定するチャック部は、ドリルチャックに使われている三つ爪式ではなく、六角穴のスリーブになっています。

インパクトドライバも、充電式と100Vのコード式があります。プロには、機動性の高い充電式が向いていますが、コード式よりもかなり高価です。たまにしか使わないDIYでしたら、安いコード式でも、コードの取り回しさえ我慢すれば、基本的な機能は同じですし、バッテリーの買い替えも必要ありません。

インパクトドライバはドリルにあらず

インパクトドライバをドリル代わりに使うと、その衝撃の強さから刃が欠けたり折れたり、刃の寿命が短くなったりします。ドリルとしての使用も考えるならば、ドライバドリルを薦めます。インパクトドライバはドリルでなく、あくまでもドライバだと思ってください。

振動ドリル（コンクリートドリル）

細かな振動でコンクリートに穴を穿ち振動を止めれば普通の電動ドリルにもなる

コンクリートやモルタル、石などには、普通のドリルだと刃先が滑って素材に食い込まず、こすり続けるだけです。振動ドリルは、そんな素材に穴を開けるための工具で、ドリル刃を回転させるだけでなく前後にも振動させて、刃先を素材に食い込みやすくします。

ドリル刃は、コンクリート用や石用といった各素材専用のビットを使用しますが、振動ドリルの多くは、スイッチの切り替えで、振動機能を止めて普通のドリルとしても使えるようになっています。ですから、ドリル刃を替えれば、木材や金属用の普通の電気ドリルにもなります。

同じような用途で、ハンマードリルがありますが、こちらはより強い衝撃力で、むしろ穴を開けるというよりも、コンクリートを砕く、ハツリ作業に向く工具です。

コンクリート壁にビス（カールプラグ）を打ち込むような、きれいな穴を開けたい時には、振動ドリルを使います。

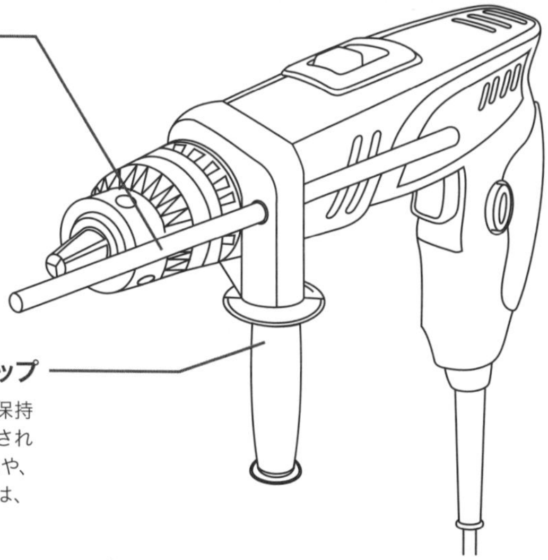

ストッパー

掘る深さに合わせてストッパーの付き出す長さを調節すれば、決められた深さまでしかドリル刃が入りません。コンクリートに一定の深さの穴を開ける時や、貫通させてはいけない時などに重宝します。
ストッパーがなければ、掘りたい深さの位置にビニールテープでドリル刃に印をつければ代用できますが、油断すると掘り過ぎてしまうので、絶えず注視しておかねばなりません。

グリップ

振動でブレないよう、両手で保持するために、グリップが装備されています。狭いところでの作業や、普通のドリルとして使う時には、外すこともできます。

カールプラグ（コンクリートプラグ）

コンクリートや石は崩れやすいので、ネジを打っても簡単に抜けてしまいます。

そんな素材にネジを打ち込む時は、まずカールプラグ（コンクリートプラグ）やアンカーと呼ばれる金具（樹脂製もあります）を入れます。ネジはそのアンカーやカールプラグにねじ込んで金具を押し広げ、穴の内壁に圧着させて固定力を得ます。そんなプラグを入れるための下穴を開ける時に、振動ドリルを使います。

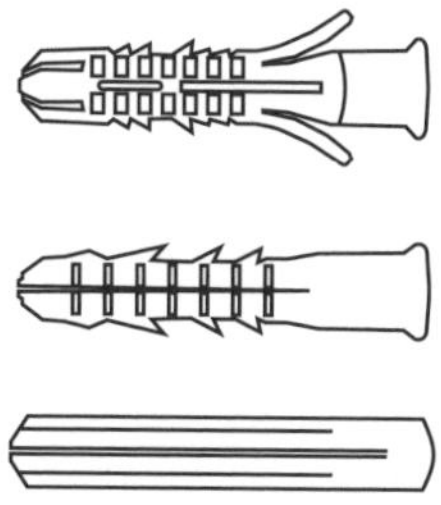

かつては鉛製のプラグが一般的でしたが、安価で手軽な樹脂製も、さまざまな形状のものが売られています。

プラグを使えば、ネジは木ねじでもOK

下穴にスッポリと完全に入れます

鉛製プラグ

下穴

ネジを入れると、この先部分が広がって穴の内壁に押し付けられて、抜けなくなります。

プラグを使わず簡単に施工できる「コンクリートビス」もあります。ただし深い下穴が必要で、強度も低くなります。また、一度抜くと穴が崩れるので、穴を拡げてプラグを入れなければ、同じ位置にビスは打てません。

ドリル刃　豆知識

ドリル刃（単にドリルとも呼びます）は、用途や機械に応じて、さまざまなタイプが売られていますが、DIY で馴染みがあるのは、このような先端からシャンクまで同じ太さのストレートシャンクドリルでしょう。ホームセンターでは、よく10本前後のサイズ違いがセットで安く売られています。

先端に刃があり、側面に彫られた２本のねじれた螺旋溝が切削クズを掻き出す仕組みで、ツイストドリルと呼ばれます。

刃
シャンク

本来の用途は鉄工用ですが、木材にも穴を開けられるので、木工・鉄工両用としても、よく売られています。ただし、本来の木工用とは構造が違いますので、木材に使うと、切り口がささくれて、きれいな仕上げにはなりません。

木工用ドリル

木工用ドリルは、先端のスクリューや錐が中心位置を保持しつつ木に食い込んで進み、続く外周部の垂直な刃先で穴の周囲に切れ込みを入れて行きます。

そして最後にドリル刃が、穴の底を削って掘る仕組みになっています。こうすることで、穴の周囲はバリの出ないきれいな仕上がりになります。

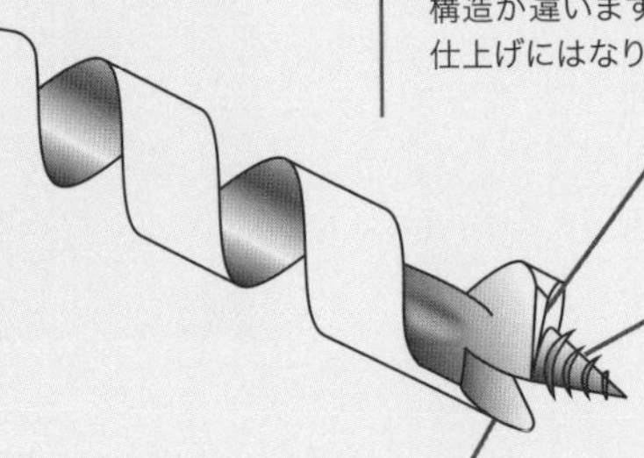
穴の底を切削する刃
木工用は刃が薄く、鋭く切り込んでいくようになっています。
スクリューネジ
木に食い込んでドリル刃を木の中に引きずり込んでいきます。ネジが切ってない錐だけのタイプもありますが、その場合は、手で刃を押し付けて木に食いつかせます。
穴の外周縁に切り込む刃

（注意）木工用ドリルには、この他にも、用途に合わせたさまざまな形状の刃先のものがあります。ここに挙げたものは、一例です。

実は刃がない ドリルの先端

一見ツイストドリルは、先端が鋭く尖って、何にでも突き刺さりそうに見えます。しかしこのタイプのドリルは、その構造上どうしても先端に刃のない「チゼルエッジ」と呼ばれる部分ができてしまいます。

ドリルを材料に押し当てても、チゼルエッジは、ただ材料の表面をこすり続けるだけで、切削されません。その横に続く刃が材料に食い込まなければ切削は始まらないのです。

チゼルエッジ
ここは切削能力がありません。
ドリル刃の先端
切れ刃

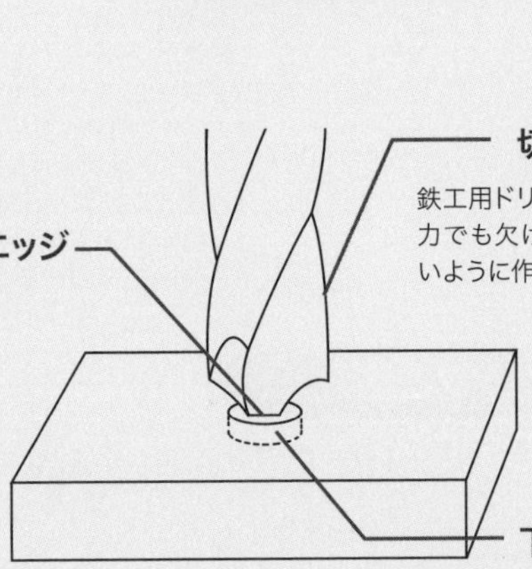
切れ刃
鉄工用ドリルの刃は厚く、強い力でも欠けたり折れたりしないように作られています。
チゼルエッジ
下穴
チゼルエッジよりも大きな穴にしておきます

ドリルを使う時は下穴を開けておく

ドリルで穴を開ける時には、穴の中心となる場所にあらかじめ、金属であればポンチで窪みを作りますし、木材ならば錐や細いドリルで小さな下穴を開けておかなければなりません。そうしないと、刃が材料に食い込むまで表面を滑ってしまい、穴の中心がズレてしまうからです。

その理由は、チゼルエッジが滑ってしまうため。ドリル刃のチゼルエッジよりも幅広の下穴を開けておけば、ツイストドリルはスムーズに材料に食い込んで行きます。

ジグソー

直線切りは苦手でも曲線切りなら、お任せを！

刃が上下に動く電動ノコギリで、刃（ブレード）を替えれば、木やプラスチックだけでなく、金属板の切断もできます。また曲線切りも得意なノコギリです。ＤＩＹ用のジグソーは、比較的軽くてパワーも小さいので、初心者や女性の方でも、扱いやすいと言われています。

　ブレードは、メーカーごとに固定方法が異なるので、必ず適合した形状のブレードを使わねばなりませんが、メーカー純正品以外にも、サードメーカーからさまざまなブレードが発売されています。これらは、1枚で複数のメーカーに対応した兼用ブレードとなっていることが多いので、複数のメーカーに使えるよう、純正ブレードにはない切り欠きや穴が開いていたりします。ジグソーによっては、メーカー名が適合していても、この穴などが弱点になって、折れやすい場合もありますので、サードメーカー製ブレードは、取付け具合をよく確認してから使用してください。

ジグソーは 直線切りが苦手

ブレードの固定金具は、進行方向と平行に刃を固定できる精度はありませんし、ブレードも動くとブレます。そのため、直線を切ってもすぐにズレてしまいます。元々、曲線を切る工具ですが、きれいに直線を切るため平行定規も売られています。

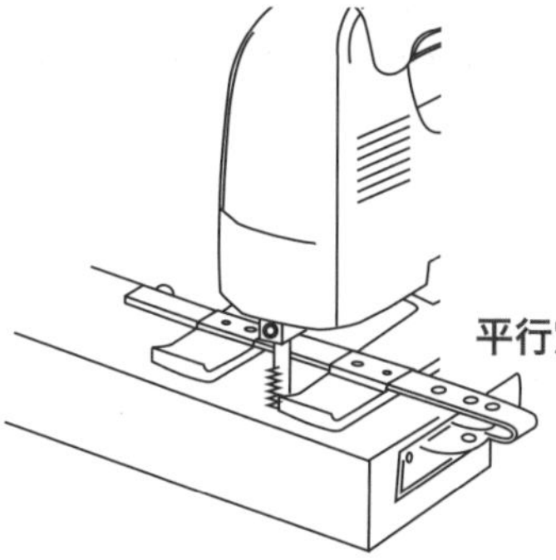

平行定規

トリガースイッチ

ブレードを材料に当てたままスイッチをいれると、キックバック（下記参照）が起こりやすいので、先にスイッチを入れてブレードを動かしてから、軽くゆっくりと刃先を材料に当てて切り始めます。

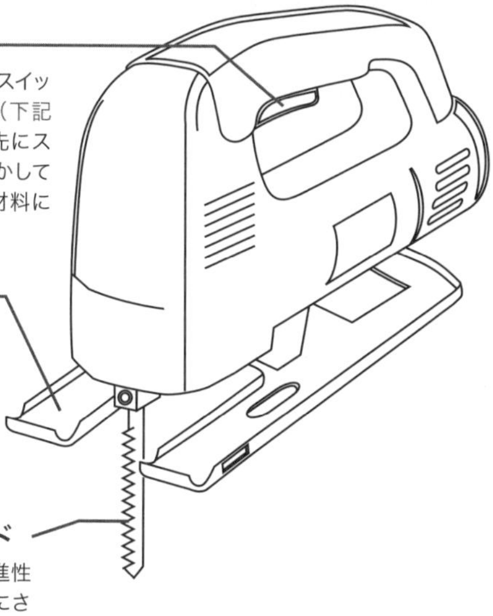

ベース

ベースは、材料面に密着させます。浮くと刃の上下運動で本体がバタつき、うまく切れません。

ブレード

曲線切り用の細いブレードや、直進性を高めた幅広のものなど、用途別にさまざまなブレードが売られています。また、木工用や金属用など材質ごとにもブレードは異なります。特に厚い金属板を切る時は、金属用ブレードを使うだけでなく、摩擦軽減のため刃と材料に油を注しながら切ります。

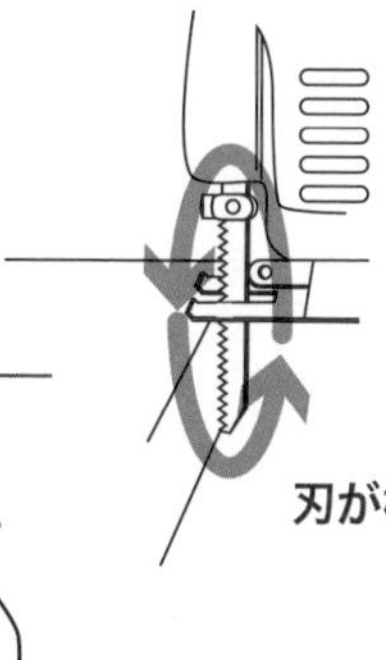

オービタル機能

早く切れるように、上下動だけでなく前後動も加えて刃を楕円状に動かします。しかし、切り口は粗くなるので、この機能をオフにした方がきれいに切れます。

刃が楕円に動く

キックバックとは？

　刃が上下や前後に動く電動工具は、刃が材料に食いついたり挟まったりして、刃が動けなくなっても、すぐには止まらないので、工具本体を刃の動きとは逆の方向に弾き飛ばします。これがキックバックで、コントロールを失った電動工具が人に当たると大ケガを招きます。

　しかも本体だけでなく、材料や折れた刃の破片が飛んでくることもありますから、大変危険です。防護メガネは必ずかけておきましょう。

丸ノコ（電動丸ノコ）

強力な力とハイスピード刃で直線切りを楽々こなす

きれいな直線切りが素早くできる木工工具ですが、毎分5000回転前後の高速で刃が回転するので、危険性も高い工具です。

電気丸ノコ、電動丸ノコなども言いますが、一般には丸ノコで通じます。

刃が長いので、いったん切り始めると進行方向は途中で変えられません。ズレを修正しようと無理に進路を曲げると、刃の側面が材料に接触してキックバックを起こし、丸ノコが後ろに飛ばされますので大変危険です。

別売りの丸ノコ用定規（ガイド）を当てがって、丸ノコのベースをそれに沿わせて切れば、最初から最後までズレることなく、狙い通りにまっすぐ切ることができます。

必ず安定した状態で使うこと！

材料は安定した台にクランプなどで固定し、ベース先端を材料に乗せたら刃を当てずに位置決めをします。刃を当ててスイッチを入れるとキックバックを起こすので、必ず刃は材料から離してスイッチを入れます。

まっすぐな角材でも応急のガイドになります。手で押さえるだけではズレそうな時は、ガイドもクランプで固定しましょう。

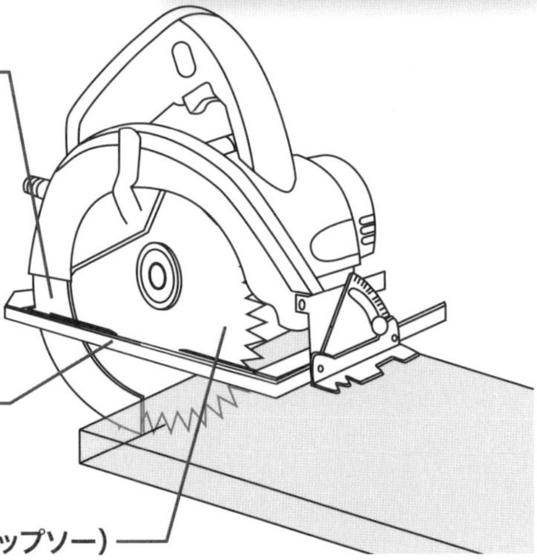

保護カバー

切り進めるにつれてカバーが後退して、刃が出てきます。決められたサイズと違う刃を使うと、カバーが十分に機能しなくなって危険です。

ベース

ノコ刃（チップソー）

チップソーとは、刃先に切断力の高い硬質鋼などを埋め込んだノコ刃です。しかし丸ノコ刃はそれが一般的なので、ノコ刃を総称してチップソーと呼ぶこともあります。そのため、チップソーと言いながら、実は鋼板に目立てしただけのノコ刃ということもあります。

刃のサイズは変えられない

使用できる刃のサイズ（直径）は機種ごとに決まっていて、DIY では 145、165、190（ミリ）用が一般的です。刃が大きければ、より厚い材料も切れますから、購入する機種は、切りたい材料厚を元に決定します。

丸ノコは木工が基本

鉄工用やレンガ、コンクリート用といったチップソーも装着できますが、丸ノコは木工作業用に作られており、鉄工用のチップソーカッターとは耐熱性や強度が違います。またコンクリートカッターは、粉塵対策が施されており、丸ノコをこれらの代わりに使うと、丸ノコが傷んだり粉塵が入り込んだりして、寿命を縮めてしまいます。

地面で切る時は厘木《りんぎ》の置き方に注意

丸ノコの刃は、材料の下に出ますので、必ず厘木（支える台木）で支えますが、支え方によっては切っているうちに、たわんだ材料に刃がはさまれて、キックバックを起こし、事故につながります。

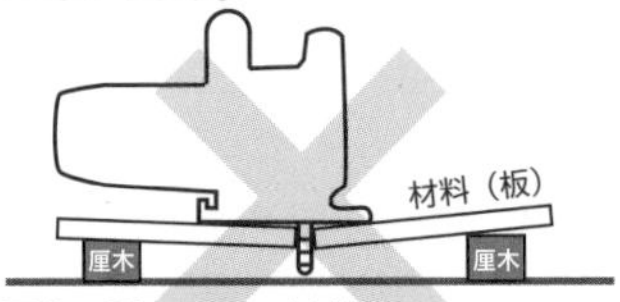

厘木と厘木の間で切るのは厳禁！

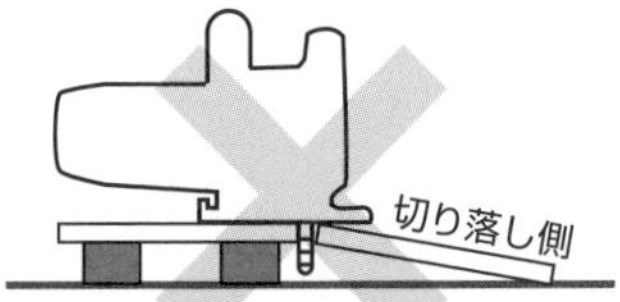

このような支え方でも、切り落し側が軽ければ問題ありませんが、重いとキックバックを起こします。

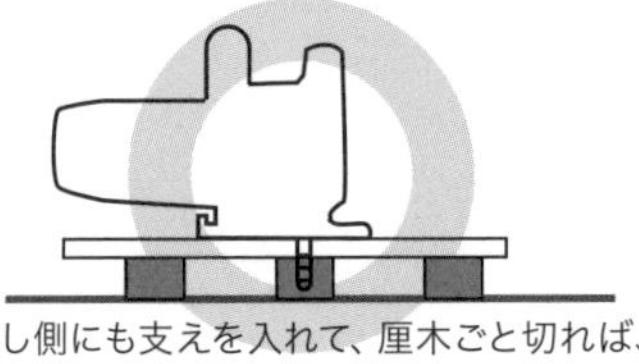

切り落し側にも支えを入れて、厘木ごと切れば、材料がたわむことはないので、安全に切れます。

■著者紹介

片桐雅量（かたぎり・まさかず）

1963年生まれ。DIYジャーナリスト。青年海外協力隊での2年間の途上国生活で、DIYが持つ教育効果や創造性、人種を超えたコミュニケーションツールとしての側面など、単に自作や修理などだけではない、DIYのさまざまな効果を認識する。帰国後はITコンサルタントや編集出版業を営む傍ら、DIYの紹介や指導による普及活動にも努める。大学院では、魚病学上の未知のウイルス研究に取り組み、ウイルスの分離培養を手がけた経験も持つ。

e-mail：diy@densousha.com

編集…………………佐藤昭二（株式会社 自遊舎）

協力…………………OFFICE-SANGA

イラスト……………佐藤亮平
風間康志（HOPBOX）
渡邊健一郎（クアドラ）

本文デザイン………佐藤亮平・井上亮・米山雄基

カバーデザイン……パークデザインオフィス

完全保存版 イラストだからわかりやすく簡単！

なんでも自分で修理する本

2020年7月24日 第1刷発行
2022年6月27日 第7刷発行

著　者……………片桐雅量

発行人……………蓮見清一

発行所……………株式会社宝島社
〒102-8388 東京都千代田区一番町25番地
電話（営業）03-3234-4621（編集）03-3239-0928
https://tkj.jp

印刷・製本…………株式会社リーブルテック

First published 2017 by Yosensha Co., Ltd.
ISBN978-4-299-00702-5
Printed in Japan

＊本書は2017年1月に洋泉社より刊行された『完全保存版 イラストだから簡単！ なんでも自分で修理する本』を増補改訂したものです。